21세기
주거공간의 철학

- 풍수학風水學의 오묘한 비밀 -

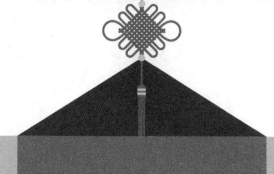

21세기
주거공간의 철학

- 풍수학風水學의 오묘한 비밀 -

혼원선사混元禪師 지음
공병석孔炳奭 옮김

學古房

목 차

VII. 회사와 공장의 건축 법칙

VIII. 풍수학의 기타 사항

간행사

시대의 고금을 막론하고 사람들은 항상 풍수風水에 대해서 말하고 있다. 그렇다면 풍수란 도대체 무엇인가? 바람과 물은 본래 우주 조화의 근원이다. 바람은 공기이고 물은 대지에 살아가는 만물 생명의 근원이니, 마치 사람의 몸속에 혈액과 호흡이 있는 것과 같다. 만약 혈액과 호흡의 중요성을 인정하지 않는 사람이 있다면 이 사람은 풍수를 이해하지 못하는 사람이다.

본서는 대만待滿에서 양택陽宅 풍수학風水學의 대가로 알려진 혼원선사混元禪師가 집필한 『風水學的奧祕』라는 책을 한국어로 번역한 책이다. 혼원선사는 1994년 여름에 대만에 소재하는 선기산禪機山 선불사仙佛寺에서 '양택풍수학'이라는 주제로 3개월 동안 강의를 진행하였다. 당시에 강의한 내용을 영상으로 제작하여 유선방송을 통해 대만 전역에 방영한 결과 일반 대중들이 주거공간에 대한 풍수의 중요성을 각성하여 대만에 풍수학의 열풍이 고조되었다고 한다.

그리하여 1995년에는 신생보新生報라는 신문사에서 연재하기를 요청하여, '風水學的奧祕'라는 고정란을 통해 독자들에게 커다란 영향을 주었으며 단행본을 예약한 숫자 또한 신생보의 신기록을 세웠다고 한다. 그 후 10년을 경과하면서 혼원선사가 『淸淨人間佛世界 ― 陽宅風水學的奧祕』라는 교재를 편찬하였는데, 여기에 수정과 보완을 거듭하고 문장을 가다듬어 2005년에『風水學的奧祕 — 21世紀居住空間的哲學』이라는 책으로 출판하였다.

혼원선사는 풍수학의 묘법을 세상에 전수하여 대중들의 삶을 편안하게 하고 세상을 태평하게 만들기 위해 유심성교唯心聖敎라는 종파를 창시하였다. 일찍이 풍수의 중요성을 말하면서 "삼분의 일은 운명運命이고, 삼분의 일은 노력努力이며, 삼분의 일은 풍수風水이다. 만약 풍수가 법도에 맞지 않으면 좋은 운명 또한 곤란할 것이다."라고 하였다. 일반적으로 대만에서는 거주공간에 대한 풍수 즉 양택풍수학에 관심이 많은 것으로 알려져 있다. 실제로 본서는 우리가 생활하는 공간인 주택, 학교, 회사와 공장 등에 대한 내용으로 구성되어 있다.

대만의 풍수학과 관련된 서적이 한국에서 번역되어 간행된 경우는 거의 없는 줄 안다. 본 번역서를 통해 우리가 실제로 생활하는 공간이 풍수의 법칙에 적합하여 모든 사람이 건강하고 행복한 삶을 누리기를 바란다. 번역서의 제목은 원래 책의 부제인『21세기 주거공간의 철학』으로 정하였고, 「양택풍수학陽宅風水學의 오비奧祕」라는 부제를 덧붙였다. 본서는 저자가 대만인이고 대만에서 간행되었기 때문에 지명이나 인명은 물론 각종 예시는 대만의 경우를 들어 설명하고 있다. 또한 대만에서는 여전히 중시되는 일이지만 한국에는 거의 사라진 풍습도 있다. 예컨대 신위를 봉안하는 풍습은 대만인에게는 익숙하고 일상적인 일이지만 한국인에게는 조금 낯선 경우이기도 하다. 그리고 혼원선사가 종교지도자로서 신도나 대중에게 당부하거나 요청하는 어투도 우리에게는 다소 어색할 수 있을 것이다. 그렇지만 원서原書 전체를 정확하게 번역하여 출판하려는 번역서로서의 목적에 충실하기 위하여 원문을 빠짐없이 번역하고 그림도 원판 그대로 번역하여 실었다.

본서를 번역한 계명대학교 공병석孔炳奭 교수는 한국에서 대학을 졸

업하고 대만의 동오대학東吳大學에서 석사과정을 이수하였고 대만사범대학臺灣師範大學에서 박사학위를 취득하였다. 본인의 전공이 경학經學이므로 역경易經의 이론을 바탕으로 전개되는 풍수학에 대해 상당한 정도의 식견을 갖추고 있을 뿐만 아니라 대만에서 장기간 유학하며 학문 활동을 해온 터라 중국어를 모국어 수준으로 구사하는 역량을 지니고 있다. 따라서 본서를 한국어로 번역하기에는 가장 적합한 조건을 갖춘 학자라 할 수 있다.

본서를 한국에서 번역하도록 흔쾌히 허락해주신 혼원선사混元禪師와 물심양면으로 도움을 주신 대만 유심성교학원唯心聖敎學院 진립악陳立岳 원장과 이진매李珍玫 부원장께 감사의 말씀을 드린다. 그리고 처음부터 끝까지 번역하는 과정에 참여하여 도움을 준 경북대학교 한문학과 이혁李赫 선생과 곽명재郭溟財 선생의 수고를 잊을 수 없다. 윤문과 교정을 맡아준 언어문화연구회와 박응호朴應鎬 선생에게도 고마움을 표하며, 어려운 사정에서도 출판을 허락해준 학고방學古房 관계자들에게도 감사의 말씀을 전한다.

2021년 4월
경북대학교 한문학과 교수
문학박사 박영호朴英鎬

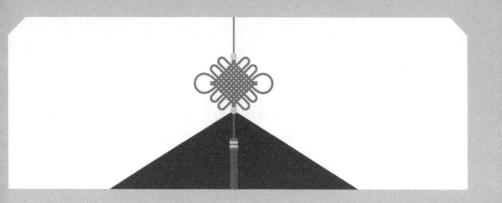

I

풍수학風水學의 개념

1. 풍수風水의 정의

사람들은 항상 풍수風水에 대해서 말한다. 그렇다면 풍수란 도대체 무엇인가? 바람과 물은 본래 대우주 조화의 근원이다. 바람은 공기이고, 물은 대지에 살아가는 만물 생명의 근원이니, 마치 사람의 체내에 혈액과 호흡이 있는 것과 같다. 만약 혈액과 호흡의 중요성을 부정하는 사람이 있다면 이런 사람은 풍수를 이해하지 못하는 사람이다.

건물과 주택 혹은 구조물도 혈액과 호흡 계통이 있어서, 하나의 주택 안에도 문門과 길[路]이 바로 물길[水路]이고, 문과 길의 작용이 곧 공기의 흐름을 조절하는 것이니, 공기가 곧 바람[風]이다. 바람이 바로 '공空'이고, 물이 바로 '색色'이기 때문에 『반야심경』에서 '공즉시색空卽是色, 색즉시공色卽是空'이라고 하였다. 안타깝게도 일부의 잘 모르는 사람들이 오히려 '풍수학'을 '미신지학迷信之學'이라고 단정하여 논의한다.

어느 건물에 만약 문과 길과 공기가 없다면 결코 사람이 거주할 수 없다. 만약 어떤 사람이 문과 길과 공기의 조화를 중시하는 학문을 미신이라고 말한다면, 그런 사람은 자기 주거 공간에 대한 인식이 현저히 결여된 지식으로 나타난다.

그러므로 나는, 한목소리로 풍수학을 '미신'이라고 말하는 사람들에게 아주 간절하고 아주 정중한 일깨움을 줄 수 있으나, 절대로 하나의 지식을 깨닫기 이전에는 마음대로 판단하거나 정론을 세워서는 안 된다. 그렇지 않으면 천금 같은 학습의 기회를 잃고 말 것이다.

나는 30여 년 동안 풍수지리를 공부했고, 50만 명 이상의 사람들과 직접 면담한 것을 토대로 지리학의 기초 이론을 종합하였으며, 역경易經 학설의 운용 및 과학, 천문학, 전자장학 등의 학문의 원리를 배워서 오류가 없는 것을 증명한 이후에 마침내 나의 생각을 글로 써 내었으며 절대로 날조한 것이 아니다.

풍수학은 과학이고, 이성적이고 또한 지성적이며, 결코 미신이 아니다. 인연이 닿는 사람들이 많이 읽어서 철저하게 깨달은 뒤에 여러분의 가정에서 응용하기를 바란다. 그리하면 여러분의 집안에 조화롭지 못한 많은 곳을 개선할 수 있고, 사회 각 분야에서도 가정의 부조화로 기인한 많은 문제를 최소화하는 데에 도움이 될 것이다.

나는 1995년 3월 24일에 대만의 타이페이 린커우 국립종합체육관에서, 제자들의 부탁으로 '양택陽宅 풍수학'에 대한 홍법弘法·전법傳法 대회를 개최했는데, 그때 참가한 인원은 3만 6천 명 이상이었다. 이로써 현대인들이 양택 풍수학에 관심이 있고 그것을 중요하게 생각한다는 것을 알 수 있었고, 그로 인해 이 학문에 관한 지식을 전수하려는 나의 결심과 염원은 더욱 강해졌다.

사람은 세상을 살아가면서 풍수를 멀리할 수 없고, 개인의 사업이 발전하기 위해서는 더욱 그러하며, 사람의 건강이나 지혜 더 나아가서는 모든 생멸生滅의 순간에도 풍수를 멀리할 수 없다. 그러므로 풍수는 대우주 생멸의 원동력이자, 원소이고, 주재자이며, 부인할 수 없는 우주 관대 묘법이고, 또한 인류 생존의 법보이다. 풍수학 역시 인간의 상호작용 가운데 보이지 않는 힘이며, 나아가 세계 평화의 원동력과 주재자이다.

삼가 이렇게 간단한 문자로 풍수학의 정의에 대해 요약하여, 인연이 있는 사람들이 이해하기 쉽도록 제공하고자 한다.

2. 전문 용어와 길흉화복吉凶禍福

풍수학, 환경학, 과학을 막론하고 모두 정면正面·반면反面·좌면左面
·우면右面·상면上面·하면下面·중심점中心點이 있다. 이 일곱 종류의
요소가 기본조건이며 어떤 이유로도 그것을 배제할 수 없으니, 이 7요
소가 바로 '법法'이다.

중국은 5천 년 전 - 복희씨伏羲氏 시대에 우주 천지 사이에 만물이
생멸生滅하는 변화의 법칙을 깨달아, 괘상掛象을 사용하여 우주 음양의
상대적인 조화 법칙을 밝혀서 기술하였는데, 이것이 바로 '선천팔괘先
天八卦'이며 또한 우주 본래의 진면목이다.

우주의 조화는 선천팔괘에 의해서 순환하는데, 건乾 → 태兌 → 이離
→ 진震 → 손巽 → 감坎 → 간艮 → 곤坤의 변화와 조화이니 대략 풀이
하면 아래와 같다.

乾 [☰] : 정남방正南方이다. 사람의 신체 부위로는 머리 부분이고,
두뇌이며, 양陽이다. 풍수학의 방위로는 '현무玄武'이다.

離 [☲] : 정동방正東方이다. 사람의 신체 부위로는 오른손이며, 풍수
의 방위로는 '백호방白虎方'이다. 불[火]이며, 흉凶하고 사나운[狼] 행위
이며, 소인小人이고, 손님이며, 나그네이고, 음전극陰電極이며, 종[奴]이
고, 재물을 위협하는 것[劫財]이다. 질병의 고통이 많은 것이고, 소극적
이고 어두운 사상과 행위이다.

마땅히 낮아야 하며 높아서는 안 되며, 마땅히 고요해야 하며 움직
여서는 안 된다. 만약에 움직이면, 이름 모를 재앙을 끊임없이 불러오
고 구설과 시비가 더욱 끊이지 않을 것이다. 주택과 공장, 도량道場의
대문 밖 오른쪽 전방이 백호방이니, 절대로 모터처럼 움직이는 소리가

있어서는 안 되며, 또한 물이 흐르는 소리도 있어서는 안 된다. 더욱이 시끄럽고 혼잡한 소리도 있어서는 안 되며, 높은 건물이나 빌딩이 있어서도 안 된다. 그렇게 하지 않으면 '손님이 주인을 속이고, 노예가 주인을 속이는' 형세를 불러오게 된다.

坎 [☵] : 정서방正西方이다. 사람의 신체 부위로는 왼손이며, 풍수의 방위로는 '청룡방青龍方'이다. 활약活躍이고 길신吉神이며, 존귀함이 있고 지혜智惠가 있으며, 권리가 있고 유연하며, 온순溫馴이고 빛나는 사람이다.

주인이고 양전극陽電極이며, 행복이고 평안이다. 주택의 대문 밖 왼쪽 전방이 청룡방이니, 오른쪽보다 높아야 하고 낮아서는 안 된다. 청룡방은 움직여야 하니, 움직일수록 더욱 평안하고, 연못을 둘 수도 있으며, 모터 등의 움직이는 물체를 둘 수도 있다.

坤 [☷] : 정전방正前方이다. 사람의 신체로는 다리 부분이고 풍수의 방위로는 '주작朱雀'이다. 주작방은 마땅히 고요해야 하고, 찌그러진 부분이나 뾰족한 물체, 날카로운 벽이나 칼 모양의 물체가 본체 건물을 곧바로 찌르는 모양이 있으면 좋지 않다. 그렇지 않으면 반드시 구설수로 인한 재앙과 횡액橫厄이 끊이지 않고, 신체의 심장이나 눈의 질병으로 인한 통증이 많다. 아울러 '피비린내가 나는 재앙[血光之災]'이 있고 인생에서 함정陷穽을 많이 만나며, 재물이 파괴되고 소송[官司]과 비방이 멈추지 않는 형상이니 마땅히 주의해야 한다.

이상 네 개 괘상卦象의 감응感應은 본인이 30여 년 동안 현장에서 경험했는데, 흉상凶象이 나오면 흉凶했고, 길상吉象이 나오면 길吉했다. 이것은 왕후장상王侯將相이나 거부부상巨富富商의 가문을 막론하고, 혹은 사원寺院이나 도량道場, 회사나 공장, 주택 등 모두가 우주의 선천팔괘의 체상體象에 따라서 운행되니, 이것은 우주의 진리이다. 중국의 명언 가운데 "하늘의 이치를 따르는 자는 번창하고, 어기는 자는 망한다[順天者昌 逆天者亡]."라는 진리가 바로 이것이다.

3. 양택陽宅 설계의 개괄概括

사람이 살아가는 환경의 길흉은 원래 일정한 운수가 있어서 피할 수 없는 것이다. 응당 분수를 편안히 여기고 천명을 따라야 하며, 망령된 생각으로 고치려 해서는 안 된다.

그러나 옛날 성현들은 뭇 백성들에게 은혜를 베풀었는데, 예를 들면 대우大禹가 구정九鼎을 주조鑄造하여 물건을 상징하였고,[1] 공자가 『주역』「계사전繫辭傳」을 찬술한 것 등이다. 모두 말하기를, "하늘의 뜻으로 정해지면 사람을 이길 수 있지만, 사람의 뜻으로 정해져도 또한 하늘을 이길 수 있다."라고 하였다. 그러므로 길한 것을 따르고 흉한 것을 피하는 방법을 물려준 것이 매우 많다.

응당 자신의 몸을 닦고 본성을 길러서 공덕을 널리 베푸는 것을 제외하고는 양택陽宅의 영향이 가장 크다. 만일 양택이 택법宅法에 부합하는 경우에는 단지 10여 일만에 길상吉祥을 맞이하고, 택법에 부합하

---

1) 대우(大禹)가 …… 상징하였고 : 《춘추좌씨전》 선공(宣公) 3년 조에 "옛날 하(夏)나라의 덕이 한창 융성한 때에는 먼 나라들은 각기 그 나라의 괴이한 물건의 형상을 그려 올렸고, 구주(九州)의 장관에게는 구리를 바치게 하여 큰 솥을 만들어서 여러 가지 형상의 물건을 새겨 넣어, 모든 물건의 형상이 다 그 솥에 갖추어지게 해서, 백성들로 하여금 신간(神姦)을 알아보게 하였다. 그러므로 백성들이 천택(川澤)이나 산림(山林)에 들어가서도 악물을 피하여 만나지 않았고, 도깨비 같은 것들도 백성들을 만나지 못했다."

지 않는 경우에는 한 달 남짓에 반드시 흉한 경험을 하게 된다.

나는 항상 어떤 사람의 팔자와 그가 거주하는 양택을 하나로 묶어 연구하였다. 만일 팔자는 매우 좋지만 거주하는 양택이 흉한 사람은, 그의 운세 또한 주택 운運과 같이 해마다 길흉이 따랐다. 만일 팔자와 운명은 좋지 못하더라도 주거하는 양택이 길한 사람은, 그 운세가 비록 크게 일어나지는 못하더라도 별일 없이 평안할 수가 있다.

양택과 사람이 서로 관련되는 길흉의 사항은 매우 많다. 예를 들면 집 밖의 환경, 대문, 침상의 위치, 주방의 위치, 신위, 조상의 위패 위치, 사무실의 책상 위치, 수족관, 냉장고, 어린이의 공부방, 욕실, 정화조, 물탱크 등이 모두 밀접한 관계로 이어져 있다.

대문은 현대의 텔레비전 안테나와 같고 그 나머지는 텔레비전 내부의 부속품과 같다. 사람도 또한 부속품의 하나이니, 텔레비전 부속품의 조립이 법도에 맞더라도 안테나의 방향이 맞지 않으면 텔레비전 화면 또한 선명하지 않으며, 만약 안테나의 방향은 맞지만 부품의 조립이 법도에 맞지 않으면 또한 시청할 방법이 없다. 그러므로 텔레비전과 전파 접수는 모두 매우 중요하니 바로 동일한 양택에도 안팎 모두에 각각 그 중요성이 있는 것과 같다.

현재에 일반적으로 유행하고 있는 '동서사명東西四命', '동서사택東西四宅'의 학설에 대해서는, 나 자신도 그것을 하나로 개괄해서 논할 수 없다는 것을 알고 있다. 왜냐하면 세상에는 본래부터 절대적인 이치는 없기 때문이다. 가령 먼저 길지吉地를 선택하여 시간과 공간의 응용을 배합할 수 있으며, 아울러 계획하고 설계할 때 풍수에서 꺼리고 싫어하는 것을 피하여 길법吉法에 의거하여 설계할 수 있다면, 어떠한 운명을 가진 사람이 살더라도 모두 평안할 것이다. 또한 텔레비전이 완전 무결하고 안테나의 배합이 마땅하다면 어떠한 회사나 상표를 막론하고 모두 선명하게 볼 수 있는 것과 같다.

항상 듣는 말이지만, 많은 사람이 양택 풍수의 문제를 보여 주기 원할 때, 제일 먼저 하는 말은, '나의 띠는 어디에 속하는지, 살고 있는 방의 방향은 적합한지'이다. 그러나 본인이 항상 회답하는 말은 '사람에게는 사람의 운명[人命]이 있고 가옥에는 가옥의 운명[屋命]이 있으니 결코 서로 방해되지 않는다.'라는 것이다. 사람의 운명은 출생한 시간[先天]과 출생한 가정환경[後天]이며, 가옥의 운명 또한 외재하는 환경에 선천先天 형살形煞의 충사沖射가 있는지 없는지, 내재하는 실내의 배치가 마땅한지의 여부, 건축한 시간[元運]에 외재하는 산형山形의 구조에 배합하는 것이 있는지 없는지를 함께 살펴보는 것이다.

그래서 양택 설계가 만일 선천의 길상吉相에 부합하고[體], 후천의 이기理氣의 운용에 배합할[用] 수 있다면 사람마다 모두 평안하게 거처할 수 있고 비록 보잘것없는 운명을 가진 사람이 살더라도 평탄하고 순조로운 좋은 운으로 살아갈 수 있을 것이다.

4. 건축설계사에게 공덕 쌓기를 요청함

각 지방의 건축설계 전문가들이 현대 건축계에 끼친 공헌은, 실재實在로 그 공로가 없다고 할 수는 없다. 오늘 내가 양택 풍수를 30여 년 동안 마음으로 체득한 경험을 헤아려서, 약간의 건축 이론을 여러분께 제공하니 참고해주기를 바란다.

(1) 건물의 조형은 뾰족한 모양으로 설계하거나 혹은 괴상한 형태의 지붕을 최대한 설계하지 않도록 하여 다른 사람에게 상해를 입히

지 않아야 한다.

(2) 건물의 오른쪽 — 백호방은 너무 높거나 올려다보게 하지 말아야 하니, 주로 남성을 손상하고 재물을 파괴한다.

(3) 건물의 전체 동棟의 조형이 특별히 기이하여 시대를 초월한 예술 설계에 속하면, 주인이 불길하고 불리不利해진다. 거주하기에 곤란 할 뿐만 아니라 사업도 순조롭지 못하고 가정 풍파가 수시로 일어 난다. 어린아이의 성격이 괴이해지고 또한 부근에 있는 집에도 상 해를 입힐 수 있다.

(4) 새로 계획하는 단지의 도로는 '반궁형反弓形'2)을 최대한 피해야 한 다. 궁弓 밖의 주택은 거주하기가 어렵고, 집안의 어른과 아이가 서로 반목하고 인정이 없어진다. 음험한 인격이 조성되며 대외적 으로도 이와 같은 성격의 경향이 보인다.

(5) 만약 반궁反弓의 도로를 만나면 풍수 전문가와 함께 해결할 방법을 연구하는 것이 가장 좋은데, 바깥 대문의 방향을 고쳐서 해결할 수 있다.

(6) 하수구 주변의 주택은 대문의 방향에 특별히 조심하고 유의해야 한다. 그렇게 하지 않으면 거주자가 재산을 크게 손실하고 소송이 나 가정불화 등의 흉한 재앙을 겪을 수 있다.

(7) 도로와 부딪치는 주택은 대문의 방향을 고치거나 옮겨서 해결하는 것이 가장 좋다.

(8) 대문에 들어갈 때 계단이 곧바로 대문과 부딪치도록 설계해서는 안 된다. 주로 재산의 손실이 따른다.

---

2) 반궁형(反弓形) : 도로가, 활의 시위를 당겼을 때처럼 자신의 몸 쪽으로 휘어져 구부러진 모양.

(9) 각지의 설계전문가에게 특별히 정화조와 물탱크의 위치에 주의하기를 부탁한다.

① 정화조는 마땅히 백호의 후방에 있어야 하고, 청룡방에 있어서는 안 되니, 광명을 해치고 문학적 재능을 해친다. 또한 건물의 정후방 중앙에 있어서는 안 되니, 뇌를 다치게 하고 지혜를 해친다. 더욱이 문 앞 복도[회랑]나 정원에 있어서는 안 되니, 이것은 약병藥瓶과 같은 역할을 한다.

② 물탱크는 마땅히 청룡방에 있어야 하고, 청룡방은 움직이는 방향에 있는 것이 마땅하다. 물탱크가 만일 백호방에 있으면 신체를 상하게 하고 여성을 상하게 한다.

(10) 현대의 아파트는 좁은 땅과 적은 돈으로 수많은 조형물을 설계하여 공간의 이용을 최대한 확장한다. 그래서 방이 서로 마주보게 설계하는 경우가 많은데, 방문이 단지 반쪽만 마주하고 문 앞의 길에 담장이 조성되어, 보이지 않는 화살이 서로 충돌하면서 찌르고 있다. 만약 설계할 때 조금만 주의를 더할 수 있다면 반드시 집집마다 평안하게 할 수 있을 것이다.

(11) 원룸식 방의 구조와 장식은, 가능하면 화장실 문이 침대를 찌르지 않게 해야 하고, 옷장의 설계 위치는 욕실 벽면에 있는 것이 가장 좋다. 이렇게 하면 여러 가지 이름 모를 병으로 인한 고통의 발생을 해결할 수 있다.

(12) 바깥 담장에 칠하는 색채는 가능하면 진홍색과 분홍색은 피하고, 실내의 색채는 가능하면 검은색 계열과 어두운 색은 피해야 한다. 붉은색은 화성火星이기 때문에 마주하는 집의 사람들을 상하게 할 수 있고, 실내 색채로 지나치게 짙은 색을 쓰면 가족들의 감정이 침울하고 고민이 많아지며 신체 건강에도 영향을 줄 수 있다.

더욱이 흑진주黑珍珠 대리석 타일과 흑록색黑綠色 타일은 더욱 좋지 않다.

(13) 각지의 설계전문가들이 사업주에게 건의하고 아울러 이해관계를 설명하기를 부탁할 때, 단지 자기의 이익만 돌아보고 남에게 손해를 끼쳐서는 안 된다. 그렇게 하지 않으면 그가 사는 집이 평안하지 못할 것이며 또한 파산할 수도 있을 것이다.

오늘 느끼는 바가 있어 몇 가지를 간략하게 기술하였으니, 집집마다 설계사 여러분의 올바른 설계를 통하여 평안하게 발전할 수 있다면, 이것이 여러분의 공덕이요, 음덕을 자손에게 베푸는 것일 뿐만 아니라 또한 사회와 국가에 복덕을 펼치는 것이리라.

혼원법어混元法語에 이르기를,
"풍수風水는 대지만생 만물생명의 근원이라.
풍風은 공空이요, 수水는 색色이라.
색과 공이 둘이 아니니, 이것이 풍수 진경眞經이라."
[風水是大地萬生萬物生命的根源. 風是空, 水是色, 色空不二是 風水眞經.]

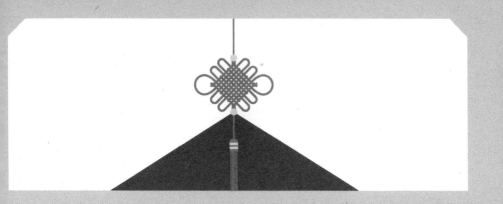

II

주택 풍수의 길흉 – 주거 환경

1. 지형地形

1) 고음孤陰 – 높은 산 위에 지은 집

중국은 오천여 년 동안 농업국가로서, 사람들은 순박하고 간소한 생활을 영위해 왔다. 그러나 공업과 상업의 발달로 인해 생활 형태는 점차 변화하고 젊은이들은 대부분 고향을 떠나 먼 타지에서 생활하며, 자신의 능력을 오직 산업 활동에 몰입하여 사회 공헌에 이바지해 왔고, 소수의 청년들만이 고향에 거주하며 선조의 유업遺業을 이어 부모를 봉양해 왔다.

역사를 돌이켜보면 수많은 현인賢人과 고관高官들은 모두 농촌 가정에서 태어나 사회에 공헌을 한 대공신大功臣일 뿐만 아니라 역사의 기적을 창조한 이들이 대부분이다. 이러한 역사적 사실을 돌이켜보면 시골 주택은 심오한 학문적 지식을 간직하고 있다.

본편에서는 시골 주택의 흉상凶相 — 고음孤陰을 소개한다. 그림과 같다.

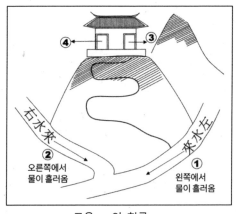

고음孤陰의 형국形局

풍수구결風水口訣에 이르기를,　　　　　　　　風水口訣云
높이 올라 멀리 바라보면 사해와 통하니,　　　登高瞭望通四海
풍경은 더욱 아름다워 사람마다 부러워하네.　風景優美人人羨
누가 알겠는가 높은 곳이 고음이라는 것을,　誰知高處是孤陰
초기 실패를 겨우 막더라도 후손이 끊긴다네.　謹防先敗而後絶

　대부분의 사람들은 집을 산 정상에 짓는 것은 높은 곳에 올라 멀리 바라볼 수 있으므로 매우 길하다고 여긴다. 그러나 사실 이것은 '고음孤陰'의 구조이어서 초기에 실패(가난)하고 말년에는 후손이 끊어질 수 있다.

　산의 정상에 지은 주택은 사방의 풍살風煞을 감당해야 하기 때문에 풍수학상의 '장풍취기藏風聚氣'[3]와 배치되는 것이며 재화財貨가 모여들지 않는 것 외에도 거주하는 것이 편안하지 못하기 때문에 상대적으로 유동율流動率도 상당히 높아진다.

　만약 고생스럽게 번 돈으로 이런 집을 매입하려 한다면, 여러분에게 한 가지 방법을 제안하니, 참고하여 재난을 극복하고 가정이 평안하기를 기원한다.

　이 방법은 부근의 물길과 호응하여, 수신水神의 길吉로써 흉상凶相을 제거하여야 한다.

　① 만약 물길이 주택의 왼쪽에서 흘러 들어온다면① 옆문을 개방하여③ 왼쪽 물길을 취하면 길하다.

　② 만약 물길이 주택의 오른쪽에서 흘러 들어온다면② 옆문을 개방하여④ 오른쪽 물길을 취하면 길하다.

----

3) 장풍취기(藏風聚氣) : 나쁜 바람이 막히고 땅의 정기가 모이는 곳이라는 뜻으로 명당을 이르는 말.

③ 옆문으로 변경한 후 대문은 사용하지 말아야 하니, 이렇게 하면 '고음孤陰' 구조의 흉상凶相을 제거할 수 있다.

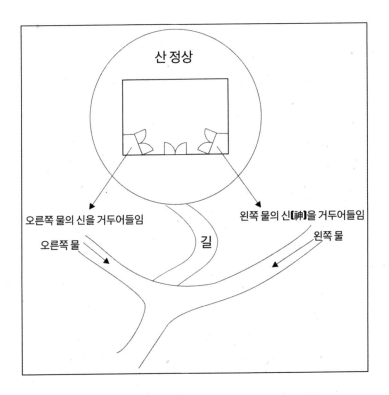

2) 과양寡陽 - 저지대低地帶의 양택陽宅

시골의 노인 세대들은 세간의 풍속과 전설들을 대다수 알고 있다. 그러나 젊은이들이 이러한 것을 이해하기는 쉽지 않다. 그러므로 인생 항로에서 이따금 난처해지거나 참패를 겪은 후에야 비로소 노인들의 경험과 지혜를 깊이 깨닫게 된다. 수십 년의 독서가 모두 공론空論에 불과하므로 오직 지행합일知行合一이 되어야만 비로소 깨달음의 검증이 있게 되고, 깨달음이 있으면 부단한 사고思考와 잠재력을 분발하게 하여 큰 지혜를 열 수 있다.

본편에서는, 일반인들이 모두 알고 있는, 저지대에 지은 주택을 여러분들에게 소개하고자 한다.

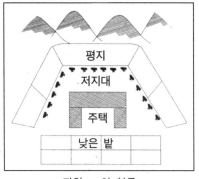

과양寡陽의 형국

풍수구결風水口訣에 이르기를,
송골매가 날개 펼쳐 한바다에 내려오는데,
웅장함은 호랑이도 상대하지 못할 듯하네.
애석하게도 펼친 날개를 접을 힘이 없으니,
한번 천길 멀어지면 영원히 일어나지 못하네.

風水口訣云
天鷹展翅下平洋
看似雄威虎莫敵
可惜翅翼收無力
一落千丈永不起

이런 구조는 외관상 보기에는 금용金龍의 의자 받침대와 같아서 사방이 안정되게 보인다. 주택 뒤편은 산에 의지하고 있고 좌우에 모래를 감싸는 환경이 매우 좋고 앞쪽은 논밭이 낮아 명당明堂이 된다. 그러나 양택 지세地勢로는 너무 꺼져 있어, 가옥은 '과양寡陽'의 구조를 이루게 된다. 이러한 주택에 장기간 거주할 경우, 성년자成年者가 점차 줄어들어 실패하거나 후손이 끊어질 수 있다. 이러한 형세는 해결할 방법이 없으므로 이사를 하는 것이 가장 길吉하다. 그렇지 않으면 저지대를 높여 다시 건축하여야 한다.

앞에서 소개한 '과양寡陽'은 외관이 가라앉은 형세이다. 만약 우리가 거주하는 양택이 꺼져 있고 도로가 높다면 이를 창토漲土라고 부르는데 이곳에 거주하는 사람은 복통이 생길 수 있다. 또 어떤 가옥은 실내

와 뒤꼍이 꺼져 있어 어두컴컴하며 음침
하게 된다. 이런 경우에 여러분에게 묘
책을 제공하면 다음과 같다.

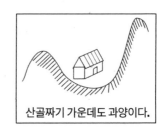
산골짜기 가운데도 과양이다.

　가) 만약 뒤꼍이 어둡기만 하고 꺼져
　　　있지 않은 경우에는, 전등을 오랫
　　　동안 켜두면 된다.

　나) 실내와 뒤꼍이 꺼져 있고 어둡다면 그 해결 방법은 다음과 같다.

　　(1) 거울을 준비한다. 크기는 그림
　　　　과 같다.

　　(2) 전구 세 개를 준비한다. 삼三은
　　　　천지인天地人 삼재三才를 대표
　　　　한다.

일반 절전 전구 **3**개

2자**8**치반

거울　1자**3**치

　　(3) 거울을 앞 방향으로 비스듬히
　　　　기울여 놓고 (전등불이 어두운
　　　　곳을 반사하여 비출 수 있게
　　　　함) 음력 홀숫날 오전 5시~7시

　　를 선택하여 거울을 걸고 전구를 가설한다.

　뒤꼍을 '현무玄武'라고 부르는데 지세가 꺼져 있고 음침한 것은 적성
賊星 (악운)이기 때문에 이러한 주택은 불길하다. 만약 귀댁의 집이 앞
에서 기술한 상황과 같으면 위에 제시한 묘책을 통해 해결할 수 있으
니, 독자들의 손실을 최소화하는 데에 도움이 되기를 바란다.

3) 삼태기형의 지형[畚箕地形]

　옛날부터 중국인의 관념 속에는 모두 '방정方正'한 지역을 가장 선호하

였다. 이러한 관념은 집의 구조 선택에서도 마찬가지이다. 그러나 이상적이기는 하지만 실제 생활에서는 피할 수 없는 많은 현실적인 문제가 존재한다. 예를 들면 기령지畸零地4)가 바로 그런 경우인데 그림과 같다.

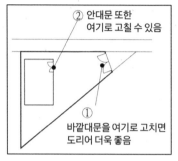

② 안대문 또한 여기로 고칠 수 있음

① 바깥대문을 여기로 고치면 도리어 더욱 좋음

삼태기형 지형, 머리는 크고 꼬리는 작음

풍수구결風水口訣에 이르기를,	風水口訣云
삼태기로 들어가고 삼태기에서 나오지 않으면,	畚箕畚入無畚出
삼태기로 들어가는 집안에는 재물이 왕성하도다.	畚入家道財寶旺
삼태기에서 나오는 집안은 점점 쇠퇴하게 되지만,	畚出家道漸漸衰
만약 전문가를 만난다면 도리어 길吉해진다.	若遇明師反爲吉

현재 도시와 농촌의 토지에는 기령형畸零型에 지은 주택이 무척 많은데, 삼태기형 주택[앞부분이 넓고 뒷부분이 좁은 형태]에 거주하면 가계가 점점 쇠락해지며 재산도 지킬 수 없게 된다. 그리고 사업에서 재물 피해를 많이 볼 뿐만 아니라 급성으로 병이 생겨 재물에 많은 손실을 보게 된다. 그러나 만약 이런 지형의 좁은 부분에 외대문外大門을 설치한다면 긴 포대기 모양이 되어 도리어 대길大吉하게 될 것이다.

---

4) 기령지(畸零地) : 땅이 협소하고 경계가 굽어져 있는 나머지 지형을 말함.

외대문의 방향을 바꾸는 것은 주변 환경도 함께 고려해야 진정으로 길흄을 좇고 흉을 피하는 목적을 달성할 수 있다. 주변 환경의 정황은 대략 세 가지로 나눌 수 있다. 여러분들에게 참고로 제공하면 아래 그림과 같다.

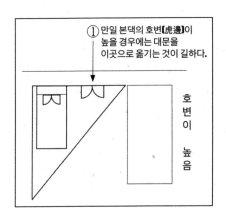

① 만일 본댁의 호변【虎邊】이 높을 경우에는 대문을 이곳으로 옮기는 것이 길하다.

호변이 높음

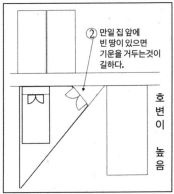

② 만일 집 앞에 빈 땅이 있으면 기운을 거두는것이 길하다.

호변이 높음

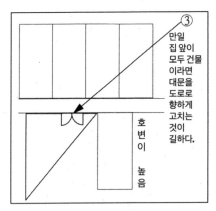

③ 만일 집 앞이 모두 건물이라면 대문을 도로로 향하게 고치는 것이 길하다.

호변이 높음

그림에서 설명된 방식은 모두 외대문의 방향 전환을 중시한 것이며 이것이 바로 유전건곤扭轉乾坤5)의 묘책이다. 모두 이 묘책을 알아 가정이 평안하기를 기원한다.

4) 반궁수로反弓水路[6]

반궁反弓은 무정無情하여 모든 일이 순조롭지 않다. 반궁은 '반궁수反弓水'와 '반궁로反弓路'로 나누며 해법도 서로 다르다.

(1) 반궁수反弓水 방향

풍수구결風水口訣에 이르기를,	風水口訣云
화살 하나 활에 당겨 시위에 걸어 놓으니,	一箭張弓弦上掛
날마다 밤마다 마음이 얽매어 있네.	日日夜夜心罣礙
안팎으로 반목하여 너무도 무정한데,	內外反目多無情
재물이 오고 가는 것에 마음을 두지 않네.	財來財去不留情

집 앞에 수로水路가 반궁의 형태로 흘러나오는 것은 화살이 집으로 날아드는 형국과 같다. 그래서 사업에는 매우 불안정하여 변화가 심하고 실패와 파산을 면하기 어려울 뿐만 아니라 식구들도 구설수로 인한 재앙이 끊이지 않는다.

반궁수의 흉상凶相을 해결하려면 현관의 위치를 바꾸는 방법뿐이다. 현관문은 물이 흘러드는 방향으로 향해야 한다. 예를 들면 물이 왼쪽 ①로 유입되면 현관을 ①로 바꾸고, 오른쪽 ②로 유입되면 현관을 ②로 바꾸는 것이 타당하다. 또 현관을 45도로 이동하여 흉을 길로 바꿀 수 있는데 이것은 거주지의 주변 환경에 따라 방향을 결정해야 한다.

---

5) 유전건곤(扭轉乾坤) : 하늘과 땅을 바꾸어 놓다. 대세를 완전히 뒤바꾼다는 의미이다.

6) 반궁수로(反弓水路) : 풍수학에서 가장 꺼리는 지형 중의 하나로서, 도로와 강이 활모양의 형태로 주택을 향해 있는 지형이다. 즉 혈장(穴場)을 등진 형태이다.

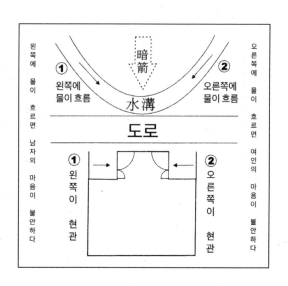

(2) 반궁로反弓路 방향

양택이 반궁로를 향하는 경우에 개선하는 방법은 그림과 같다.

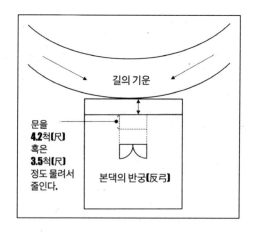

풍수구결風水口訣에 이르기를,　　　　　　　風水口訣云

대문 앞에 도로가 크게 거꾸로 솟구치니,　　門前馬路大反跳

한 가닥 노끈처럼 갈라져 다리에 올라왔네.	一條繩索拌上脚
집안의 안팎에 시기猜忌가 많겠으니,	家中內外多猜忌
빨리 전문가를 불러 길吉로 나아가야 하네.	速請名師可趨吉

이러한 반궁의 지형은 도시의 도로 주변에서 많이 볼 수 있다. 한쪽은 둘러싸여서 옥대玉帶라 일컬으며 한쪽은 거꾸로 솟구치는 집이다. 반궁의 주택은 집의 안팎이 무정無情하고 사업이 불안정하여 아주 큰 고민거리가 된다. 개선하는 방법은 대문을 주택 안쪽으로 4.2척尺이나 3.5척 정도 이동하여 현관玄關을 바르게 하면 양쪽의 살기煞氣를 피할 수 있다.

5) 봉후승결封喉繩結[7]

교통과 수송의 편리를 위하여 도로를 증설해야 하는 불가피한 경우가 있으니, 어떤 때는 기존의 도로를 확장하기도 하고 어떤 때는 새로운 도로와 예전의 도로를 연결하기도 한다. 따라서 주택지 앞에 도로가 가로지르는 경우를 도시에서 흔히 볼 수

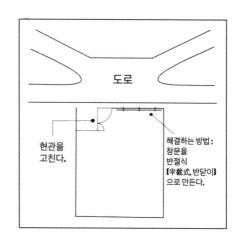

있는데, 이때 도로 모퉁이에 위치한 길吉하지 못한 주택도 있다. 그림

---

7) 봉후승결(封喉繩結) : 후두(喉頭) 매듭. 목줄을 막은 형국을 말함.

과 같다.

풍수구결風水口訣에 이르기를,　　　　　　　　風水口訣云
대문 앞에 두 길이 서로 교차하는데,　　　　　　門前兩路交叉來
마치 노끈이 목덜미를 묶은 듯하네.　　　　　　似是繩索吊頸喉
괴로움을 어느 누구에게도 말하지 못하여,　　苦不堪言誰人曉
푸른 하늘에만 묻고 사람에게는 묻지 못하네.　只問蒼天不問人

아래 그림에 의하면 양쪽의 도로가 집 앞에 교차하여 도로의 살기煞
氣가 집을 봉쇄하고 목을 조이는 구조가 되는데, 이를 '자살승결自殺繩
結'이라고 하며 흉상凶相에 속한다. 특히 도로 양쪽의 기운은 왕래 차량
이 가져온 살기가 집안으로 유입되기 때문에, 모든 일이 순조롭게 풀
리지 않는 것은 당연
하다. 이 흉상을 개선
하려면 그림과 같이
현관문의 방향을 바
꾸어서 서로 모여 드
는 살기를 집 밖으로
내보내어야 한다. 이
렇게 되면 집안이 모
두 평안할 수 있다.
예를 들면, 어느 현

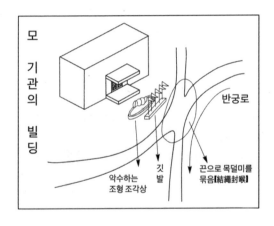

縣의 어떤 공공기관이 도로가 교차하는 지점에 위치하였기 때문에 과
거에는 3년마다 사망사고가 끊이지 않았다. 만일 주택의 정면 방위가
아래 그림의 구조와 같다면, 이 주택은 창고로 사용하고 가족은 이사
하여 끊임없는 재앙을 피하여야 한다.

6) 항충반도巷沖反跳[8]

골목처럼 좁은 길과 주택이 상충相沖하는 각도는 대부분 일정하지가 않다. 어떤 경우에는 대문 앞에 마주하기도 하고 주택의 측면에 마주하기도 하며 혹은 뒷면에 마주하기도 한다. 따라서 대문 앞에서 충사沖射하는 각도 또한 같지 않으며 골목과 굽은 길과도 각각 차이가 있다.

풍수구결風水口訣에 이르기를,	風水口訣云
골목이 크고 집이 작은 것이 충살이 아니라,	路大屋小不是沖
집이 크고 골목이 작으면 몰래 화살을 만난다.	屋大路小暗箭逢
젊은이와 재물을 잃는 일이 잇따라 찾아오며,	損丁破財連連來
약병이 떠나지 않고 잃어버려 열리지도 않는다.	藥瓶不離丟不開

대문 앞에 방화防火하는 골목이 있을 경우, 풍살風煞과 하수구의 악취 이외에도 다시 두 개의 벽도壁刀[9]가 집안으로 곧바로 부딪혀 들어온다. 이런 구조를 가진 주택은 불의의 재난이 자주 발생하며 가족 중에 젊은이를 잃지 않으면 재물 피해를 입게 되기 때문에, 전문가에게 의뢰하여 대문의 위치를 바꾸어 충살을 피해야 한다. 그렇지 않으면 부적을 붙여도 살煞을 피하기는 어려울 것이다. 만약 전문가의 조언이 없다면 아래에 제시한 몇 가지 내용을 참고하기 바란다.

항충巷沖(골목이 부딪침)을 개선하는 방법은 아래와 같다.

(1) 항충에 영향을 받는 높이는 맞은편 건물의 높이에 따라 정해진

---

8) 항충반도(巷沖反跳) : 주택과 골목이 서로 상충되거나 골목이 돌진하여 반대로 지나가는 형국.

9) 벽도(壁刀) : 거주지 맞은편의 건물이 정면으로 서로 마주보고 가려진 것은 아니지만 하나의 벽면이 마치 칼날처럼 자신의 집을 향하고 있는 형태.

다. 맞은편 건물이 3층이고 자신이 거주하는 집이 5층이면 그 영향은 3층까지이며 4, 5층은 영향이 경미하다. 그러므로 충살을 피하기 위해 거울을 비치할 때는 3층까지만 이르면 된다.

(2) 거실의 한쪽 벽과 항층이 정면으로 마주하는 곳에 어항을 놓아 살기를 물속으로 끌어와서 균형을 맞춘다.

(3) 90도 각도로 현관玄關과 문광門框10)을 고쳐 조금 안으로 들여서 문공척의 '재財' 자나 '본本' 자에 맞춘다.

노충路沖(도로와 부딪침)이 반도反跳(반대로 지나감)를 겸하는 경우가 있는데 그림과 같다.

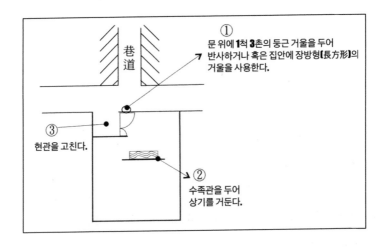

풍수구결風水口訣에 이르기를,　　　　　風水口訣云
곧바로 대문에 부딪치고 또 반대로 지나가니,　　直沖家門又反跳
삼가 집안을 방어하느라 닭과 개가 짖네.　　　謹防家中雞狗叫

---

10) 문광(門框) : 문틀. 창문이나 문짝을 달거나 끼울 수 있도록 문의 양옆과 위아래에 이어 댄 테두리.

온 집안이 불안하고 가족은 쓸쓸하니,   一家不安家蕭條
빨리 전문가를 불러 도로의 요괴를 잡아야 한다.   速請名師捉路妖

주택이 노충路沖과 반
도反跳를 바로 만나게 되
면, 평안과 번창을 기대
하는 것은 매우 어렵고
가세도 점점 쇠퇴해질 것
이다. 더 나아가 집안이
불안한 것은 간사한 영령
이 빌미가 된다고 여겨,
퇴마사를 불러 삿된 기운

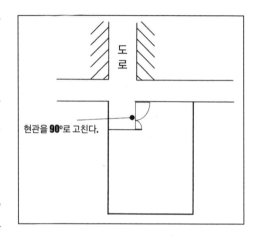

을 제거하려 하지만 별반 효과가 없을 것이다. 만약 묘책을 따라 현관
을 바꾼다면 삿된 기운은 저절로 사라지고 집안도 편안해질 것이다.
　여러분이 지혜를 얻고, 그 지혜로 살아가면서 일상생활에 운용하기
를 바랄 뿐이며, 시비是非·선악善惡·고하高下·빈부貧富·귀천貴賤을 분
별하는 데에 사용하지 않기를 바란다.

7) 노충항살路沖巷煞

　일반 사람들은 '노충路沖'을 이루는 주택에 대해 매우 민감해 한다.
특히 대문에 정문으로 부딪치는 양택은 큰 복을 지닌 사람이 아니라면
집안이 평안하기가 매우 어렵다.
　노충은 세 가지 현상으로 나눌 수 있다.
　(1) 골목의 넓이가 주택보다 좁을 경우를 '전살前煞'이라고 부르는데

주택에 미치는 영향이 가장 흉凶하다.

(2) 골목과 주택의 넓이가 같을 경우, 이때는 주택을 보는 좌향坐向에 따라 흥왕興旺의 운수가 결정된다. 가령 '왕산왕향旺山旺向'을 만날 때에는 일시적으로 발전할 수 있으나 만일 쇠락하는 운을 만난다면 문의 방향을 바꾸거나 이사를 하는 것이 마땅하다. 이것은 바로 '후천이기後天理氣'의 응용이며 저자가 '현공애성玄空挨星'을 근거로 추론한 것이다. 2004년~2023년까지의 왕향旺向은 건乾·손巽·해亥·사巳·축丑·미未 등 총 여섯 개의 산향山向11)에 있다.

(3) 골목의 넓이가 주택보다 넓을 경우는 '광장廣場'이 되는데, 주택에 대한 영향이 비교적 적다. 그러나 이따금 살기가 있을 수도 있다.

본 편에서는 '전살箭煞'의 해법을 소개하고자 한다.

풍수구결風水口訣에 이르기를,	風水口訣云
화살 하나가 앞에 오는 것이 가장 흉맹하니,	一箭前來最兇猛
구리 담장과 쇠 벽으로 막아도 살지 못하네.	銅牆鐵壁擋不住
골목 충살이 방해되지 않는다고 말하지 말게,	莫謂巷煞沖無妨
관을 보고 문에 들어가면 이미 너무 늦으리라.	見棺上門已太遲

소방도로의 넓이가 주택보다 좁은 경우를 '전箭' 또는 '천심전穿心箭'이라고도 한다. 만약 이런 전살箭煞이 집으로 향하면, 집안에서는 재난이 끊어지지 않는 것을 방어해야 한다. 특히 삼살년三煞年12)의 살기가

---

11) 산향(山向) : 풍수상에 정해진 묘지의 방위이다.
12) 삼살년(三煞年) : 풍수에서 방위의 기본은 24방위이다. 동서남북, 동남, 남서, 서

집안이나 골목으로 향하면 인명人命에 재화災禍가 드는 것을 면하기가 어렵다. 혹 음덕을 쌓은 사람이거나 복을 크게 지은 자가 아니라면 이 겁살을 면하기는 어렵다.

이러한 집 앞의 전살箭煞을 해소하는 방법은 두 가지가 있다.

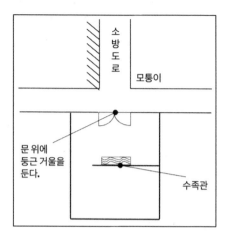

(1) 본집의 거실 중앙의 첫 번째 벽에 어항을 놓아서 골목 충살을 물속으로 끌어들이면 저절로 전살箭煞을 없앨 수 있다.

(2) 문에 둥근 거울을 건다. 왜냐하면 골목의 넓이가 주택보다 좁으면 양쪽 벽이 칼날[壁刀]처럼 주택을 향하게 되기 때문이다. 따라서 거울을 걸어 살기를 반사하는 것이 좋은 방법이다. 거울을 설치하는 방법은 7촌寸 크기의 둥근 거울 중앙에 둥그런 빨간 종이를 붙여 음력 1일·15일 혹은 3일·6일·9일 오전 11시~오후 1시 사이에 문에 걸면 된다.

이른바 삼살三煞이란,

'신申·자子·진辰 연월일시는 남쪽이 삼살방이다.'

북, 동북 8방위에서 각각 3개씩(8×3)을 나눈 24방위이다. 여기에 천간과 지지, 팔괘 등이 자리매김하여 24방위마다 이름이 주어진다. 삼살이란 겁살(劫煞), 재살(災煞), 연살(年煞)의 3개를 말한다. 흔히들 삼살 방위는 이사나 집수리 등을 하면 좋지 못하다고 알려진 나쁜 방위를 말한다.

'인寅·오午·술戌 연월일시는 북방이 삼살방이다.'

'사巳·유酉·축丑 연월일시는 동방이 삼살방이다.'

'해亥·묘卯·미未 연월일시는 서방이 삼살방이다.'

신神(조상)을 모시거나 공사를 하거나 혹은 집을 수리하는 등의 날짜를 정할 때, 집주인의 띠와 상충이 되는 날짜를 피해야 하는 것 외에 삼살三煞에도 주의해야 한다. 예를 들면, 집주인의 주택 방위가 동좌서향東坐西向이며 띠가 소띠이면 평소 날짜를 정할 때 '미未'일과 '미未'시를 특별히 조심해야 한다. 소띠의 지지地支는 '축丑'인데 '未'와 '丑'은 서로 상충되기 때문이다. 또 한 예로, 계미년은 해亥·묘卯·미未의 살이 서방에 있기 때문에 서좌西坐의 집을 중건하거나 수리하려면 그 이후에 착공하는 것이 좋다. 만약 부득이한 경우라면 반드시 '해·묘·미'의 월일시月日時를 피해야 평안함을 보장받을 수 있다.

예를 들면 올해의 살이 서방에 있다면, 어떤 좌향坐向의 주택이라도 서쪽을 수리하거나 중건하려면 다음 해에 착공하는 것이 좋다. 이것은 바로 음력에서 자주 볼 수 있는 '대리남북大利南北, 불리동서不利東西'의 의미이다.

삼살三煞의 '일日'과 '시時'가 상충되면, 심할 경우 생명을 잃게 되고 경미한 경우라도 사소한 일이 번거롭게 많아져 세 건 이상이 연속되기도 하니, 인연이 있는 독자들은 신중하게 대피하기를 간절히 바란다. 필경 인간은 우주 안의 미세먼지와 같은 존재일 뿐이니 대우주의 시공時空이 서로 만나는 인력引力에 어떻게 저항할 수 있겠는가?

8) 사비수국斜飛水局[13]

대부분의 중국인은 일생 동안, 다소의 차이는 있겠지만, 운명을 점친 경험이 많다. 그것은 일종의 통계학이며 우리의 선조가 남긴 일종의 경험 통계이다. 우리는 '운명'을 통해 일생의 부귀와 빈천 그리고 생명 순환의 궤적을 이해할 수 있으며 인생 여정 중에서 방향을 잃고 배회할 때, 우리가 따라야 할 목표를 지시해 주기도 한다.

조상들이 남긴 지혜의 산물이 이처럼 정밀하니 후세에 이를 연구하는 우리는 어떤 태도를 가져야 하는가? 중국인 가운데에서 오술고인五術高人[14]이 배출될 수 있었던 것은 각 영역마다 일정한 전승 근거가 있었기 때문이다. 만약 오술五術의 오묘함을 연구하여 통달하고 다시 이를 '인륜도덕'과 서로 보완해 나간다면 앞에서는 고인들의 지혜가 선양되고 뒤에서는 천하의 중생들에게 이익을 줄 수 있을 것이다.

'도화운桃花運'은 현대의 배우자들에게 늘 근심거리가 되고 있다. 사실 점을 본다는 것은, 점치는 것을 좋아하는 이도 있겠지만 나쁜 결과에는 꺼려지는 심리를 볼 수 있으며 미신이라고 여기는 사람들도 있다. 대부분의 사람들은 운명을 점치는 진정한 의의에 대해 이해가 부족하거나 혹은 그릇된 점쟁이의 판단을 맹신하여, 설상가상의 터무니없는 일들이 발생하여 수습할 수 없게 되는 딱한 경우에 처하기도 한다.

운명을 점친다는 것은 도대체 무엇을 점친다는 것인가? 선인先人들은 인간의 출생 시간을 별의 운행과 배합하여, 개인의 성격과 생명 궤도를 추론하고 귀납하였다. 다시 말해 사람마다 자신의 심리 상태와 개성이, 사고방식이나 일하는 방식, 교우 관계 등에 영향을 미칠 수 있다. 그리고 드러나는 외재적外在的 언행으로 말미암아 일생의 운명에

---

13) 사비수국(斜飛水局) : 혈장(穴場)을 비스듬하게 비켜나가는 물을 사비수(斜飛水) 또는 사류수(斜流水)라고 한다.
14) 오술고인(五術高人) : 오술(五術)은 중국 전통의 현학(玄學)으로서 곧 산(山. 수련), 의(醫, 의술), 명(命, 운명), 복(卜, 점), 상(相, 관상)의 다섯 가지를 말한다.

영향을 줄 수 있다. 대부분의 사람들은 자신의 개성과 심리 상태에 대해 잘 알고 있기 때문에, 운명을 점치는 것은 자신의 심리 상태와 개성 그리고 장점을 확인하는 것일 뿐이다. 어떤 일을 하든지 하지 않든지, 성공하거나 실패하는 모든 것은 자신의 인지認知와 노력에 달려 있는 것이다.

본 편에서 여러분에게 소개할 내용은 '사비斜飛'이다. ― 사람의 감정적 태도에 영향을 미치는 옥상屋相

풍수구결風水口訣에 이르기를,   風水口訣云
왼쪽으로 물이 흐르면 남자가 안정되지 못하고,   左方去水男不定
오른쪽으로 물이 흐르면 여자가 안정되기 어렵다.   右方去水女難安
왼쪽 오른쪽을 막론하고 모두 마땅하지 못하니,   無論左右皆不宜
오직 대문을 고치는 것이 최상의 계책이다.   唯有改門是上計

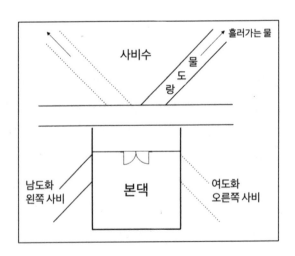

사비수斜飛水에는, 물이 역류하는지 순류하는지를 자세히 관찰해야

하며, 모든 사비斜飛가 흉상凶相이라고 경솔하게 판단해서는 안 된다. 왜냐하면 물이 흘러 나가는 것은 흉상이지만, 흘러 들어오는 역수逆水 는 대길大吉이기 때문이다. 흘러 나가는 물은 많은 가정 문제를 초래하 므로, 문의 방향을 바꾸어 현관을 개선하여야만 한다. 문의 방향을 바 꿀 때에 주의할 점은, 왼쪽에서 흘러 들어올 때는 문의 방향을 물이 들어오는 방향 즉 왼쪽으로 바꾸어야 하고, 오른쪽으로 흘러 들어올 때는 오른쪽으로 바꾸어야 한다는 것이다. 이것이 문을 여는 법칙이다.

주택에 '사비수'가 있는 경우에는 문의 방향을 바꾸는 것 외에도 가 족들 사이의 올바른 소통이나 부부간의 변함없는 사랑으로 이 문제를 해결할 수 있다.

사비수의 흉상凶相을 개선하는 방법은 아래 그림과 같다.

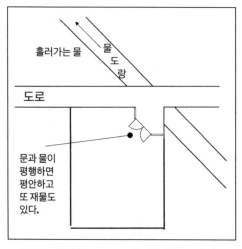

오른쪽 사비수[右斜飛水]를 개선하는 방법(1)

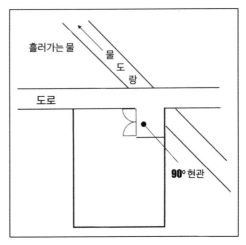

흘러가는 물

물도랑

도로

90° 현관

오른쪽 사비수[右斜飛水]를 개선하는 방법(2)

왼쪽 사비수[左斜飛水]를 개선하는 방법은 동일하다.

9) 견비수국牽鼻水局[15] - 1

현대 사회는 금전지상주의로서, 사람들은 금전의 유희를 좇고 투기에 심혈을 쏟으며 실제적인 노력은 하지 않고 빠르게 금전을 얻는 것에만 치중하고 있다. 이처럼 근본을 버리고 말단을 추구한 결과는, 사회가 혼란스러워지는 현상의 근원이 되었다.

냉정하게 말하면, 현재 대만의 경제 발전 상황에서는 부부가 함께 노력하고 협력하면 가정의 경제는 문제가 되지 않는다. 가장 우려할 문제는 가정이 평안하지 못하고 불의의 재난이 자주 발생하거나 가정

---

15) 견비수국(牽鼻水局) : 주택의 대문 밖이 강, 도랑, 도로, 계단 등이 곧장 이어져 지나가는 지형을 말하며 견우살(牽牛煞)이라고도 한다.

에 장기적인 환자患者가 있는 경우이다. (다행히 현재는 전 국민에 대한 건강보험제도가 있어서 많이 완화되고 개선이 되었다.) 자제공덕회慈濟功德會의 창립자인 증엄법사證嚴法師가 강론한 것처럼, 만일 어느 가정에 장기적인 환자가 있으면 가정의 경제와 생활에 큰 영향을 받는다. 이는 바로 증엄법사가 자제병원慈濟病院을 가장 먼저 설립한 이유이다. 왜냐하면 가정에 장기적인 환자가 있으면 보살펴 줄 사람이 필요하게 되어, 가정에 수입은 감소하고, 지출은 증가하고, 오래되면 가정 경제와 생활 형편에 심각한 영향을 끼치게 된다. 이로써 가정의 평안이 얼마나 중요한지 알 수 있으니, 고인들이 '평안이 곧 복이다'고 한 것은 이를 두고 하는 말이다.

본 편에서는 여러분에게 양택의 흉상凶相이 곧 가정의 경제와 관련되는 것을 소개하고자 한다. — 견비수牽鼻水는 그림과 같다.

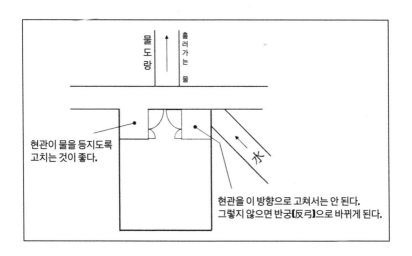

풍수구결風水口訣에 이르기를,
물길 따라 배를 밀면 배를 뒤집기 쉬우니,

風水口訣云
順水推舟易翻船

집안에 있던 재물 신이 집밖에서 배회하네.	家中財神往外跑
집안 형세가 쇠잔해지는 것이 이상하지 않으며,	家道衰貧不足奇
다시 도화桃花16)가 집안에 머무르게 되네.	更有桃花家中居
이러한 형상에는 삼가 심장병을 막아야 하며,	此相慎防心臟病
어린 아이가 남에게 코가 꿰여 달려가게 되네.	小孩被人牽鼻走
복을 달라고 주문을 외워도 편안하기 어려우니,	貼福唸咒亦難安
다시 현관을 고쳐서 물에 앉아야 길하다네.	更改玄關坐水吉

귀댁의 구조가 그림과 같을 경우―배수구가 문 앞의 정중앙에서 물이 흘러 나오면 흐르는 것이 보이든 보이지 않든 모두 이롭지 못하다. 암暗이란 물이 드러나지 않게 흐르는 것인데 명明인 경우에는 더욱 흉하다. 주택에 영향을 끼쳐 사업이 점차 쇠퇴해지며 가세가 쇠락하는 정도도 아주 빠르다. 이것이 바로 '견비수'이니 크게 흉할 징조이다. 그 해법은 오직 현관을 바꾸는 것뿐인데, 현관을 바꿀 때에는 반드시 '좌수坐水(물에 앉음)'이어야 하며 현관이 물을 향해서는 안 된다. 만약 물을 향하게 되면 '반궁수反弓水'17)가 되므로 불길하다. 풍수가 강구講究하는 것은 공기의 대류對流이다. 따라서 부적을 붙이거나 주문을 외우는 것은 이롭지 못한 것이며 지혜를 가져야 살煞을 길吉로 전환시킬 수 있다.

이외에 주택 안의 견비수에는 두 가지 형태가 있는데 여러분에게

---

16) 도화(桃花) : 여자의 아름다운 용모. 남녀 사이의 사랑. 남녀관계.
17) 반궁수(反弓水) : 물이 활을 뒤집은 형상같이 혈을 반대로 감싸고 둥글게 흐르는 경우를 말한다. 풍수학에서 가장 간단하게 물을 분석하는 방법은 유정(有情)과 무정(無情)으로 구분하는데 나가는 물을 사(死)라고 하는 것은 무정(無情)으로 보는 것이고, 들어오는 물은 생(生)이기에 유정(有情)으로 본다. 따라서 반궁수는 나가는 물에 해당되므로 무정이며 불길하다.

제공하니 참고하기 바란다.

(1) 계단의 통로가 대문을 향해 곧바로 부딪치는 경우이다. 개선 방법은 벽에 붙박이장을 천장 높이까지 고정하여 기를 차단하는 것이다.
(2) 아파트의 대문이 문을 열면 바로 내려가는 계단이 보이는 경우도 견비수이다. 계단의 방향이 위쪽이거나 왼쪽, 혹은 오른쪽인 경우는 무관하다.

가정의 주택이 이런 모양일 경우에는 재물이 모이기 어렵고 아이들이 자주 집밖을 배회하거나 번잡하고 사소한 일이 많이 생긴다. 만약 문의 방향을 바꿀 수 있다면 흉을 피하여 길로 나아갈 수 있을 것이다.

10) 견비수국牽鼻水局 - 2

사람들이 곤경에 처했을 때 최대의 소망과 꿈은 아마도 재물일 것이다. 금전은 현실 생활에서 매우 중요한 위치를 차지하고 있다. 금전이 만능은 아니지만 분명 없어서는 안 되는 것이다. 어떤 사람들은 수도修道를 이야기하면 금전에 대해는 입을 다물고 절대 말하지 않지만, 불법佛法을 널리 펼쳐 대중을 이롭게[弘法利生]하려면 금전도 중요하다.

예를 들면 어떤 가장이 항상 입만 열면 도道와 참선參禪을 언급하며 일정한 수입이 없는 상황에서 수행에 정진하기만 고집한다면, 가정의 대출도 갚지 못하고, 아이의 학원비도 내지 못하여 생활에 어려움을 겪게 되고, 친지와 친구들의 경조사비도 마련하지 못하게 될 것이다. 눈앞에 어지럽게 놓인 지출 항목들이 있는데, 만약 저축이나 고정 수

입이 없다면 어찌 편안하게 수행할 수 있겠는가?

　어떤 부부는 인생의 절반을 손발이 닳도록 최선을 다해 열심히 살았지만 결국 남편은 바람을 피우고 도박장으로 가고, 아내는 도처에서 신에게 빌거나 점쟁이에게 점을 보며, 아이들은 심정이 괴롭고 어지러워져, 온 가족이 걱정하며 불안해 한다. 또 어떤 가정에는 자손이 불효하며 놀고먹기만 하여 가산을 탕진하는 경우도 있다.

　자산을 수백억이나 가진 한 대기업가가 폐암에 걸려 곧 세상을 떠날 것을 알게 된 후, 산에 올라 노조老祖, 王禪老祖와 인연을 맺고 "만약 건강을 회복 할 수 있다면 모든 것을 버리고 산으로 올라와 자원봉사자가 되겠다."라고 말하였다. 이것이 바로 내가 항상 여러 대중들에게 말하는 "세상의 재물은 가지고 갈 수 없으니 오직 불심佛心만이 영원한 것이다."라는 것이다.

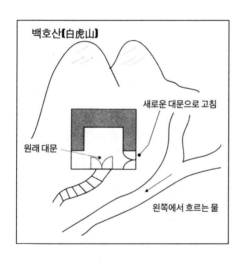

백호산【白虎山】

새로운 대문으로 고침

원래 대문

왼쪽에서 흐르는 물

　물은 풍수학으로 말하면 '재부財富'를 대표하는 것이다. 그러나 모든 일에는 정正과 반反의 양면이 있다. 그러므로 문의 방향이 수신水神을 받을 수 있는 경우에는 재물이 왕성해질 수 있고, 문의 방향이 물이 흐르는 방향과 같으면 금고의 재물이 점점 없어질 것이니 그림과 같다.

　풍수구결風水口訣에 이르기를,　　　　　　風水口訣云

한 가닥 가는 끈이 코를 꿰고 달려가니,	一條細繩牽鼻走
몸이 마음대로 되지 않아 금은이 무너지네.	身不由己金銀破
여러 가지 사업에 결과가 없으니,	百般事業無結果
소인이 바람피우며 집안에 앉아 있네.	小人桃花家中坐

물길을 따라 비스듬히 설치된 외대문은 주로 재물을 낭비하게 되는데, 소인배들에게 억지로 이끌려가서 간혹 먹고 마시고 계집질하고 도박하는 일에 가산을 탕진하게 될 것이다. 만약 귀댁이 이러한 환경이라면 마땅히 바깥대문을 고쳐서 들어오는 물을 받아들이고, 장차 바깥대문을 폐쇄하여 집안에 재물을 모으고 평안하게 해야 한다.

그림과 같이 물이 왼쪽에서 흘러오면 남성의 마음이 안정되지 못하며, 만약 오른쪽에서 흘러오면 여성의 마음이 안정되지 못하다. 마음이 안정되지 못하는 것은 고뇌의 근원이므로 대문의 방향을 바꾸면 피할 수 있다.

또 다른 견비수가 있는데 항상 길상吉相으로 잘못 인식하게 된다. 왜냐하면 일반인들은 교합수交合水를 보면 길상으로 여기지만 사실은 그렇지가 않다. 그림에 제시한 것처럼 교합수의 길흉을 판단하는 방식은 여러 종류가 있는데 그중에서 '역수逆水'는 길상으로 여긴다. 본 그림의 예시는 수신水神이 문 입구에서 흘러 나가는데, 이것은 '순수順水'의 형세로서 재물이 밖으로 흘러 나가는 형상이다.

순수류順水流를 피하기 위해 일반 주택은 대부분 '수과당水過堂'을 선택하여 짓는다. 다시 말해 수신水神이 문 앞으로 가로질러 흐를 때, 물길을 향해 집을 짓는 방식은 여러 가지이다. 예를 들면 길상인 옥대수玉帶水[18]는 대부大富의 형상이며 반궁反弓과 견비수는 소모하는 형상이

---

18) 옥대수(玉帶水) : 옥대는 고대의 요대(腰帶)로서 요대수(腰帶水)라고도 불리며

다. 그러므로 집을 짓기 전에 자세한 계획을 세우는 것이 가장 좋다.

이미 물을 언급하였으니 여러분에게 문을 여는 방법도 소개하겠다.

(1) 물이 왼쪽에서 흘러오면 용문龍門을 열며, 물이 오른쪽에서 흘러
   오면 중문中門을 연다.

(2) 후문 쪽에서 물이 흘러 들어오는 경우라면 후문을 여는 방법은
   아래와 같다. 물이 오른쪽에서 흘러오면 용문龍門을 열고 왼쪽에
   서 흘러오면 호문虎門을 연다.

빈곤을 구제하는 작은 방법을 여러분에게 제공하였으니 사람마다
수용受用하기를 바라며 여러분의 복을 빈다.

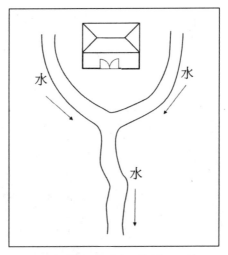

(1) 세 갈래로 흘러가는 물 쪽으로 향
    하는 것은 흉하다.

반궁수(反弓水)의 반대 개념이다.

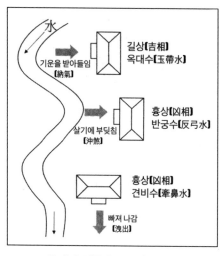

水

기운을 받아들임
【納氣】

길상【吉相】
옥대수【玉帶水】

살기에 부딪침
【沖煞】

흉상【凶相】
반궁수【反弓水】

흉상【凶相】
견비수【牽鼻水】

빠져 나감
【浅出】

(2) 옥대와 반궁은 두 개가 다르다.

11) 순수류順水流

"돈만 있으면 귀신에게 맷돌을 돌리게 할 수 있다."라는 속담이 있다. 이 속담은 인간의 돈에 대한 가치관을 잘 묘사한 것이다. 그리고 금전의 기능은 이미 '사람'의 범위를 넘어서 그것을 추앙하고 있다.

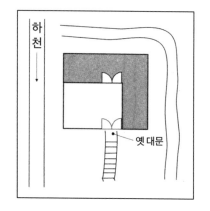

하천

옛 대문

사회에 많은 사람이 재산을 늘리기 위해 온갖 방법을 다 쓰지만, 은행 계좌의 숫자를 많아지게 하는 방법은 여전히 없다. 다수의 사람은 알뜰살뜰히 근검절약하며 집안을 꾸리지만 여전히 수입보다 지출이 많다. 또 속담에 이르기를, "가난한 부부는 모든 일에 근심이 가득하다."라고 한다. 금전은 현실 생활에서 한 가정의 행복을 좌우할 수 있으며, 농촌 사회의 계류溪流는 한 가정의 재운財運과 평안에 영향을 미칠 수 있다.

풍수구결風水口訣에 이르기를,	風水口訣云
물길 따라 배를 밀면 배를 뒤집기 쉬우니,	順水推舟易翻船
집안에 순수가 있으면 집안 재물이 기울어지네.	居家順水覆家財
해가 저물도록 몇 개월을 죽을힘을 다하지만,	終年累月賣命苦
초라하고 가난한 일생에 여전히 성취가 없네.	潦倒一生仍無成

아래 그림과 같은 가옥의 형태는 대만의 산악 지역에 비교적 많다. 중국의 주강珠江 연안과 대만의 기타 성省·시市·현縣 지역에서도 이러한 형태가 많다. 순수류의 가옥 형태는 원래 불길하니, 금전과 재물이 모이지 않고, 가정에 자질구레한 사고가 많으며, 어린이들은 발전을 위해 타지로 나가게 된다.

순수류의 가옥 형태에서 불길한 영향을 해결하기 위해서는 외대문의 위치를 바꾸어 수기水氣를 받아들이고 원래 있던 대문을 봉쇄하여 기운을 지켜 유출되는 것을 피해야 한다. 그리하면 가정이 비교적 평안하고 재물이 모일 수 있다. 왼쪽 그림과 같다.

하천

바깥대문을 고침

옛 대문을 폐쇄함

12) 수길수신收吉水神

수신水神이란 무엇이며 어떻게 받는가? 물은 재財이고 산은 정丁(못)이다. 물의 흐름은 일정하지 않기 때문에 어떻게 문을 열어 물을 받아들이는가는 매우 중요한 학문이다.

본인은 풍수학을 세상에 널리 보급하고자 하기 때문에, 가급적이면 설명을 명확하게 하려고 노력한다. 그러나 말이 구체적이지 못하거나 설사 중복되고 누락되는 곳이 있더라도 온 세상에 인연이 있는 분들이 포용하기를 바란다.

물이 흘러오는 방향이 왼쪽이거나 오른쪽, 혹은 앞쪽이냐 뒤쪽이냐에 따라 문을 여는 방식이 모두 따로 있다. 그러나 양택 부근의 형세와 조화를 이루어야 한다. 아래의 그림을 여러분에게 제공하니 참고하기 바란다.

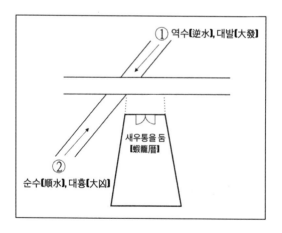

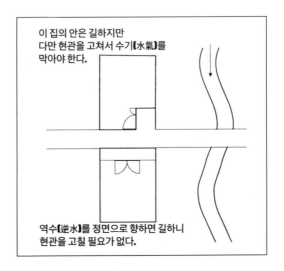

이 집의 안은 길하지만 다만 현관을 고쳐서 수기【水氣】를 막아야 한다.

역수【逆水】를 정면으로 향하면 길하니 현관을 고칠 필요가 없다.

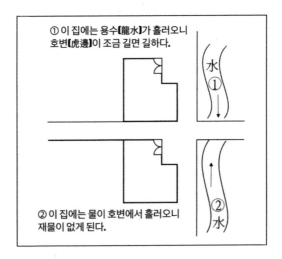

① 이 집에는 용수【龍水】가 흘러오니 호변【虎邊】이 조금 길면 길하다.

② 이 집에는 물이 호변에서 흘러오니 재물이 없게 된다.

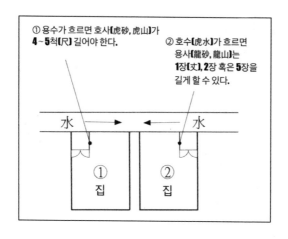

① 용수가 흐르면 호사[虎砂, 虎山]가
4~5척[尺] 길어야 한다.

② 호수[虎水]가 흐르면
용사[龍砂, 龍山]는
1장[丈], 2장 혹은 **5**장을
길게 할 수 있다.

水 ——►   ◄—— 水

①
집

②
집

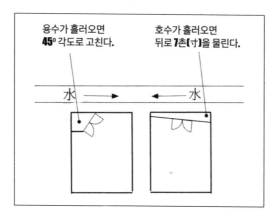

용수가 흘러오면
45° 각도로 고친다.

호수가 흘러오면
뒤로 **7촌[寸]**을 물린다.

水 ——►   ◄—— 水

13) 수지水池, 연못의 길흉

앞에서 언급한 '수水(물)'는 일반인의 마음속에는 '재財'이다. 이러한 견해는 경관을 설계하는 가운데 연못을 통해서 검증할 수 있다. 그러나 우주의 만법萬法에는 반드시 음양과 정반正反이라는 양면의 작용이 있다. 물은 비록 재고財庫의 대표이지만 시時·위位·세勢와 맞춰야 한다. 다시 말하자면 '수水'의 방위가 택운宅運의 생왕방生旺方(오행에서 길한 방위)과 맞는지 그리고 '수水'의 형세가 풍수 길상과 부합되는지의 여부이다. 아래의 그림과 같다.

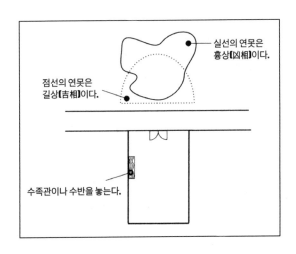

풍수구결風水口訣에 이르기를,　　　風水口訣云
가정의 문 앞에 연못이 있는 것은,　　家庭門前有水池
본디 집안에 재물을 일으킬 비결이라네.　本是諸家發財訣
만일 조형을 만난다면 길상하지 못하니,　如逢造型不吉祥
끝내 재물은 없고 도리어 재앙이 찾아오네.　終究無財反禍來.

위의 그림의 연못 조형은 신장결석형腎臟結石型이므로 흉상凶相에 속하고 또한 구설지口舌池(구설수의 못)가 되어 구설수와 말다툼이 끊이지 않는다. 그러므로 집 앞에 연못이 있는 것이 반드시 길상吉祥은 아니다. 그러나 그림과 같이 못을 반월형으로 고치고 물을 집안을 향해 에워싸게 한다면 흉을 길로 전환할 수 있다. 만약 다른 사람의 못이라면, 본댁의 응접실 왼쪽에 어항이나 수반水盤을 놓아두면 흉凶을 해소할 수 있고 질병의 고통도 감소할 수 있다. 아래의 그림과 같다.

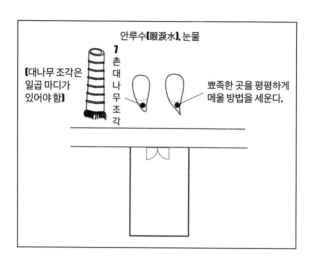

안루수[眼淚水], 눈물

【대나무 조각은 일곱 마디가 있어야 함】

7촌 대나무 조각

뾰족한 곳을 평평하게 메울 방법을 세운다.

풍수구결風水口訣에 이르기를,	風水口訣云
두 눈에 흐르는 눈물이 펑펑 쏟아지는데,	兩眼淚水水汪汪
마음속이 무사해도 미친 듯 날뛰기를 상상하네.	心中無事想發狂
끝내 무슨 까닭으로 마음을 열지 못하는가,	究竟因何不開心
단지 집 앞에 있는 연못 빛 때문이라네.	只緣家前池水光

주택 앞에 연못이 두 개 있거나 또 눈물을 형상하는 경우는, 현대의 정원 경관을 설계할 때 가장 기피하는 형상이다. 또 주택 앞에 있는 다른 사람의 토지에 이런 연못이 있는 경우도 역시 불길하다. 해결하는 방법 두 가지를 여러분에게 제공하니 참고하기 바란다.

(1) 대책을 세워 못의 뾰족한 곳을 평평하게 메우면 길하게 된다.

(2) 7촌寸의 대나무(일곱 마디가 있어야 함)를 연못의 뾰족한 곳의 흙에 박으면 흉을 해소할 수 있다.

풍수학에서 대나무는 '차형통기遮形通氣(형상을 가리고 기운을 통하게 함)'의 효능을 가진 최고의 식물이므로, 여기서는 그의 '통기通氣'

효능을 취하는 것이다. 평소 주택 주위에 불길한 조형의 충사沖射가 있거나 본댁의 왕기방旺氣方도 그 방위에 있다면 대나무를 통해 살을 해소할 수 있다.

우주 만물의 모든 존재는, 만물 사이에 존재하는 불균형을 조화롭게 하고 있다. 꽃 한 송이, 풀 한 포기, 나무 한 그루, 심지어 개미 한 마리, 모기 한 마리도 경시하지 말아야 한다. 그들은 모두 자신의 역할을 다 하면서 만생만물을 조화롭게 한다.

고덕古德이 이르기를, "일화일세계一花一世界요, 일엽일인생一葉一人生이다."라고 하였다. 비록 이것은 깨달음의 이치이지만 우주만물이 생멸生滅하는 진리이기도 하다.

14) 높은 산이 머리를 내리누름[高山壓頂]

농촌의 풍수는 순수류順水流의 금기 이외에도 높은 산을 마주하는 것은 좋지 않다는 것을 일반인들도 모두 알고 있다. 왜냐하면 높은 산은 사람들에게 압박감을 주고, 자신도 모르는 사이에 스트레스를 쌓이게 한다. 이것이 바로 양택학陽宅學상의 '압정壓頂' 현상이다. 그러나 만일 높은 산이 멀리 있거나 훼손이 없다면 오히려 장원壯元을 배출할 수 있다. 아래의 그림과 같다.

풍수구결風水口訣에 이르기를,　　　　　　　風水口訣云
태산이 머리를 누르면 장점을 펼치기 어려워,　泰山壓頂難伸長
음양의 괴이한 기운에 사정이 많아지네.　　　陰陽怪氣事情多
상업에 종사하다 관리가 되어 반목이 많으니,　從商爲官多反目
일생을 헤아려 보아도 끝내 이룬 게 없도다.　計較一生終無成

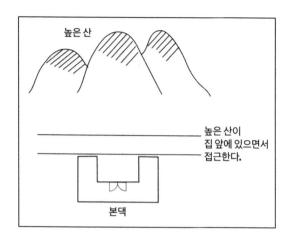

만약 주택이 이러한 모양의 지형 위에 지어져서 산을 등지고 있다면, 도리어'왕후장상王侯將相'의 길택吉宅이 되므로 부귀가 이어질 수 있다. 고대의 성현이나 호걸은 모두 농촌에서 태어났으며 현대 사회의 부귀한 자와 유능한 자도 대부분 농촌에서 태어났다. 농촌의 빼어난 기운은 무수한 지혜로운 인재를 잉태하고 양성하여 중생들을 위해 복리를 꾀하고 천하를 위하여 태평을 도모한다.

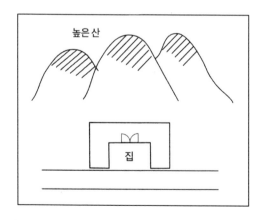

2. 청룡青龍

1) 청룡방에 힘이 있어야 한다.[靑龍有力]

'좌청룡 우백호左靑龍右白虎, 전주작 후현무前朱雀後玄武', 이 말은 양택 풍수학을 배우는 사람들이 항상 읊조리는 구결口訣이다.

청룡방은 귀貴를 주主로 한다. 따라서 주택 부근의 산의 모양이나 이웃 주택의 왼쪽이 본댁보다 높으면 선천풍수에 부합되는 좋은 구조이다. 만약 집안의 장식이 법에 따라 꾸며졌다면 집주인은 큰 복을 받을 것이다.

청룡은 힘이 강력하여 귀貴와 공명을 주로 한다, 예를 들면 장화시彰化市에 항상 문전성시를 이루는 한 병원이 있었는데, 그 원인을 살펴보니 오른쪽 방위의 내기來氣 때문이며, 왼쪽 방위의 용변龍邊도 힘이 강력하여 병원이 날로 번창할 수밖에 없었다.

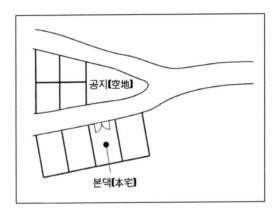

용변龍邊은 주택의 안에서 밖을 볼 때 왼쪽이며, 선천의 괘위卦位상으로는 '감坎'에 속한다. 감은 수水이고, 움직이는 상태이며, 양성陽性이

고, 밝고 환한 상태이다. 그러므로 용龍은 움직이는 것이 좋고 호虎는 고요한 것이 좋으니, 여러분이 이해할 수 있는 것이다.

상식으로 말하면 주택의 용변은 높은 산이나 높은 건물을 막론하고 더욱이 왕기旺氣가 오른쪽으로부터 들어올 때가 최고의 길상吉祥이다.

풍수구결風水口訣에 이르기를,	風水口訣云
청룡에 강한 힘이 있는 것이 최고의 길상이니,	青龍有力最吉祥
존귀를 구하고 복록을 구하여 대길이 창성하리라.	求貴求福大吉昌
만일 사람이 청룡의 비결을 인식하고 체득한다면,	若人識得青龍訣
복된 땅과 복된 사람이 여기에서 나누어지리라.	福地福人此中分

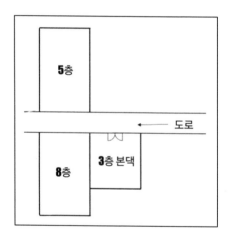

3. 백호白虎

1) 백호가 머리를 쳐듦[白虎昂頭] - 1

상공업이 발달하면서 사람과 사람 사이의 정은 점점 희미해져 가고

명리심名利心과 투쟁심이 이를 대신하고 있다. 가정의 윤리에도 틀에 박힌 경직된 생활로 인하여 소통에 어려움을 겪고 있으니 시대의 추세 이외에 양택의 환경에도 매우 큰 영향을 주고 있다. 본편에서는 여러 분을 위하여 '백호앙두白虎昂頭'를 소개하겠다.

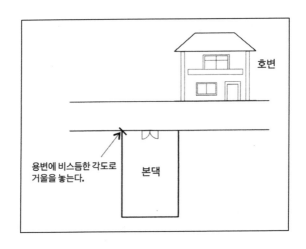

풍수구결風水口訣에 이르기를,
백호가 머리를 쳐들어 사람을 손상하니,
칼 빛에 피 그림자가 집안에 나타나네.
집안에 나쁜 무리와 불효한 아이가 있고,
시어머니와 며느리가 반목하여 원수가 되네.

風水口訣云
白虎昂頭傷人丁
刀光血影家中現
家有惡徒不孝兒
婆媳反目亦成仇

백호방白虎方은 선천의 괘위卦位상으로는 '화火'에 속한다. 더욱이 기류의 충돌로 불꽃이 생겨나고, 자기 집과 맞은편에서 부상을 입게 되며, 빈객이 주인을 기만하고, 하인이 주인을 업신여기는 형세이다. 따라서 고부간의 불화가 생겨난다. 또 백호는 흉상凶相이고 악惡이기 때문에 어린아이의 성격이 쉽게 거칠고 급하여지며 호권虎拳으로 사람을 해치는 행동을 하게 된다. 백호는 또 빨간색이며 피를 의미하기 때문에 피비린내가 나는 사건이 생겨날 수 있다. 그 해법에는 한 가지가 있다.

집의 대문 앞에 왼쪽 위의 방위 모퉁이에 직경 7촌의 원형거울을 걸고 거울 중앙에 원형의 빨간 종이를 붙여 앞면의 용마루살[屋脊煞]을 향해 반사하면 흉상凶相을 사라지게 할 수 있다. 백호성白虎星은 거울이 자기를 비추는 것을 가장 두려워하기 때문에 흉상 위에 흉상을 더하면 스스로 달아나게 된다.

우리 종문宗門에서 재앙을 없애는 액막이의 전제 조건은, 자신을 보호하고 타인을 해롭게 하지 않는 것이다. 아주 평범한 거울 하나가 자신의 평안을 지키고 타인에게도 상해를 입히지 않는다면 어찌 기꺼이 하지 않겠는가? 여러분도 시도해 보는 것이 괜찮을 듯하다.

2) 백호가 머리를 쳐듦[白虎昂頭] - 2

전편의 '백호앙두白虎昂頭'와 본편의 '앙두昂頭'는 약간의 차이가 있다. 비록 택상宅相상으로는 차이가 있더라도 마찬가지로 백호가 화禍가 되니 주택을 불안하게 만든다. 그림과 같다.

풍수구결風水口訣에 이르기를,	風水口訣云
백호가 머리를 쳐드는 것이 가장 흉하고 사나워,	白虎昂頭最兇狠
무정하게 반목하며 기업을 빼앗도다.	反目無情奪基業
두 세 사람을 더욱 심하게 손상시키니,	更甚傷人二三口
매우 빨리 개선해야 바야흐로 재앙이 없으리라.	速速改善方無禍

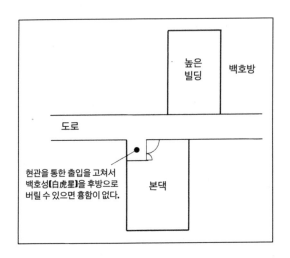

주택의 오른쪽 앞에 높은 건물이나 빌딩이 있는 경우가 바로 '백호가 머리를 쳐드는 것[白虎昻頭]'이니 이것은 대흉의 징조이다. 이런 경우에 가정에서는 여자에게 재해와 질병이 많이 발생하고, 자녀의 성격은 거칠고 급해지며, 고부姑婦는 화목하지 못하다. 사업에 있어서는 종업원이 주인을 기만하여 사업을 남에게 빼앗기고, 부하가 지도에 복종하지 않아 사업이 점점 쇠락하게 된다.

'현관을 고치는 것[改玄關]'이 대세를 반전시키는 비법이다. 불필요하게 매번 사람을 불러 양택을 보게 하여 이곳저곳을 고치지만, 중요한 부분은 개선하지 못하고 오히려 대수롭지 않은 곳을 바꾸며 온 집안을 소란스럽고 불안하게 한다.

본편의 '백호앙두白虎昻頭'의 흉상을 소멸시키려면 용변龍邊에 현관식의 문의 방향을 만들면 백호성白虎星을 후방으로 없애버릴 수 있는데, 이것이 이른바 '화살위권化煞爲權'[19]이라고 하는 것이다. 덧붙여 설

---

19) 화살위권(化煞爲權) : 살(煞)을 변화시켜 권(權)을 만드는 것으로, 풍수학에서 길

명하면 문의 방향을 변경할 때 '문공척文公尺'의 '재財'와 '본本'으로 새로운 대문의 표준 넓이로 삼는다. '재財'와 '본本'의 계산 방식은 대만 자[台尺] 1척 4촌의 배수에 1촌을 가감하는데, 개선하는 방법은 아래 그림과 같다.

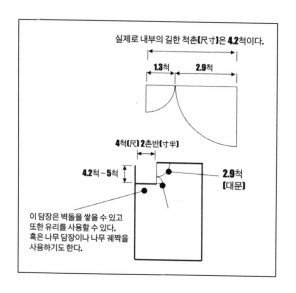

현관을 개선하는 묘법은 '항로충巷路沖', '순수류順水流', '수사비水斜飛'등의 흉상에도 운용할 수 있다. 인연이 있는 대중들께서 이 방법을 잘 이용하여 많은 사람을 행복하게 해 주기를 간절히 바란다. 전국 각지에 이러한 사례가 많이 있을 것이라 믿으며, 또한 양택 풍수학에 관심은 있으나 배우는 방법을 찾지 못한 이들도 많을 것이라 여긴다. 여기에서 여러분에게 한 가지 좋은 방법을 제공하니 자신을 돕거나 타인을 돕는 것을 막론하고 모두 길吉을 추구하고 흉凶을 피하여 법열法悅

흉을 피하여 흉을 길로 바꾸는 것을 말한다.

이 충만하기를 바란다.

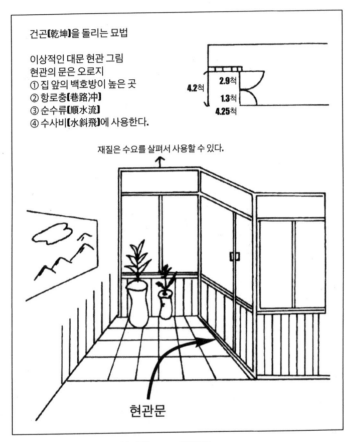

건곤[乾坤]을 돌리는 묘법

이상적인 대문 현관 그림
현관의 문은 오로지
① 집 앞의 백호방이 높은 곳
② 항로충[巷路沖]
③ 순수류[順水流]
④ 수사비[水斜飛]에 사용한다.

2.9척
4.2척   1.3척
4.25척

재질은 수요를 살펴서 사용할 수 있다.

현관문

현관문玄關門 정면도正面圖

3) 백호가 머리를 쳐듦[白虎昂頭] – 3

현대의 건축은, 비록 좁은 땅이지만 큰 값어치가 있기 때문에, 대부분 제한된 토지를 최대한으로 이용하게 된다. 가끔 지면地面이 운용하기에 부족하면 단지 높은 곳으로만 발전되어 빌딩이 숲처럼 빽빽이 늘어서게 되었다. 반면에 눈에 띄는 나지막한 집들은 곱사등이 노인처럼 어쩔 수 없이 구석에 숨어 있다.

풍수구결風水口訣에 이르기를,　　　　　　　風水口訣云
백호방으로 높은 빌딩이 칼처럼 둘러싼 곳에,　白虎高樓帶刀劍
곧게 잘라서 집을 지으면 재앙이 많아진다.　直砍入宅多災殃
흉한 재앙과 뜻밖의 죽음이 끊임없이 이어지니,　凶災橫死不斷續
하늘에 호소해도 응하지 않고 땅도 신령하지 않네.　呌天不應地不靈

현재 시가지의 옛날 가옥들은, 본래는 거주하기에 평안하였지만 맞은편에 백호방 빌딩이 건축된 후에는 가정에 화근禍根이 연이어 발생하고 집안이 소란스럽고 불안하며 재앙이 끊이지 않고 있다. 해결하는 방법은 아래와 같다.

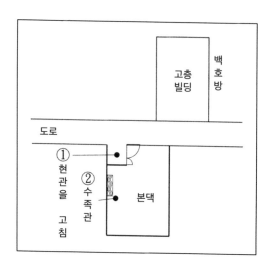

(1) 집안에 있는 청룡방의 대문 현관을 개선하여 백호방을 뒤쪽으로 처리하면 전화위복이 될 수 있다. 만약 본댁이 아파트일 경우에, 응접실에서 밖을 향해 빌딩의 벽도壁刀가 있으면 벽도가 직선으로 뻗은 곳에, 7촌의 둥근 거울(거울 중앙에 빨간 종이를 붙이고 음력 1일 혹은 15일 오전 11시에서 오후 1시 사이에)을 걸면 된다. 또 분재나 식물 등 키우기 쉬운 품종을 이용하여 벽도가 진입하는 곳에 놓아서 차단해도 된다.

(2) 주택 안의 청룡방에 어항을 놓아, 물의 특성을 이용하여 백호방의 살기를 균형 있게 한다.

벽도壁刀의 재앙은 해결하기가 가장 어려운데 특히 연운삼살年運三煞[20]이 이곳에 모이는 것을 기피한다. 수많은 가정에 뜬금없이 수술을 하게 되거나 뜻밖의 화를 입게 되는데, 항상 귀신이 괴이한 짓을 한다고 여긴다. 그러면서 집 앞의 백호방이 높고 또 벽도가 화근임을 전혀 알지 못한다.

벽도는 대문과 정면으로 마주보는 것을 가장 기피한다. 이런 경우에는 코와 폐를 상하게 되어 병원에서 검진을 받아도 병의 원인을 찾을 수 없으며 오히려 고통을 견디기가 어렵다. 본사本寺(선불사)와 인연을 맺은 신도들 가운데에 주택 내외의 부조화로 인하여 화근이 초래된 경우가 대부분이므로 신중하지 않아서는 안 된다.

양택 풍수지리를 연구하는 데에 관심이 있는 대중들은 친지나 친구

---

20) 연운삼살(年運三煞) : 세살(歲煞)이라고도 한다. 삼살방(三煞方, 세살(歲煞)·겁살(劫煞)·재살(災煞)에 해당되는 불길한 방위)의 하나로 인·오·술년(寅午戌年)에는 축방(丑方, 북북동), 사·유·축년(巳酉丑年)에는 진방(辰方, 동동남), 신·자·진년(申子辰年)에는 미방(未方, 남남서), 해·묘·미년(亥卯未年)에는 술방(戌方, 서서북)에 독한 음기(陰氣)의 살(煞)이 있다고 함.

의 주택에서 이 방법의 실증을 찾아내어 대자연의 신비를 함께 체험해도 좋을 것이다.

4) 백호가 머리를 쳐듦[白虎昂頭] - 4

대부분의 풍수 법칙은 일종의 유행 지식으로 간주되어 광범하면서 자연스럽게 이용되고 있다. 예컨대 대만의 민간에 있는 이야기처럼, "용은 냄새를 두려워하고 호랑이는 시끄러움을 두려워한다[龍怕臭, 虎怕鬧].", "용은 움직여야 하고 호랑이는 고요하여야 한다[龍要動, 虎要靜]."와 같다. 농업 사회에서 건축사와 집주인이 반드시 이러한 원칙을 따라 집을 지으면 비록 대부大富와 대귀大貴가 되지 않더라도 오히려 평안할 수는 있었다.

어떤 경우에는 사용하는 공간을 넓히기 위해 이따금 이미 있는 공터에 건물을 증축하거나 개조하기도 한다. 또 어떤 자손들은 외지에서 돈을 벌어 조상의 집을 보수하여 가문을 빛내려고도 한다. 어떤 이유이든 증축하거나 보수할 때 방위가 맞으면 길상吉祥이 갑절로 증가할 것이며, 맞지 않으면 도리어 상해를 입게 될 것이다. 그림과 같다.

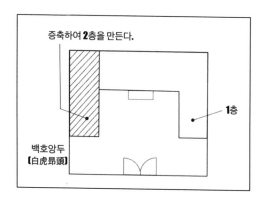

풍수구결風水口訣에 이르기를, 風水口訣云
삼합원三合院의 집이 바로 길상이니, 三合院宅是吉祥
태사가 의자에 앉아서 권위가 있도다. 太師椅坐有權威
애석하게도 백호가 머리를 돌려 바라보면, 可惜白虎回頭看
무정하게 반목하며 또한 장정을 손상시키네. 反目無情又傷丁

삼합원三合院[21]은 정情이 담긴 구조로 설계되었는데, 바람을 감추고 정기를 모으며[藏風聚氣] 또한 집안이 원만하다. 그러나 만약 백호방에 2층으로 증축하면 백호가 머리를 쳐들어 사람을 해치는 형국이 되므로 불효자가 생겨나고 고부간에 다툼이 발생한다. 오직 청룡방에도 2층 건물을 같은 높이로 증축해야만 평안할 수 있다.

5) 백호가 머리를 쳐듦[白虎昂頭] - 5

이외에 또 다른 유사한 가옥의 형태인 '백호회두白虎回頭'의 구조도 자주 보는 형상이다.

풍수구결風水口訣에 이르기를, 風水口訣云
백호가 주먹을 쥐고 공격하려 하는데, 白虎握拳要攻擊

---

21) 삼합원(三合院) : 중국의 전통 가옥 구조로서 폐쇄식과 개구식의 두 종류가 있다. 기본 형태는 「ㄇ」 모양이며 일반적으로 북쪽의 정방(正房)과 동서의 상방(廂房)으로 구성되어 있다. 집이 세 방향에 위치해 있기 때문에 이름이 삼합원이다. 북쪽 한가운데는 안채, 좌우에는 거실과 곡창, 동쪽 행랑채는 부엌과 식당, 서쪽 행랑채는 침실이 있다. 사방에 담장이 있거나 벽만 쌓고 동서의 상방을 연결하고 담장이 안뜰과 마주보고 문을 여는 폐쇄형 삼합원, 담장이 없는 것이 개구식 삼합원이다. 중간에 있는 공터는 주로 햇볕을 쬐는 장소로 쓰이고, 주변에 화초와 과일나무를 심는 경우도 있다.

가련하게도 여인에게 재앙이 많도다.　　　　　　可憐女人多災劫

더욱더 자녀에게 악독惡毒이 출현하니,　　　　　更甚子女出惡毒

부모에게 관계될 뿐 아니라 금전까지 요구하네.　不管父母管要錢

　주택의 백호방에 화장실, 차고, 헛간 등을 증축하는 것도 흉상의 일
종이다. 이러한 주택의 형상은 '백호권白虎拳'을 형성하게 된다. 이미
백호권이 형성되면 반드시 가정에 피해를 주게 되어, 여성에게는 질병
이 많아지고, 어린아이들은 말을 듣지 않으며, 마음이 안정되지 못하
고, 재산을 무수히 낭비하게 되며, 흉악한 일을 면하기 어렵다. 사람들
은 가정이 평안하지 못하면 부적을 붙이면 된다고 생각하지만 사실은
그렇지 않다. 부적은 우리들의 '공문公文'처럼, 유효한 기간은 7일 뿐이
며 7일이 지나면 효력이 상실된다. 더욱이 양택 풍수에서 말하는 선천
의 살煞과 후천의 기氣가 대류적인 상호작용을 하기 때문에 부적의 '사
기邪氣를 내쫓고 살기煞氣을 면하는[驅邪避煞]'것과는 다르다. 그림의
주택 형상과 같을 때에 해결하는 방법 두 가지를 제공한다.

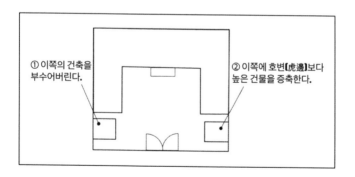

(1) 백호방의 건축물은 철거하는 것이 가장 좋다.

(2) 만약 부득이한 경우라면 청룡방에 백호방의 높이에 비견比肩되

는 건물을 하나 지으면 흉상을 해결할 수 있다.

백호가 재앙이 되는 흉택凶宅이 매우 많은데, 만약 인연이 있는 대중들께서 깊이 이해하고 체득할 수 있으면 반드시 재앙을 감소시켜 최소한에 이를 것이라 믿는다. 이렇게 되어 사람마다 평안하고 가정마다 화락하며 사회가 화목하게 된다면 나의 바람이 이루어지는 것이다.

6) 백호가 머리를 돌림[白虎回頭] - 1

본사本寺의 제자들이 청룡방과 백호방의 견해에 대해 나에게 문의하는 전화를 자주 받는다. 여러분 모두가 '좌청룡左青龍 우백호右白虎'를 알고 있다. 그러나 문제는, 집을 향해 좌청룡 우백호인지 아니면 집 밖을 향해 좌청룡, 우백호인지이다. 이것은 매우 간단한 문제이지만 한 가정의 배치 기준에 관계된다. 만약 잘못된다면 전체 가정의 평안 여부에 영향을 미칠 수 있다.

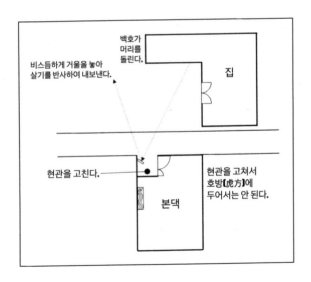

'백호가 머리를 돌리는 것[白虎回頭]'은 발톱을 드러내는 것[現爪]을 두려워하는데, 발톱을 드러내면 뱃속의 태아를 해롭게 할 수 있다. 백호방은 음전기陰電氣의 정점으로서, 화火이고 흉凶이므로 머리를 돌리면 재앙을 감당하기 어렵다. 그림과 같다.

풍수구결風水口訣에 이르기를,　　　　　　　風水口訣云
백호가 머리를 돌려 사람을 해치니,　　　　白虎回頭傷人口
장정을 손상할 뿐 아니라 재물을 파괴하네.　不是損丁卽破財
더욱이 거역하는 자식을 막기가 어려우니,　尤其謹防忤逆子
한번 여지없이 실패하게 되면 일어나기 어렵네.　一敗塗地難起來

이러한 양택 조형造型은 '백호회두白毫回頭'의 형상이기에 사람을 해치는 것이 가장 흉악하다. 만약 임산부가 있다면 유산되거나 태아가 뱃속에서 사망할 수도 있다. 다른 사람과 동업을 하면 자금이 회수되지 않을 것이며, 자신이 사업을 경영한다면 직원들이 한마음이 되기가 어려워서 '직원이 사장을 속이는 일[奴欺主]'이 자주 발생하므로 대흉大凶이 된다.

이러한 양택 조형의 흉상을 해결하는 방법은 세 가지가 있다.

(1) 문을 고치는 것이 가장 좋다. ― 용방에서는 현관을 고치되 호방에서는 현관을 고쳐서는 안 된다.

(2) 용방의 빗각斜角(모퉁이)에 거울을 안치한다. ― 거울을 설치하는 방법은 아래의 그림과 같다.

(3) '동動(동적인 물건)'을 안치한다. ― 어항, 텔레비전, 냉장고, 모터 등 동적인 기계나 혹은 전기 제품을 용방에 놓는다.

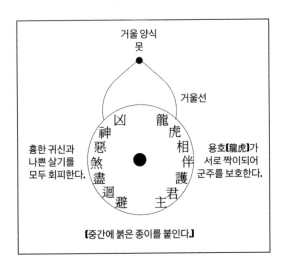

거울 양식
못

거울선

凶神惡煞盡迴避

龍虎相伴護君主

흥한 귀신과
나쁜 살기를
모두 회피한다.

용호【龍虎】가
서로 짝이되어
군주를 보호한다.

【중간에 붉은 종이를 붙인다.】

사람들은, '하필이면 우리를 이런 좋지 못한 집에 살게 하는가?'라며 세상을 원망한다. 고덕古德이 이르기를, "터가 좋은 곳에 복이 있는 사람이 살고[福地福人居], 복이 있는 사람이 터가 좋은 곳에 산다[福人居福地]."라고 하였다. 마음속으로 참회하고 은혜에 감사하기만 하면 평안하게 액막이를 할 수 있을 것이다. 오래도록 이렇게 하다 보면 언젠가는 자신에게 유리한 자리에 건물을 짓게 될지도 모른다. 그러니 풍수는 변하지 않는다고 누가 말하겠는가?

7) 백호가 머리를 돌림[白虎回頭] - 2

오늘날 농촌 주택의 대부분이 노인들만 집을 지키고 있고, 젊은이들은 거의 도시로 나가 생활하며 명절 때에만 겨우 고향으로 돌아와 가족과 지낸다. 이들은 비록 몸은 타향에 있지만 마음은 늘 부모님의 건강을 염려하는 데에 있으니 부모님이 양육한 노고가 헛되지 않은 것이다.

많은 신도들이 방법을 요청하는 것 중에 '삼합원三合院의 길흉 식별'이 여전히 중시되고 있다. 부모가 평안하지 못하면 자식들이 어떻게 안심하고 일을 할 수 있겠는가?

본편에서 여러분에게 소개하고자 하는 것은 가족의 건강과 관련된 가옥 구조이다.

풍수구결風水口訣에 이르기를,	風水口訣云
백호가 발톱을 벌려 사람을 잡으려 하는데,	白虎張爪準捉人
고기를 쪼개 배에 넣으니 위와 입이 크도다.	析肉入腹胃口大
핏빛의 칼 그림자를 사람마다 가지고 있으니,	血光劍影人人有
빠르게 문을 바꾸어 파인 길을 보충해야 한다.	速速換門找路跑

시골 사람들은 부지런하고 알뜰하여, 대부분 물건의 잉여가치를 최대한으로 이용하고자 한다. 그러므로 주택의 공간이 사용하기에 부족할 경우, 무분별하게 증축하기 때문에 시골 사람들에게는 병고病苦가 특별히 많다.

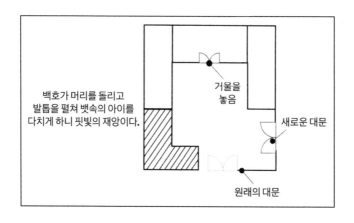

백호가 머리를 돌리고 발톱을 펼쳐 뱃속의 아이를 다치게 하니 핏빛의 재앙이다.
거울을 놓음
새로운 대문
원래의 대문

예를 들면 위 그림의 경우는 '백호회두白虎回頭'의 구조로서 뱃속의 태아에게 영향을 끼쳐 난산이 아니면 생명까지 잃을 수도 있으며 핏빛의 칼 그림자가 해마다 깃들여 있다.

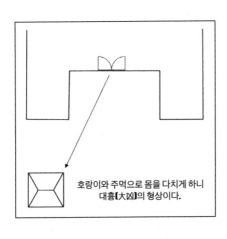

호랑이와 주먹으로 몸을 다치게 하니
대흉(大凶)의 형상이다.

왼쪽 그림의 경우는 비교적 쉽게 범하는 착오이다. 상공업의 발달로 인하여 돈을 버는 속도가 빨라지고 사용하는 곳도 유동적이므로, 아이들이 성장한 후에 주거 환경을 개선하여 부모님께 효도하고 봉양하기를 희망한다. 간혹 주택의 공간이 사용하기에 부족하면 대부분 옛날의 가옥을 두루 증축하여 이용하려고 할 것이다. 가장 흔하게 보이는 것이 다락방, 차고, 곡식 창고, 급수탑, 창고 등이다. 이들은 본래 완전 무결한 택상宅相이었으나 증축으로 인하여 갑자기 '호랑이와 주먹으로 몸을 다치게 하는[虎拳傷身]'의 형국이 되어버렸다.

차고의 증축은 대흉의 징조이니 장정을 다치게 할 수 있다.

곡식 창고와 창고의 증축은 사람이 두각頭角을 나타낼 수 없게 한다.

급수탑의 증축은 여성을 다치게 하고 병이 자주 나거나 수술을 하게 된다.

다락방의 증축이 너무 높다면 압정살壓頂煞 혹은 벽도살壁刀煞이 집으로 침입하는 것을 예방하여야 한다.

만약 귀댁에 이러한 구조가 있을 경우에 해결하는 방법은 두 가지가 있다.

(1) 증축한 '호권虎拳'을 철거하는 것이 가장 좋다.

(2) 거울을 설치하여 잠시 해결할 수 있다. (둥근 거울 중앙에 일원一元(대만 동전) 크기 정도의 빨간 종이를 붙여 음력 1일 혹은 15일 혹은 홀숫날 오시에 건다.)

수많은 사람들이 특별한 이유도 없이 인생의 절반을 병고에 시달리지만, 명사明師의 조언을 받지 못하여, 병의 원인이 양택의 잘못된 구조에 있다는 것을 모르는 채 끌려다니며 괴롭고 속절없이 반평생을 보낸다. 만약 우리의 육친六親 가족이라면 이러한 사정을 어떻게 견딜 수 있겠는가? 병으로 인해 파생된 문제를 또 어찌 '효심'만으로 해결할 수 있겠는가?

이 책을 출판한 이유는 풍수의 원리를 통해 평안하지 못한 주택을 개선함으로써 가정마다 평안하고 사회가 건강하기를 희망하는 목적이다. 이 역시 지리선사地理先師 양균송楊筠松[22] — 양구빈楊救貧의 세상을 구제하는 대법大法이다.

'중생의 고통을 없앤다[取却衆生的痛苦]'는 것은 자비심의 시현示現이고, '중생에게 은혜를 베풀다[施惠予衆生]'는 것은 수행자의 본원本願이다. 모든 사람들이 이렇게 하여 사회가 상서롭고 화목해지면 중생들이 모두 불도를 이루게 될 것이다.

8) 백호가 입을 벌림[白虎開口]

사람들은 항상 환경에 익숙해지기 때문에 주택 주위의 형살形煞이

---

22) 양균송(楊筠松) : 당(唐)나라 때의 유명한 풍수 종사(宗師)로서 이름은 익(益), 자는 숙무(叔茂), 호는 송균(松筠)이며 후대에 양구빈(楊救貧)이라 칭하기도 하였다.

본댁에 좋지 않는 영향을 미치는 것을 소홀히 한다. 대부분의 사람들은 우주 풍수의 법칙을 이해하지 못하기 때문에 어떻게 예방해야 하는지를 알지 못한다. 예를 들면 문 앞의 정면이 지하주차장의 출입구를 향하거나 주택의 오른쪽에 다른 주택의 대문이 있거나 오른쪽에 공용빌딩의 대문이 있는 것은 모두 여기에 속한다.

풍수구결風水口訣에 이르기를,	風水口訣云
백호가 머리를 들거나 입을 벌리니,	白虎昂頭又開口
굶주린 호랑이가 배가 고파 입을 가리지 않네.	餓虎飢食口不擇
장정을 손상하고 재물을 파괴해도 피하기 어려우면,	傷丁破財難逃過
집안 운수가 쇠미하여 이로 말미암아 무너지네.	家運衰微因此墮

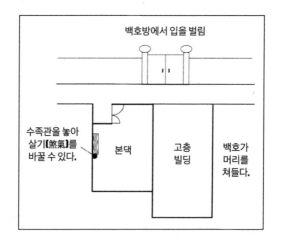

사나운 호랑이가 산에서 내려와 큰 입을 벌려서,	猛虎下山開大口
한 입으로 일만 강하를 모조리 삼키도다.	一口吞併萬江河
기세가 무지개처럼 집안에 자리 잡으면,	氣勢如虹家中座
이리와 호랑이가 삼켜버려 사람들이 화를 입네.	狼吞虎嚥人丁禍

주택의 오른쪽 백호방이 높은 것은 이미 대흉大凶이 며, '빈객이 주인을 기만하는 형국[賓欺主]'이라고 일컫는다. 이 경우에는 친구들이 사업과 재산을 강점할 수 있는데, 더군다나 오른쪽 앞에 '백호개구白虎開口'가 있을 경우에는 더욱 흉凶

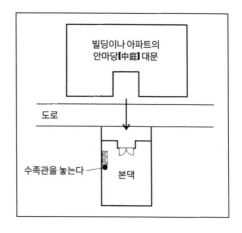

하다. 두 가지가 합쳐지면 남성이 다치거나 재물에 손실을 보게 되는 형상이 된다. 청룡방에 어항을 설치하거나 모터를 움직이게 하면 액운을 없앨 수 있다. 그리고 주택의 모든 전동기기, 예컨대 냉장고나 어항 등을 청룡방에 두면 길吉하다. 그림과 같다.

근대의 아파트 건물 특히 앞마당 정원의 대문 입구는 살기가 가장 심한 곳이다. 주택의 문이 빌딩의 입구와 직면하는 것은 호랑이가 삼켜버리는 형국이기 때문에 거주자가 매우 평안하지 못하다. 설령 잠시 무사하더라도 오래되면 결국 흉액이 닥치게 된다. 삼살三煞 연월일年月日이 호구虎口 방위와 만나면 바로 징험이 나타난다. 액을 없애는 방법은 주택의 청룡방에 어항을 설치하여 균형을 이루면 된다.

현대의 건축은 대부분 지하실을 주차장으로 설계하여 빌딩에 거주하는 자에게 편리를 제공하며 회사에도 개인의 주차장을 두고 있다. 그러나 상대적으로 지하실 주차장의 출입구를 마주한 주택은 매일 자동차가 왕래하는 기류로 인하여 영향을 받는다. 또한 살기가 집안으로 들어오게 되어 양택의 흉상이 된다. 그 해법이 한 가지 있는데, 아래 그림처럼 대문을 90도의 현관으로 바꾸어서 자동차의 출입구를 청룡

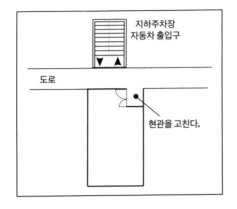

방이 되게 한다. 그렇게 하면 용의 기운이 돌진하여 흉을 뒤집어 길로 만드니 평안함을 보전할 수 있다.

9) 농촌 주택에 백호가 핍박함

농촌의 주택은 대부분 산에 의지하고 물을 가까이에 두어 초목이 청신淸新하고 풍경이 아름답다. 그러나 나의 평범한 안목으로 보건대 대자연 가운데 산천의 영험한 기운이 어떻게 모여드는 지를 전혀 알지 못한다. 오직 대자연의 선천과 후천의 기炁, 元氣와 기氣를 이해하는 자만이 비로소 산수의 사이에서 유유자적할 수 있으며 자연과 융합할 수 있다.

풍수구결風水口訣에 이르기를,　　　　　　　風水口訣云
백호가 몸을 핍박하여 불효자가 나오니,　　　白虎逼身出逆子
청룡은 힘이 없어 점점 장정이 없어지네.　　　青龍無力丁漸無
집안 재산이 소진되어도 원인을 알지 못하여,　家財耗散不知因
외롭고 쇠락하게 일생을 보낸다네.　　　　　伶仃潦倒過一生

가옥을 산중턱이나 산자락에 지으려면 마땅히 산을 등지고 지어야 하며 절대로 오른쪽 백호와 근접해서는 안 된다. 이러한 구조는 지극히 흉한 형상이니, 불효한 자녀나 며느리가 나올 수 있고 기세가 사람을 능멸하여 집안 재산을 소진할 수 있다.

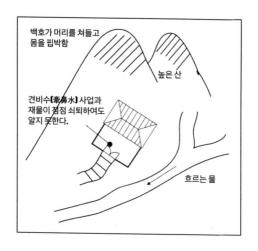

해결하는 방법은 아래의 그림과 같다.

(1) 바깥대문을 청룡방으로 바꾸어 흘러오는 물을 향하게 하여 수기水氣를 받아들이면 '사량발천근四兩撥千斤(작은 역량으로 큰 역량을 이겨냄)'의 형세가 될 것이다.

(2) 참고와 건의

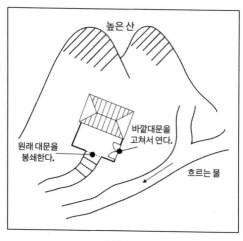

개선 구조

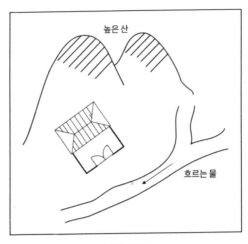

건의 구조

만약 당신의 토지 부근에 산의 모양과 물의 세력이 그림과 유사한데도 그곳에 주택을 지어 거주하려면, 대문을 물이 들어오는 방향으로 향하게 고치면 괜찮아지므로 이를 제안한다. 뒤쪽은 원래 백호가 머리를 들고 몸을 핍박하는 산형山形인데 그렇게 함으로써 우리가 산에 의지하게 되는 것이다. 이것이 바로 대자연에 원래 있는 풀 한 포기 나무 한 그루, 하나의 산과 물을 이용하여 우리의 수요와 조화를 이루는 것이다. 건물 하나를 풍수의 법칙에 맞게 건축한다면 우주 대자연에 융합되는 상서로운 양택이 될 것이다.

누구인들 자신의 가정에 다툼이 끊이지 않는 것을 바라며, 누구인들 악명이 자자한 것을 바라겠는가? 누구인들 불효의 죄명을 짊어지려 하겠으며, 누구인들 재산을 탕진하기를 바라겠는가? 누구인들 역경이 거듭되기를 원하겠는가? 다만 우주 자연의 법칙에 굴복했다고 할 수밖에 없다. 왜냐하면 인간은 우주 사이에 보잘것없는 미세한 먼지의 작은 입자粒子이기 때문이다.

4. 주작朱雀

1) 주택 앞의 묘우廟宇23)

많은 신도들로부터, 그런 줄만 알고 그렇게 되는 이치를 알지 못하는 현상과 문제 때문에 모두를 곤혹스럽게 한다는 전화와 편지를 자주 받는다. 그 해결 방법을 찾기 위해 도처에 물어보아도 일치된 결론을 내릴 수 없게 되자, 그제서야 사람들은 양택 풍수에 대해 질의하는 태도를 가지게 된다.

양택 풍수는 선천 괘의 위치로써 논하자면, '형形'의 상징象徵과 '기氣'의 대류對流의 영향을 포함하고 있다. 예컨대 고대의 명의인 편작이 오래된 두통 환자를 진단하였는데 약을 먹어도 효과가 드러나지 않았다. 자세하게 그 병인을 찾아본 후에 환자의 침대 머리가 문과 충돌하고 있는 것을 발견하였다. 매일 밤마다 공기가 문틈을 통해 머리에 충사沖射하기 때문에 두통이 낫지 않았던 것이다. 그 후에 잠자리의 방향을 바꾸자 약을 먹지 않아도 나았다.

풍수는 우주 안에 본래 갖추고 있는 불생불멸不生不滅의 진기真炁와 공기의 상호 조화로서, 신론神論도 아니고 사술邪術도 아니다. 본서에서 여러분에게 양택의 각종 흉상을 해결하는 방법을 소개하는 것은, 자연 현상에 대해 한층 더 깊은 이해와 예방을 하기 위해서이다.

묘우廟宇의 처마 끝은 일반인들이 기피하는 곳이다. 도교의 신을 모시는 궁묘宮廟는 보통 처마가 뾰족한데, 이는 중국 민남식閩南式의 전통 건축을 답습한 것이다. 묘우 부근의 주택들은 모두 모서리의 충사沖射에 주의하여야 한다. 그림과 같다.

---

23) 묘우(廟宇) : 절, 사원, 교회, 사당, 묘(廟) 등 종교적 건축물을 말한다.

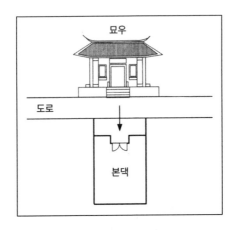

묘우

도로

본댁

풍수구결風水口訣에 이르기를,   風水口訣云
가옥의 대문 전면에 묘당이 있는 것은,   家門前面有廟堂
본래는 여러 세대에 좋은 인연이 있음이라.   本是累世好善緣
신불의 자비는 사람을 해치지 않으니,   神佛慈悲不傷人
집안이 무엇 때문에 평안하지 않은가?   家中因何不平安

　　만일 귀댁이나 친척, 친구의 주택 앞에 위에서 서술
한 묘우가 있다면 해결하는 방법은 아래와 같다.
시간: 음력 1일, 15일, 자시(밤 11시~01시)에 향불을 피움.
준비물: 길이 7촌, 넓이 3촌의 직사각형 빨간 종이에 아래
　　　　와 같이 씀.

我家門前天地大廟堂(우리 집 문 앞의 천지가 큰 묘당이니)
天兵神將歡喜衆朝祥(천병과 신장이 환희하여 상서가 많네.)

방위: (1) 본댁의 문판門板 위에 붙임.
　　　(2) 용변龍邊(좌측) 대문의 문판 위에 붙임.
　　　(3) 가옥 내 입구에 바로 보이는 곳에 붙임.

我家門前天地大廟堂
天兵神將歡喜衆朝祥

도례圖例

2) 주택 앞의 뾰족한 용마루

주택 앞에 교회가 있는 경우도 첨척충사尖脊冲射의 하나이다. 지금 지붕의 뾰족한 부분이 주택에 미치는 영향을 소개하는 것과 다소 다른 점이 있다. 하나는 교회의 십자가이고 또 하나는 주택의 뾰족한 지붕이다. 그림과 같다.

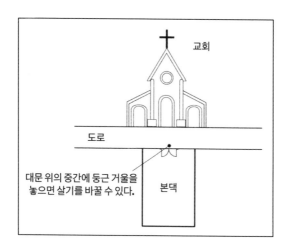

교회

도로

대문 위의 중간에 둥근 거울을
놓으면 살기를 바꿀 수 있다.

본댁

풍수구결風水口訣에 이르기를,	風水口訣云
주택 전면에 교회가 있으니,	住家前面有教堂
하느님은 박애하는 구세주라네.	天父博愛救世主
그렇지만 집안이 평안하지 않으니,	可是家中不平安
심장과 폐를 해치고 또 정신을 해치네.	傷心傷肺又傷神

교회의 건물은 대부분 뾰족한 지붕이 밖으로 향하고 있다. 그러므로 교회 정면에 거주하고 있는 주택인 경우에는, 자기의 집 문 앞에 둥근 거울을 걸어 놓아 반사하면 자신을 보호할 수 있고 남을 해롭게 하지도 않을 것이다. 거울을 설치하는 방법은 아래와 같다.

시간 : 음력 1일, 15일, 오시午時

거울 : 7촌의 원형거울(평면거울이 가장 좋고 오목거울이나 볼록거울도 가능) 중앙에 1원元 크기의 붉은 종이를 붙임.

방위 : 대문의 위쪽 가운데에 붙이면 됨.

또 대부분의 사람들은 '산해진山海鎭'[24]을 문에 걸어놓는데, 이것은 방형方形의 거울로서 거울 위에 산과 물의 그림을 그려 놓는다. 우리 종문宗門에서는 이것이 적합하지 않다고 여긴다. 왜냐하면 산과 바다를 문 위에 걸어놓는 것은 머리를 억누르거나 자신을 억압하여 결코 길상吉相이 아니기 때문이다. 만약 신도들 가운데 '산해진'을 이미 설치했지만 제거하고 싶다면 본인이 한 가지 방법을 여러분들에게 알려주겠다.

(1) 매월 음력 7일 사시巳時(오전 9시~오전 11시)를 선택함.

(2) 향불을 피우고 아래와 같이 아뢴다.

"팔괘조사八卦祖師를 봉청奉請하오니 왕선노조王禪老祖 사존師尊의 자비로 주관자가 되소서. 제자 ○○○가 ○○○○ 때문에 설치한 '산해진山海鎭'을 제거하려 하오니 팔괘조사와 왕선노조께서 보호하시어 평안하기를 간청합니다."

(3) 수금壽金 세 묶음을 거울 아래에서 태운 후에 거울을 철거한다.

(4) 거울은 금지金紙 위에서 세 바퀴를 두르고 깨트려서 종이로 싸서 버리면 된다.

우리 종문에서는 가장 간단한 방법을 통해 길吉을 구하고 흉凶을 피하는 효과를 얻기를 희망하니, 그렇게 되면 집집마다 평안하고 사회가

---

24) 산해진(山海鎭) : 팔괘(八卦)와 일(日), 월(月), 성(星), 산(山), 수(水) 등이 그려져 있는 부적과 같은 거울 혹은 동판.

평화롭고 다툼이 없을 것이다. 이것이 바로 본인의 가장 큰 염원이다.

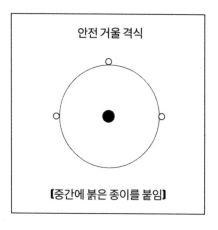

3) 주작朱雀이 집으로 들어옴[朱雀入宅]

풍수학의 성체星體 분류로 설명하면 뾰족한 모양[尖形]은 '화성火星'
에 속하며 또 '파군성破軍星'[25]이라고도 한다. 선천先天 괘상卦象으로
말하면 붉은색이며, 혈광血光이며, 구설口舌이다. 또 '지리원운칠적금입
중궁地理元運七赤金入中宮'으로 말하면 화성火星이 금운金運을 극剋하여
흉상에 속한다. 그림과 같다.

---

25) 파군성(破軍星) : 원래 고대 점성술(占星術)에서 이른바 자미두수(紫微斗數) 열
네 개 별자리 가운데 하나로 북두칠성(北斗七星)의 일곱 번째(일설에는 첫 번
째) 별을 가리킨다. 이것은 일반적으로 부부와 자녀, 하인을 주관하는 것으로
알려져 있으며, 자신의 위험을 무릅쓰고 적에게 돌진하는 군대의 선봉대나 돌격
대처럼 파괴적이고 용맹한 인물을 상징하기도 한다.

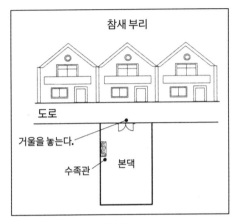

그림 1

풍수구결風水口訣에 이르기를,　　　　　　　　　　　風水口訣云
주택 앞에 삼성이 대문 앞을 비추니,　　　　　　屋前三星照門前
불기운과 사나운 불꽃에 타버리도다.　　　　　　火炎烈燄燒過來
참새가 혀를 놀려 설화를 좋아하니,　　　　　　麻雀饒舌愛說話
뜨거운 불이 손상시키니 이것이 혈광이다.　　　烈火來傷是血光

또 그림과 같다.

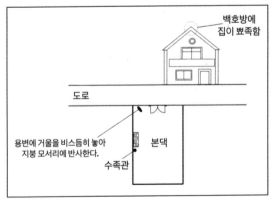

그림 2

백호가 뾰족하면 몸을 손상시키니,	白虎帶尖來傷身
혈광이 끊이지 않고 또 시비하네.	血光不斷又是非
본래 집안에는 장유의 질서가 있었는데,	本來家中長幼序
눈앞에 어른이 없어 인륜을 어지럽히네.	目無尊長亂人倫

이상의 두 가지 예는 모두 주택의 앞에 있는 상대 가옥의 뾰족한 부분이 가져오는 영향이다. 만약 이런 두 종류의 금기에 저촉되었다면 그것을 해결하는 방법은 두 가지가 있다.

(1) 주택 안의 용방龍方(좌측)에 어항을 놓는다. 물의 유연성과 음전 파陰電波의 법칙으로 인하여 살기煞氣와 균형을 이루게 된다.

(2) 문에 거울을 설치해 반사하면 된다.

그림 1 : 주택의 앞에 상대 가옥의 지붕 끝이 세 개일 경우에는 대문 위에 원형의 평면거울을 걸거나 어항을 놓으면 된다. 만약 상대의 지붕 끝이 두 개일 경우에는 거울을 걸면 된다.

그림 2 : 대문 위의 왼쪽에 거울을 비스듬하게 걸어서 반사하면 된다.

옥척살屋脊煞(용마루 살)의 원리는 '풍(風)'의 작용과 떨어질 수 없으며, 공기가 좌우의 방향으로 와서 지붕과 상충되어 굴절되면서 집으로 들어온다. 일반 사람들은 기류의 존재를 느끼지 못하므로, 풍수가 우주 사이에 본래 존재하고 있는 것을 부정하며, 또한 불생불멸하면서 대자연과 서로 융합하고 있는 것도 부정한다.

주택의 형상은 마치 사람의 형상과 같으니 이것은 자연이 우리에게 주는 식별 부호의 하나이다. 대자연의 부호를 이해한다면 우주 만법의 오묘함도 알 수 있을 것이다. 만약 우주의 모든 생멸生滅 법칙을 이해할 수 있다면 미신이라는 말이 어디에서 나올 수 있을까?

속담에 이르기를, "사업에 성공하려면 먼저 사람을 보는 법을 배워야 한다[事業要成功 要先學看人].”라고 하는데, 이것은 틀림없는 말이다. 나 역시 이렇게 말하고 싶다. “우주의 만법을 알려면 먼저 택상宅相부터 배워야 한다[要懂宇宙萬法 要先學看屋相].” 왜냐하면 대자연은 이처럼 오묘하기 때문이다.

4) 도둑이 머리를 내밂[探頭賊星]

사람의 마음에는 본래 불가에서 말하는 ‘탐진치貪嗔痴 삼독三毒’26)이 있다. 게다가 사회 문명이 발전하여 물질생활의 수준이 높아지면서 사람들은 자주 자신을 잃게 된다. 물질적인 욕구에 만족하기 위하여 온갖 수단을 가리지 않고 돈을 번다. 심지어 위험을 무릅쓰고 도둑질이나 불법한 짓을 저지르기도 한다.

어떤 주택들은 항상 문을 굳게 닫고 살지만 그런데도 자주 도둑을 맞아 고민이 끊이지 않는다. 양택학상으로는 이른바 ‘탄두성探頭星’이란 것이 있는데, 양택이 이런 흉상을 당하면 좀도둑을 조심해야 한다.

풍수구결風水口訣에 이르기를,	風水口訣云
들보 위의 군자27)에게는 본래 일이 있는데,	樑上君子有本事
도둑질을 일삼으니 죄가 가볍지 않네.	犯偸犯盜罪不輕

---

26) 탐진치(貪嗔痴) 삼독(三毒) : 삼독이란 탐독(貪毒), 진독(嗔毒), 치독(痴毒)으로, 탐욕과 분노와 어리석음을 말한다. 이것들은 일체 번뇌를 일으켜서 독사처럼 중생에게 해를 끼치는 세 가지 대표적인 잘못된 마음인데, 계정혜(戒定慧)의 삼학(三學)을 통해서 이를 극복할 수 있다고 한다. 계는 계율, 정은 선정, 혜는 이를 통해서 발휘되는 지혜를 뜻한다.
27) 들보 위의 군자 : 양상군자(梁上君子). 양상군자는 후한서에 나오는 고사성어이다. 대들보 위의 군자라는 뜻으로 도둑을 점잖게 이른 말이다.

원인과 결과가 순환되어 끝내 보답이 있으니,   因果循環終有報
지옥이 이미 열려 업보를 스스로 자초하네.   地獄已開業自找

주택의 문 앞 담장 밖으로 뾰족한 지붕이 높이 솟아 있다면 이것이 바로 도둑이 머리를 내밀고 있는[賊人探頭星] 형상이다. 이것은 양택학상으로 대흉의 형사에 속하며 자주 도둑을 집으로 불러들이게 된다. 만약 귀댁이 이러한 금기에 저촉되어 있다면 본인이 두 가지의 해결방법을 여러분에게 제공하니 참고하기 바란다.

(1) 주택의 문 앞에 7촌 크기의 둥근 거울을 건다. 한 층에 한 개씩을 걸고 거울에 조그마한 붉은 원형 종이를 붙인다. 음력 1일이나 15일을 선택하여 거울을 건다. 이렇게 하면 좀도둑이 스스로 그 물에 걸려들거나 천리天理의 응보를 받을 것이다.

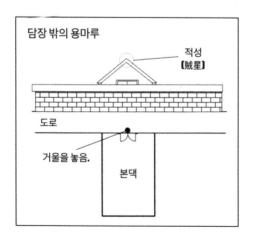

(2) 만약 건너편의 주택이 자기의 소유일 경우에는 장방형長方形의 나무판을 사용하여 솟아 있는 부분을 가리면 탐두성探頭星의 흉상을 해결할 수 있다.

장방형의 목판을 사용하여
뾰족한 부분을 가린다.

복성[福星]
높게 비침

　본인이 20여 년 동안 현장을 조사해 보니, 주택 앞에 탐두성探頭星이 도둑을 쉽게 불러들이는 것 이외에도 어항이 놓인 위치가 온당하지 않은 경우에도 도둑의 근심이 있을 수 있었다.

　어항은 일반인들에게 재물을 불러들이는 길상吉祥의 상징으로 간주된다. 양택학상으로 "산은 사람을 관할하고 물은 재물을 관할한다[山管人丁 水管財]."라는 말이 있기 때문에, 하천과 멀리 떨어진 주택에는 어항의 물이 귀중한 보물로 간주되었다.

　그러나 어항이 놓인 방위가 잘못되면, 앞서 말한 도둑의 우려뿐만 아니라 재산상의 손해와 잡다하고 불안한 일들이 잇따르게 된다. 일반적으로 어항에는 모터가 부착되어 있으므로 주택의 용방龍方(좌측)에 배치하는 것이 좋다. 대만臺灣 말에, "용은 냄새를 두려워하고 호랑이는 시끄러움을 두려워한다[龍怕臭 虎怕鬧]."라는 말이 있는데, 여기에서 언급하는 시끄러움[鬧]은 '동動'이다. 호방虎方(오른쪽)의 선천先天 괘위卦位는 이離인데, 이離는 화火이다. 화火는 움직이면 움직일수록 더욱 왕성해지니 화가 왕성해지면 사람을 다치게 한다. 반면에 용방龍方

의 선천 괘위는 감坎인데, 감坎은 수水이다. 수水는 움직이면 움직일수록 더욱 길하다.

5) 짐승 머리 모양의 용마루[屋脊獸頭]

입의 작용에는 두 가지가 있는데, 하나는 말하기이고 둘은 먹는 것이니 이것은 누구나 다 아는 것이다. 좋은 말을 하거나 진실한 말을 하면 다른 사람에게 평생 이익을 줄 것이고 깊은 감명을 받게 할 것이다. 시비是非를 말하거나 구업口業을 짓게 되면 무수한 악연을 맺게 되어 멈춤이 없을 것이다. 대화 역시 사람 사이에 소통하는 방식 중의 하나이다. 서로가 이해하면 대화가 매우 즐겁고 조금이라도 의견이 맞지 않으면 바로 헤어지게 된다.

가옥의 구조상에서 본댁에 시빗거리가 많은 이유를 알 수 있다. 그림과 같다.

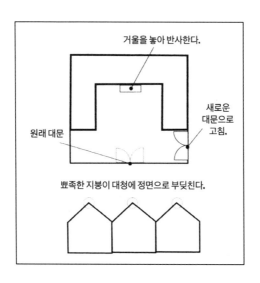

풍수구결風水口訣에 이르기를,   風水口訣云
입과 입이 마주하면 시비가 많고,   口對口是非多
혀가 혀를 깨물면 문을 지나지 못한다.   舌咬舌門不過
그대가 흉포하면 내가 어찌 양보하겠는가,   你兇狠我忍讓
그대와 내가 화기의 손상을 면해야 한다.   免得你我傷和氣

우리는 양택 풍수의 길흉을 매우 중시해야 한다. 그렇지 않으면 대부분 날짜를 선택하여 땅을 파고 건축을 시작하여 자기의 공간에 따라 구조를 설계할 뿐, 다른 사람의 주택에 대한 상해를 별로 고려하지 않는다.

본 그림의 대문은 다른 사람의 주택의 지붕 끝[용마루]과 바로 마주하고 있다. 이러한 배치는 가족 건강에 영향을 줄 것이고 일 년 내내 목이 좋지 않을 것이다. 또 구설과 시비가 자주 발생할 것이며 관사官司에 몸이 매일 것이다. 이것은 다른 사람의 잘못이 아니므로 그를 원망해서는 안 된다. 해결하는 방법은 아래와 같다.

(1) 본채 정면에 원형 거울을 설치하여 반사한다. 음력 1일, 15일 혹은 홀숫날 오시午時에 7촌寸의 원형 거울을 사용하여 중앙에 1원元 크기의 붉은 종이를 붙여서 문 위에 설치한다.

(2) 바깥대문의 방향을 바꾸고 원래 대문을 봉쇄한다. 그러면 세 개의 뾰족한 용마루가 '붓걸이筆架'로 변하게 된다.

또 다른 가옥의 형상이 있는데 그 문제 역시 대문 앞에 나타난다. 그림과 같다.

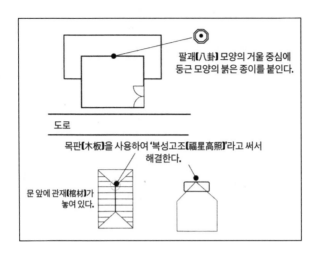

팔괘【八卦】모양의 거울 중심에
둥근 모양의 붉은 종이를 붙인다.

도로

목판【木板】을 사용하여 '복성고조【福星高照】'라고 써서
해결한다.

문 앞에 관재【棺材】가
놓여 있다.

풍수구결風水口訣에 이르기를,　　　　　　　風水口訣云
관을 문 앞에 멈추고 억울함을 호소하는데,　停棺門前抗冤屈
푸른 하늘이 시비를 판별할 힘이 없네.　　　青天無力判是非
관을 맡기고 이삼 년을 그대로 멈추었지만,　任棺停放再三年
여전히 억울함을 펼칠 곳이 없네.　　　　　依舊冤屈無處伸

주택 앞에 만일 어떤 사람이 장방형長方形의 새 집(혹은 공장이나 차고)을 지어 집안으로 상충되어 진입한다면, 이것은 관이 집 앞에 놓여서 억울함을 호소하는 격이다. 이러한 '원살冤煞'의 기운은 집주인에게는 대흉이며 관재官災가 아니면 병고와 뜻밖의 재앙이 끊이지 않을 것이다. 본인이 해결하는 묘책을 제공하니 참고하기 바란다.

(1) 목판에 '복성고조福星高照' 네 글자를 붉은 글씨로 적어 상대방 주택의 용마루를 가리면 된다.

(2) 또는 본가本家의 문 위에 팔괘경八卦鏡을 걸어도 액을 막을 수 있다.

현재 농촌에는 건축이나 개축이 매우 많다. 만약 본댁의 앞에 이런 흉살凶煞이 형성되면 가족의 목이나 폐와 심장에 영향을 미칠 수 있으니 신속히 처리해야 재앙을 면할 수 있다.

6) 담장에서 몰래 쏘는 화살[圍牆暗箭]

대만 사람들은 가옥 건축에 대한 미적 감각이 오히려 보수적인 편인데, 모두 생각하기를, "먼저 건물의 일부만 짓고 부족할 때 다시 한 부분을 증축한다."라고 한다. 이러한 생각과 방법은 두 가지의 큰 단점이 있다. 첫째는 주택 전체의 외관이 매우 아름답지 못하고 조화롭지 못하여 늘 군더더기와 같은 느낌이 있다. 둘째는 건물을 증축할 때 난류亂流의 전파가 발생하여 집으로 들어올 수가 있다. 특히 증축하는 기간이 길고 오랠수록 삼살방三煞方[28) 토목공사의 근심이 발생하기 쉽다. 삼살三煞이 집으로 들어오면 가족 중에 병에 걸리거나 재액災厄을 만나고 사소하고 잡다한 일들이 끊이지 않고 세 가지 이상의 나쁜 일들이 연달아 이어질

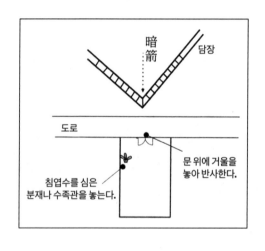

것이다.

민주주의 사회에서 토지의 건설은, 단지 법령에 부합하기만 하면 어

---

28) 삼살방(三煞方) : 주22) 참고.

떻게 집을 지을 지는 지주地主와 업주業主의 설계에 따라 결정된다. 게다가 사람마다 이념이 같지 않고 집을 짓는 용도와 이상도 각기 다르기 때문에 건물이 완성된 후에 거주가 평안하지 못한 경우가 자주 있다. 그림과 같다.

풍수구결風水口訣에 이르기를,	風水口訣云
자를 굽혀 재는 것이 대문 앞에 있으니,	屈尺一量在門前
선악의 보상은 온전히 덕에 달려 있네.	善惡報償全在德
기울여 재는 것이 나와 무관하다고 말하지 말라,	勿謂斜量不關我
남성을 해치고 덕을 해치는 것을 삼가 방어하네.	謹防傷丁又傷德

대문 앞에 뾰족한 용마루나 뾰족한 담장, 두 집이 나란히 뾰족한 경우 등이 있는 것을 피하여야 한다. 뾰족한 용마루는 사람의 머리를 다치게 할 수 있고, 뾰족한 담장은 사람의 장기를 손상하게 하며, 두 집이 나란히 뾰족한 경우는 집안의 남성을 해친다. 그리고 항상 구설口舌과 관재官災가 있고 매년 삼살三煞의 목국木局과 화국火局이 전방에 이르러서 재앙이 있을 것이다.

귀댁이 만약 위의 그림과 같은 형상이라면 '도지주작倒地朱雀(땅에 떨어진 주작)' 혹은 '암전暗箭(몰래 쏘는 화살)'이라고 칭하는데, 이러한 흉상을 해결하는 방법은 아래와 같다.

(1) 문에 거울을 설치하여 반사한다.

(2) 용방龍方(좌측)에 침엽수의 분재를 놓거나 용방에 어항을 놓아도 해결 할 수 있다.

(3) 맞은편의 담장 벽에서 곧바로 쏘아 집안에 이르는 곳에 어항을 놓으면 살기를 해결할 수 있다. 그러나 어항 속의 물고기는 기르기가 어려울 것이다. 물고기를 기르지 않는 것은 괜찮지만 어항

위에 1원元 크기의 붉은 종이를 붙여 개광점안開光點眼(불공을 드리는 의식)을 표시하면 된다.

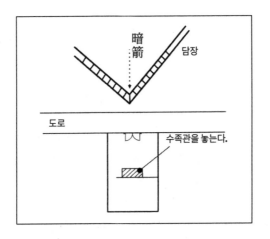

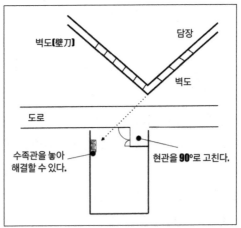

(4) 이상의 그림을 예로 들면, 대문을 90°의 현관으로 바꾸면 흉상을 해결할 수 있다. 이러한 주택의 형상은 목과 폐를 상하게 하거나 비염鼻炎 또는 암을 일으킬 수 있으니 빨리 길吉로 바꾸어야 한다.

주택 앞의 담장 방위가 불길하면 사람을 상하게 할 수 있으며, 주택 뒤의 담장 역시 마찬가지다. 아래의 그림과 같다.

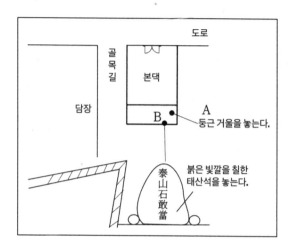

본댁의 뒤편에 다른 사람의 암전暗箭이 곧바로 쏘아 들어오면 주인의 요골腰骨을 상하게 한다. 본인이 한 가지 해결하는 방법을 제시하니 재액災厄을 해결하기 바란다.

그림의 A부분에 대략 한 자 크기(대만 자)의 원형거울을 이용하여 중앙에 붉은 종이를 붙이고 담장의 모서리 부분을 비스듬히 비추게 한다. 또 B방위 위에 태산석泰山石[29]을 놓는다. 만일 도로가 넓지 않다면 줄여서 담장 안에 들여도 된다. 이렇게 하면 암전暗箭의 살기를 자연스럽게 해결할 수 있다.

---

29) 태산석(泰山石): 옛 풍습에 따르면, 집의 대문이 다리, 골목 입구 또는 도로의 요충지와 대면할 경우, 담장 밖에 작은 비석을 세워 놓고, '泰山石敢當'이라는 글자를 새겨서 액막이를 하였다.

7) 담장이 칼 모양을 이룸[圍牆成刀]

본편은 여러분들에게 양택의 흉상凶相을 소개하려 하는데 이는 건강과 관련이 있는 위장벽도圍牆壁刀[30]이다.

풍수구결風水口訣에 이르기를,
한 자루 칼이 뱃속으로 곧바로 들어오니,
기이하고 괴상한 온갖 병에 근원이 없네.
다만 배를 갈라 분명히 이해할 수 있지만,
사심 없는 재앙은 때때로 피하기 어렵네.

風水口訣云
單刀直入身腹中
奇怪百病無源頭
只得剖腹見分曉
無妄之災時難逃

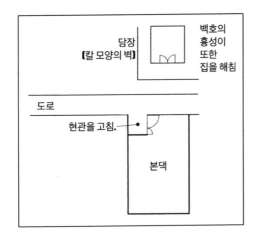

담장
【칼 모양의 벽】

백호의 흉성이 또한 집을 해침

도로

현관을 고침.

본댁

수많은 주택이 대면하고 있는 경우, 다른 사람의 집 담장의 모서리 부분이 칼처럼 자신의 주택을 향해 있으면, 집안이 매우 평안하지 못하고 재액이 끊이지 않는다. 거주하는 사람 또한 그 이유를 알지 못해 단지 신에게 빌어보기도 하고 점쟁이에게 점을 보기도 한다. 집안의 조상이 해를 끼친다고 여기거나, 혹은 '음적陰的인 것'이 따라붙었으니 통제해야 한다는 무당의 말을 듣고, 수천, 수만 원千萬元(대만 돈)을 상회하는 비용을 지불하기

---

30) 위장벽도(圍牆壁刀): 거주지 맞은편의 건물이 정면으로 서로 마주보고 가려있는 것은 아니지만 한쪽 벽면이 마치 칼날같이 자신의 집을 향하고 있는 형태.

도 한다.

'음적陰的인 것'이 암흑의 사상과 신념임을 전혀 알지 못하니 진실로 '음적인 것'이 따라붙은 것이라면, 모든 사람마다 수십 명이 족히 이에 해당될 것이다. 전생前生의 친척과 가족, 조상, 호법신 등을 포함한다. 그래서 풍수학을 연구하는 사람들은, 진리로써 대중을 인도할 때에 정확한 관념과 지식을 반드시 가져야 한다. 가정마다 평안하도록 해야 하며 일부러 과격한 말을 귀담아 듣게 하여 다른 사람과 자신을 해치게 해서는 결코 안 된다.

가옥의 형상이 위의 그림과 같다면 가족 중에 반드시 뱃속에 괴이한 병을 앓는 사람이 있을 것이다. 그것을 해결하는 방법으로, 현관을 바꿔야만 백호白虎의 흉상凶相과 벽도壁刀를 피할 수 있다. 이는 보기에는 쉽지만 '대세를 반전시키는[扭轉乾坤]' 묘수이므로 모두가 소중히 여기기를 간절히 바란다.

8) 벽도壁刀의 재앙[壁刀之禍]

얼마 전에 노농老農의 수당 문제에 대해 뜨거운 토론이 있었다. 어떤 신도가 이 문제를 가지고 나에게 방법을 요청하며 견해를 제출하기를 요청하였다.

나는 농촌 출신이므로 성장 과정에서 농업 사회의 수고로움을 거쳐야만 했다. 일례로 영민榮民[31]처럼 국가를 보위하기 위하여 집과 가족을 버리고 대만에 온 지 40여 년이나 된 것도 마찬가지다. 이것은 시대

---

31) 영민(榮民) : 과거 냉전시대에 중국 국민당 산하의 군대에서 복무하다가, 퇴역한 후 대만에 거주하는 군인.

의 사명이지 결코 시대의 비극은 아니다.

나는 한 시대의 사회적인 배경은 모든 불보살이 드러내 보인 대도량 大道場이라고 항상 생각한다. 그 시대에 태어났다면 그 시대의 단련 방식을 받아들여야 한다. 그리고 최종의 목적은 자신의 역량을 다하여 우주 만물과 조화를 이루는 것이다. 어쩌면 역량이 부족할 수도 있고 시간도 길지 않겠지만, 결국에는 이러한 시대와 인물이 있기 때문에 조화의 역할을 다할 수 있는 것이다.

일부의 결점이 있는 주택도 하나의 도량道場이며 여러 불보살을 이루는 매우 빠른 구역이다. 모든 재앙과 질병은 우리의 의지를 시험하는 것이고 우리의 사고를 격동하는 것이다. 그러므로 가옥의 형상은 바로 인상人相이며 대자연이 이와 같이 드러내 보이는 것이다.

풍수구결風水口訣에 이르기를,	風水口訣云
청룡이 길성吉星이라고 누가 말했던가,	誰說靑龍是吉星
그대가 이 집을 보면 재앙이 많도다.	爾看此家災禍多
칼 빛이 아니면 바로 뜻밖의 재앙이니,	不是刀光即橫禍
빠르게 문로를 찾아야 재앙을 피해 간다네.	速找門路禍逃過

본댁의 대문 앞에 만약 다른 사람의 토지에 하나의 건물을 짓거나, 혹은 완성되지 않은 주택이 벽도壁刀가 되어 본채의 정면을 향하고 있다면 재난災難은 없더라도 재앙災殃은 있을 것이다. 기관지가 상하거나 명치가 답답한 통증 등의 증세가 있을 것이다. 그러나 본채 앞의 중앙에 가로놓여 있다면 도리어 길상吉相이 된다. ─ 안산案山32)

----

32) 안산(案山): 풍수지리에서 가택이나 묘택이 있는 혈의 맞은편에 있는 낮고 작은 산. 주산(主山)·청룡(靑龍)·백호(白虎)와 함께 풍수학상의 네 가지 요소 중 하

본인은 여러분에게 해결하는 방법을 제시한다.

(1) 본댁의 문 위에 거울을 설치하여 집 앞의 담장 모서리의 살기를 반사한다.

(2) 원래의 대문을 봉쇄하고 용문龍門(좌측)으로 바꾼다.(2) 이때 새로운 대문 앞에 용마루[屋脊] 혹은 기타 형살形煞의 장애물이 있는지 주의해야 한다.

(3) 새로운 문도 불길하면 부득이 호문虎門(우측)으로 바꿔야 한다.(3)

(4) 원래의 대문을 봉쇄한 후에 담장보다 높은 식물을 놓으면 살기를 막을 수 있다.

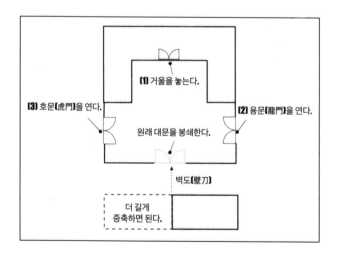

나이다. 안산과 떨어져 있는 또 하나의 산을 조산(朝山)이라 하는데, 이들 산이 남주작(南朱雀)에 해당된다. 안산은 혈 위에 있는 주산(主山 : 玄武)에 대하여 책상 혹은 안석[几案]과 같은 구실을 맡고 있다.

벽도壁刀가 주택과 사람을 다치게 한 예는 매우 많으니, 근신謹愼하여 피할 수 있으면 집안의 평안이 적지 않을 것이다. 만약 주택 앞에 원래 이런 형상이 있고 그 주택이 자신의 소유라면 건물을 더 길게(점선 부분) 증축하여 안산案山을 만들면 길상吉相이 된다.

일찌기 농촌 사회의 사람들은 하루 세끼를 해결하기 위해 분투하였다. 이것은 대자연이 우리를 위하여 인내력과 소박함을 수련하게 하는 생활 도량으로 보여준 것이다. 그러나 현재는 문명이 발전하여 물질적인 생활수준이 높아졌다. 이 역시 대자연이 우리에게 지혜智慧와 정력定力을 수련하게 하는 생활 도량으로 보여준 것이다. 왜냐하면 사람이 이 세상에 태어나 자신을 정화하기 위해서 시련을 받아들여야 하기 때문이다. 과거의 세세생생世世生生33) 여러 겁劫 동안의 악습을 바로잡으려 태어난 것이다.

가옥의 형상에 결점이 있는 것도 마찬가지이니, 우리에게 가능한 한 빨리 수정하기를 깨우쳐주는 것이다. 그렇지 않으면 재화災禍가 영원히 종식되지 않을 것이다. 왜냐하면 인생에서 '시련의 도량道場'을 통과하지 못한 사람은 그의 심념心念 속에 비애, 소극, 원한, 분노, 공포 등이 가득하여 재난이 그것을 따라서 오는 것이니, 잘 생각해야 한다.

혼원법어混元法語에 이르기를,
"복지福地에 복인福人이 살고, 복인이 복지에 사는데, 복인은 마음을 닦은 자이다."
[福地福人居, 福人居福地, 福人修心者]

---

33) 세세생생(世世生生) : 불교(佛敎)에서 몇 번이고 다시 환생(還生)함을 이르는 말.

9) 전간문주電桿門柱(전신주)

전기電氣는 현재 우리들의 일상생활에서 없어서는 안 되는 에너지원이다. 전기가 없는 경우 거의 모든 일이 멈추게 되는데, 예를 들면 취사, 컴퓨터, 텔레비전, 에어컨 등이다. 편리하면서 상대적으로 불편하기도 한데 오늘 토론하는 주제 중 하나가 바로 전신주이다.

풍수구결風水口訣에 이르기를,	風水口訣云
대문 앞에 한 줄기의 괴성魁星[34] 문필文筆,	門前一支魁星筆
합격자 명단에 이름을 올려 해마다 기특하네.	金榜題名年年奇
애석하게도 붓대가 십자가이니,	可惜筆桿十字架
두 눈을 조금 부수어서 실명을 막네.	點破兩眼防失明

도시의 주택에 이러한 현상이 가장 많다. 예를 들어 우리들이 다른 곳으로 옮기려고 하면 또 다른 사람을 상하게 하는 것이다. 진실로 '자기가 하고 싶지 않은 것을 남에게 하지 말라[己所不欲 勿施於人].'인 셈이다. 그러나 전신주의 영향은 결

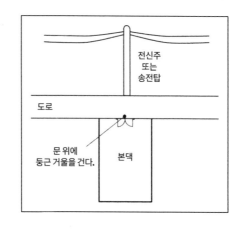

코 대흉이 아니기 때문에 두려워할 것은 없다. 해결하는 방법은 세 가지가 있으니 한 가지를 선택하면 된다.

---

34) 괴성(魁星): 북두칠성의 첫째 별을 말하며, 후에 규성(奎星)과 혼동하여 문운(文運)을 주관하는 별로 다루어졌다. 도교에서 숭배하는 별이다.

(1) 문 위의 중앙에 1원元 크기의 빨간 종이를 붙인 둥근 거울을 건다.

(2) 전신주에 눈동자와 같은 높이로 빨간 점을 그리거나 1원짜리 동전 크기의 둥글고 빨간 종이를 붙인다.

(3) 전신주의 아래에 빨간 페인트로 주위를 세 바퀴 돌면서 그린다.

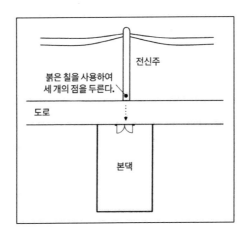

전신주가 담장 밖에 있을 경우에는 '안외문필案外文筆'이라고 하여 문창성文昌星35)이 왕성하게 되니, 만약 가정에 수험생이 있다면 반드시 합격자 명단에 이름을 올릴 것이다. 현공이기玄空理氣36)로 논하면

---

35) 문창성(文昌星) : 학문(學問)을 맡아 다스린다고 하는, 북두칠성(北斗七星)의 여섯 째 별로서 문창제군(文昌帝君)이라고도 함.

36) 현공이기(玄空理氣) : 중국 당(唐)나라의 국사(國師) 양균송(楊筠松)이 창안한 이기풍수(理氣風水) 이론으로, 형기풍수(形氣風水)의 공간을 기본으로 하고 시간과 좌향(坐向)을 적법하게 배합하는 시공(時空)의 풍수법이다. 형기풍수가 공간 개념을 위주를 하는 분야이고, 이기풍수가 시간 개념을 위주로 하는 분야라면, 현공풍수법의 기본 원리는 공간과 시간을 배합한 풍수 학문이다. 현공풍수는 시기에 따라, 운(運)에 따라 길흉화복(吉凶禍福)이 항상 변한다는 점에서 기존의 삼합풍수(三合風水)와는 근본적으로 다른 이론이다.

산성생왕山星生旺의 방위에 위치하니 더욱 길상吉祥할 것이다.

또한 현재의 도시 건물들은 교착交錯되게 집을 짓는 경우가 많다. 즉 도로를 마주하고 있는 주택은, 거리의 간격이 달라서, 자신의 집이 상대의 집 문기둥과 대칭이 되거나 상대의 집이 자신의 집 문기둥에 대칭이 되는 현상이 자주 있다. 그림과 같다.

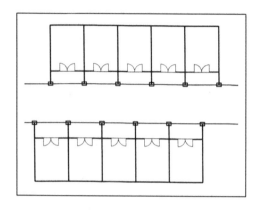

풍수구결風水口訣에 이르기를,　　　　　　風水口訣云

대문을 나서서 기둥을 보니 중천에 섰는데,　出門見柱立中天

눈으로 보기에 기쁘지 않으니 또 어쩌겠는가.　眼見不悅又奈何

다른 집에서 보낸 붓이 이르렀기 때문이니,　只緣他家送筆到

과거에서 장원급제는 우리 집에 있다네.　　登科狀元在我家

일반적으로 말하면 맞은편의 문기둥과 자택의 거리가 10미터 이내인 경우에는 약간 영향이 있으나 15미터 이상이면 무방하다. 만약 귀댁이 바로 맞은편의 기둥과 마주한다면 거실 벽에 장식 거울을 걸어서 맞은편의 기둥을 조준하게 하면 된다. 거울은 클 필요가 없으며 맞은편을 비출 수 있으면 된다. 거울 중앙에 작은 원형의 붉은 종이를 붙여 음력 1일, 3일, 6일, 9일 중 오시午時를 선택하여, 먼저 거울을 햇빛에 비추고 나서 주택으로 들어가서 걸면 되는데 눈높이보다는 높아야 한다. 이렇게 하면 평안함을 얻을 수 있을 것이다. 여러분에게 축복을 기원한다.

10) 어지러운 돌이 재앙을 부름[亂石招禍]

돌이나 바위는 자연이 정교하게 빚어낸 산물이다. 사람들은 항상 돌의 무늬에서 법의 오묘함을 수없이 깨닫는다. 돌은 일상에서도 중요한 기능이 있다. 우주의 만법은 모두 상대적 양상을 가지고 있다. 이익이 있으면 반드시 손해도 있기 때문에 정확하게 사용하면 조력助力이 될 것이고 부당하게 사용(혹은 방치)하면 상해가 될 것이다. 본편은 여러분을 위하여 어지러운 돌이 조성하는 폐해를 제시한다. 그림과 같다.

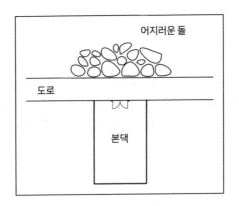

풍수구결風水口訣에 이르기를,　　　　　　　　風水口訣云
집의 대문 앞에 황금 낱알이 있으면,　　　　家中門前黃金粒
무사할 듯 보이지만 결코 기쁘지 않네.　　　看似無事並非喜

만약 이 집안에 어린애가 있다면,	若是家中有幼兒
삼가 잦은 질병과 감기를 막아야 한다.	謹防多病多感冒

환경보호는 현대인들이 제창하는 구호이지만, 중국인은 '자소문전설 自掃門前雪'³⁷⁾의 관념이 오히려 깊다. 다른 사람 집의 지저분한 것을 도와주지 않을 뿐만 아니라 다른 사람이 자신의 집의 환경을 도와주는 것도 거부한다. 그래서 항상 자신 혹은 타인에게 손해를 초래하게 된다.

그림과 같이 대문 앞의 어지러운 돌은 어린아이에게 영향을 주어, 자주 감기에 걸리고 밤에는 두렵고 불안한 증상이 있게 되므로 빨리 제거하는 것이 최선의 방책이다. 만약 불편함이나 곤란함이 있다면 하나의 방법을 제공하니 해결하기를 바란다.

(1) 두 번 씻은 쌀뜨물

(2) 7촌 길이의 버들가지

(3) 7일마다 한 번씩 오후에 해가 지기 전에 뿌린다.

이외에 '담장 아래의 어지러운 돌[牆下亂石]'도 평안平安에 영향이 크다. 그림과 같다.

풍수구결風水口訣에 이르기를,	風水口訣云
주택 앞 담장 아래 산재한 돌들,	屋前牆下粒粒石
누런 콩처럼 보이고 거북 알처럼 보이네.	看似黃豆似龜蛋
삼가 뱃속에 알 같은 혹을 막아야 하니,	謹防肚中生卵瘤
두 눈의 실명이 얼마 멀지 않았도다.	兩眼失明即不遠

---

37) 자소문전설(自掃門前雪) : '自掃門前雪, 不關他人瓦上霜'의 준말로서, 자기 집 문 앞의 눈은 쓸지만 남의 집 기왓장 위의 서리는 상관하지 않는다는 중국 속담 이다.

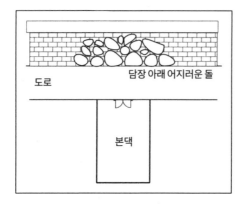

담장은 본래 주택 앞의 왕성하거나 쇠약한 기운을 집안으로 반사하여 들인다. 담장 아래의 어지러운 돌들은 크기가 다르기 때문에, 더러운 냄새를 만들어 집으로 반사하게 되어, 가족들의 뱃속에 종양이 생기는 난치병이 자주 발생한다. 그러므로 돌들을 재빨리 제거해야 하며 절대로 등한시해서는 안 된다. 그렇지 않으면 질병이 생긴 뒤에야 후회하게 될 것이니, 때는 이미 늦다.

그 외에 집안에 돌을 수장收藏하거나 정원에 돌이 많은 것도 조심해야 한다. 만약 돌을 실내에 수장하였다면 붉은 천으로 깔개를 깔거나 혹은 뒷면이나 밑 부분 등 미관에 영향을 미치지 않는 곳에 붉은 주사로 점을 찍을 것을 제안한다. 만약 그대의 정원에 조경한 돌이 많으면 돌의 배열이 건축물과 서로 들어맞아야 한다. 돌의 무늬와 성질에 따라 돌의 예술적 미감이 드러나게 해야 하며 절대로 어지러운 돌무더기를 쌓아서는 안 된다. 함부로 쌓으면 마음이 근심스러워지며 재산상의 손해를 보게 되어 얻는 것보다 잃는 것이 많게 된다.

11) 진주가 입을 막음[珍珠塞口]

물은 일상생활에 없어서는 안 되는 필수품이다. 물은 실질적인 운용 이외에도 중국인들은 '전수錢水', 즉 물이 곧 재물이라 생각하여, 물을 볼 수 있으면 재물을 볼 수도 있다고 여긴다.

고대에는 수도의 설비가 없어서 수원水源과 멀리 떨어져 있으면 보통 우물을 파서 물을 취하였는데, 자신의 집 마당이나 마을에 우물을 파서 한 식구가 공용하였다. 현대인들은 우물을 쓰는 경우가 비교적 적으니, 현존하는 대부분은 조상들이 남겨놓은 것이다.

일반인들은 주택 앞에 물이 있으면 길하다고 여기지만 반드시 그렇지는 않다. 풍수의 응용 법칙은 선천先天 팔괘八卦를 본체本體로 삼는다. 즉 주택의 선천의 형세는 부근 지역의 환경과 본댁의 건축 구조 등이다. 그리고 후천後天 팔괘를 활용活用으로 삼는다. 즉 '현공애성玄空挨星'으로 본댁의 택운宅運이 우주의 시공時空 안에 있다고 추산하여 거기에서 받는 자장의 영향이 길이 되고 흉이 된다. 만약 쇠운衰運을 만난다면 주택의 어느 방위에서 기존의 선천 환경과 호응하여 조화를 이루는지를 알아서 주택의 길을 좇고 흉을 피하여야 한다.

본편에서 여러분에게 소개하려는 것은, 물과 관련이 있는 우물이다.

풍수구결風水口訣에 이르기를,　　　　　　風水口訣云
우물에 앉아 하늘을 보는 물속의 개구리,　坐井觀天水中蛙
종일 힘들게 부르짖으며 작은 하늘을 보네.　終日苦叫見寸天
멋대로 울부짖어 목에서 고름이 나오니,　任爾叫破喉出膿
흡사 진주가 입을 막아 벙어리인 듯하네.　恰如珍珠塞啞口

만약 귀댁의 정면 전방에 하나의 우물이 전해온다면 그것을 일컬어 '진주가 입을 막는다[珍珠塞口]'고 한다. 이런 경우에는 가족 중에 심장에 병이 들거나 혹은 벙어리가 생기는 것을 조심해야 한다. 만일 큰 우물이라면 이는 재고財庫가 아니라 '보투진정報投盡井(우물에 뛰어듦)'이니 결코 길한 우물이 아니다. 해결하는 방법에는 두 가지가 있다.

(1) 우물을 메우는 것이 제일 좋다. 아니면 모터를 주택의 청룡방에 설치하여 물을 뽑아 쓰고, 우물의 입구를 덮고 평탄하게 하여 우물을 볼 수 없게 하는 것이 길하다.

(2) 만약 다른 사람이 소유하는 우물일 경우에는, 주사 먹물에 한번 씻은 쌀뜨물을 섞어 해마다 단오절(음력 5월 5일)과 중양절(음력 9월 9일)에 우물 속으로 뿌리면 해결할 수 있다.

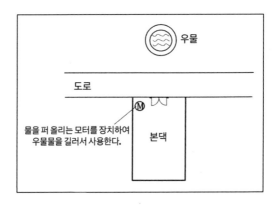

　물은 사람들에게 마음속의 '재물財物'이다. 그러나 만약 급수탑의 물이 새거나 수도관이 파열되었거나 수도관이 막혀 오랜 누수로 인해 푸른 이끼가 자라는 등등의 상황이 있다면 빨리 수리하는 것이 옳다. 푸른 이끼는 가세家勢가 쇠퇴해져 가는 상징 중의 하나이다. 그리고 누수가 일어나는 현상이나 수도관이 막히는 것도 건강에 문제를 일으킬 수 있으며 가정에 사소한 일들이 끊이지 않아 사업이나 가족의 화목에까지 영향을 끼친다.

　집안의 운수가 쇠퇴하는 것을 말하자면, 만일 귀댁 가옥의 한 모퉁이에 거미줄이 둘러서 쳐졌다면 청소하는 것이 마땅하다. 그렇지 않으면 이 또한 쇠운을 상징하는 것이니 삼가지 않을 수 없다. 사람마다 환경을 보호하여 집안마다 평안하기를 바란다.

12) 도로가 고목古木에 부딪힘[路沖古樹]

　양택陽宅에서 비록 대략적인 도형은 참고할 수 있더라도, 실제적인 검증에서는 사실 하나의 가옥도 서로 같은 집은 없다. 동일한 지역, 동일한 외형, 동일한 건축 자재, 동일한 건축사라 할지라도 동일한 택운宅運를 가진 집을 지을 방법은 영원히 없다. 왜냐하면 외형뿐만 아니라 실내의 배치 역시 큰 영향이 있기 때문이다. 다른 물건을 진열해 놓으면 다른 시각적인 느낌이 있고, 다른 물질적인 에너지가 있으며, 더 나아가 가족의 정서와 평안에도 영향을 미칠 수도 있다.

　본편에서는 '항도사충巷道斜沖(골목의 비스듬한 충살)'이 주택에 미치는 영향을 여러분에게 소개한다. '항도사충'이 주택으로 진입하는 경우 좌우로 분리될 수 있는데 각기 다른 영향이 있다.

풍수구결風水口訣에 이르기를,	風水口訣云
칼 하나가 창자를 뚫어 뜻밖의 재앙이 오니,	一劍穿腸橫禍來
해마다 이롭지 못하게 재앙이 많이 찾아드네.	年年不利多招災
멋대로 구리 담장과 쇠 벽을 만들었으니,	任爾銅牆與鐵壁
불꽃을 만난 것처럼	如逢炎火
─성이 부서지고 집이 무너져 괴롭고 슬프네.	─城破家陷苦哀哀

　'남좌여우男左女右'라는 이야기는 누구에게나 익숙한 말이다. 왼쪽 골목에서 비스듬히 들어오는 충살沖煞은 남성을 상하게 하며 오른쪽 골목에서 비스듬히 들어오는 충살은 여성을 상하게 한다. 손상되는 것은 모두 칼빛이나 핏자국과 같은 것이니 사람들로 하여금 마음을 오싹

하게 한다. 본인이 그것을 해결하는 방법을 여러분에게 제공한다.

(1) 왼쪽 골목에서 비스듬히 들어오는 충살

　　가. 백호白虎 전방前方에서 현관을 90도로 변경한다. 그림 A와 같다.

　　나. 물대야[水盤]를 백호방白虎方에 놓는다.

(2) 오른쪽 골목에서 비스듬히 들어오는 충살

　　가. 청룡靑龍 전방前方에서 현관을 90도로 변경한다. 그림 B와 같다.

　　나. 세숫대야를 청룡방靑龍方에 놓는다.

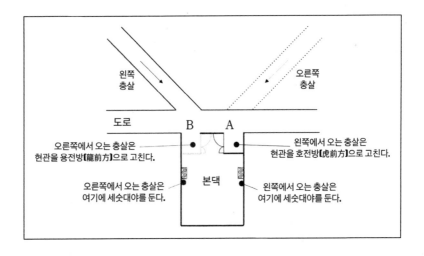

이미 상술한 백호앙두白虎昂頭, 회두回頭, 항로충巷路沖, 벽도壁刀, 기
둥, 전신주, 고층 건물, 불길한 연못 이외에도 고목이 대문 앞에 있는
것도 불길하니 기피하여야 한다.

풍수구결風水口訣에 이르기를,　　　　　　　　　風水口訣云
　오래도록 나무 키우던 사람이 묘목을 심었는데,　百年樹人幼苗栽
　하루하루 싹트고 자라서 천지에 우뚝하네.　　　日日苗壯頂天地

그렇지만 화복福禍이 반으로 나뉘어 오니,   可是福禍參半到
나무뿌리가 주택에 침입하여 재앙이 찾아오네.   樹根侵宅禍殃來

고목이 자택의 대문 입구에 있을 경우, 왕왕 나무뿌리가 집안으로
침입하여 집의 양기를 빨아들여 가족들이 온갖 병을 앓게 된다. 폐나
기관지를 상하게 하며 또 류머티즘을 쉽게 앓게 된다.

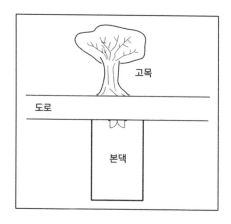

해결하는 방법은 아래와 같다.

1) 나무를 제거한다.

   (1) 날짜를 선택하여 큰 나무가 길일吉日의 삼살방三煞方에 있는
      것을 피해야 한다.

   (2) 수금壽金38) 세 개를 사용하여 분향하고 나무의 위와 아래에

---

38) 수금(壽金) : 중국 사람들이 전통적으로 신에게 사용하는 것으로 기복, 장수, 평
안을 기원하는 민속품이다. 수금은 크기에 따라 대화(大花)와 소화(小花)로 양
분되는데 수금은 금지(金紙) 중에서 가장 광범위하게 사용되며 주로 신명에게
제사지낼 때 쓰인다.

있는 귀신들에게 "이곳은 여러분이 오래 머무를 수 있는 곳이 아니니 속히 떠나소서. 금전金錢과 재백財帛으로 여러분을 봉송하나이다."라고 한다.

(3) 한 시간[半柱香] 이후에 금지金紙를 태운다.

(4) 발로 나무를 세 번 찬다.

(5) 나무에 빨간 천이 걸려 있으면 금지金紙와 함께 태우면 된다.

2) 나무의 상반부를 잘라내어 높게 자라지 못하도록 한다. 공공으로 조성하는 것도 이와 같다.

3) 실내에 전등을 많이 켜서 집안에 양기가 가득하게 한다.

택상宅相이 다양하여 묘법妙法도 똑같지 않지만, 다른 것 가운데 같은 것이 있으니 이것을 일러 '법'이라 한다.

13) 주택 나무의 무성함과 시듦[宅樹榮枯]

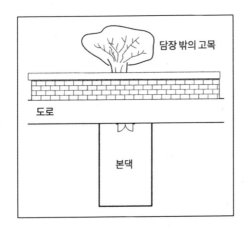

일반인들은 모두 고목을 공경하여 신목神木이라고 여긴다. 이것은 자연 조화에 대한 존경이지, 표지(표상, 브랜드)의 용도로 쓰이는 것은 절대 아니다. 만약 큰 나무가 정문 앞에 있으면 집안의 양기가 자연히 박약薄弱하게 되고 음기가 강해져 가족들의 마음이 비교적 밝지 못하고 사소한 병이 끊이지 않게 된다. 그림과 같다.

풍수구결風水口訣에 이르기를,　　　　　　　風水口訣云

고목이 하늘에 솟아 여러 생물을 가린다면,　　古樹參天蔭衆生

어찌 반나절의 한가함이라도 훔칠 수 있겠는가.　何嘗偸得半日閒

이와 같이 고목이 대문 앞에 있으면,　　　　　若是古樹在門前

집안이 음산하고 차가워 질병을 면하기 어렵네.　家中陰冷病難免

만약 이러한 흉상을 없애고자 한다면 해결하는 방법은 세 가지가 있다.

(1) 낮에도 집안에 전등을 많이 켜고, 벽의 색깔도 가능한 한 흰색이 많을수록 좋다.

(2) 중요한 점은, 어두운 곳에 거울 한두 개를 걸어 빛을 보완하는 것이다.

(3) 집안의 비교적 밝은 곳에 약간의 붉은 종이를 부착한다. 전지剪紙[39]도 역시 도움이 된다.

몇 년 전에 대만 사회에는 '복고풍復古風'이 일어나 골동품이나 원목 탁자, 의자 수집으로부터 예술조형물과 조경에 이르기까지 모두 고풍을 좇았다. 조상의 문화를 회고하고 선인들의 노고를 느끼며 더 나아가 현재 소유하고 있는 것을 소중히 여기는 것은 원래 불변의 진리이다. 그러나 사람들은 자신만의 독특한 예술 경지를 표현하기 위하여 대문 앞에 괴상망측한 고목을 세운다. 아래 그림과 같다.

주택 앞에 고목이 있는 것은 흉상에 속한다. 그러므로 가정에 불필요한 걱정거리가 자주 생긴다. 본인의 해법은 아래와 같다.

(1) 이 나무는 스스로 목을 매는 형태의 나무이므로 제거하는 것이

---

39) 전지(剪紙) : 종이를 오려 여러 가지 형상이나 모양을 만드는 중국 전통 종이 공예이다.

가장 좋다.

(2) 페인트를 사용하여 나무의 윗부분에 세 바퀴의 칠을 한다.

(3) 일곱 색의 줄을 사용하여 세 바퀴를 묶는다.

만약 이 세 가지 방법 중에 하나를 따를 수 있으면 흉상을 감소시킬 수 있을 것이다.

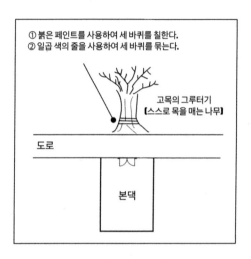

① 붉은 페인트를 사용하여 세 바퀴를 칠한다.
② 일곱 색의 줄을 사용하여 세 바퀴를 묶는다.

고목의 그루터기
【스스로 목을 매는 나무】

도로

본댁

5. 현무玄武

1) 현무玄武에 손상이 있음[玄武有傷]

대다수 사람들은, 주택의 앞이 막히는지 막히지 않는지가 가장 중요하다고 여긴다. 집이 원운元運, 天運을 향했는지에 상관없이, 성체星體의 길흉에 상관없이 바로 그 가옥의 길흉을 단언해 버린다. 그리하여 가옥의 배후가 '항도충巷道沖', '벽도충사壁刀沖射', '옥각충사屋角沖射' 등인지에 따라 본댁에 막대한 영향을 미친다는 것을 전혀 알지 못한다. 그림과 같다.

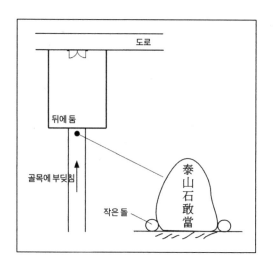

풍수구결風水口訣에 이르기를,　　　　　　　　　風水口訣云
보이는 창은 피하기 쉬워 몸을 다치지 않지만,　　明槍易躲不傷身
몰래 쏘는 화살은 막기 어려워 목숨 피하기 어렵네.　暗箭難防命難逃
배후에 골목이 상충하면 허리와 신장을 다치니,　背後巷沖傷腰腎
단지 목숨을 피하는 것이 최상의 방책이라네.　　只有逃命是上策

가옥의 뒤가 골목과 상충되는 경우[屋後巷沖]에는 대부분 허리와 신장을 상하게 하는데, 가옥의 뒤가 북쪽일 때 더욱 심각하다. 만약 골목이 본댁의 동쪽으로 상충되는 경우에는 간장肝腸을 상하게 되고, 남쪽으로 상충되면 눈병이 생기며, 서쪽으로 상충되면 폐를 상하게 되고 관재수도 많을 것이다. 뒤쪽으로 상충되는 주택은 해결하기가 가장 어렵다.

주택 뒤에 큰 돌을 세우고 빨간 페인트로 '태산석감당泰山石敢當'[40]

이라 쓰고 음력 1월 9일 진시(오전 7시~9시), 혹은 청명절淸明節, 단오절端午節, 중원절中元節, 伯仲, 8월 8일 등의 날에 초석礎石을 세우면 살기를 해결할 수 있다.

인연에 따라 생겨나고 인연에 따라 소멸되니, 만일 태산석을 세운후에 귀댁의 환경이 변화되어 '항충옥배巷沖屋背'의 형세가 아니게 되었을 때, 태산석을 본래의 위치로 봉송하고 싶다면, 날짜를 정해서 수금壽金 3백(작은 세 묶음)으로 향을 피워 아뢴다. 감사의 마음을 가지고 태산석을 본래의 위치로 봉송하며 금지金紙가 다 타기를 기다린 후에 치우면 된다.

또 주택 뒤에 '벽도충사壁刀沖射'를 가장 금기하는데, 그 명칭의 의미를 생각해 보면 칼은 흉이며 혈광血光이다. 그림과 같다.

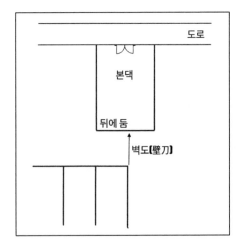

---

40) 태산석감당(泰山石敢當) : 옛 풍습에 따르면, 집의 대문이 다리, 골목 입구 또는 도로의 요충지와 대면할 경우, 담장 밖에 작은 비석을 세워 놓고, '泰山石敢當'이라는 글자를 새겨서 액막이를 하였다.

만약 귀댁의 뒤가 '벽도충사壁刀沖射'인 경우에는 가옥 뒤에 있는 건물의 높이를 보아야 한다. 귀댁이 5층이고 벽도壁刀가 3층이면 그 해로움은 3층까지이다. 해결하는 방법은 아래와 같다.

(1) 만일 벽도가 바로 후문과 마주하면 후문을 현관식으로 바꾸면 된다.

(2) 삼각형의 거울을 안치하는데, 중간에 1원元 크기의 빨간 종이를 붙이고 길이는 1척尺 정도로 좌우가 균형이면 좋다.

(3) 원형의 거울을 안치하는데, 중앙에는 원형의 붉은 종이를 붙인다.

(4) 만일 거울 걸기가 불편하거나 벽도壁刀가 접하는 곳이 대문이나 창문이면, 벽도가 충사沖射하는 곳인 실내의 벽에 장방형의 작은 거울을 걸면 되는데, 중앙에 둥글고 빨간 종이를 붙이면 살을 피할 수 있다.

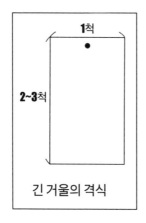

긴 거울의 격식

주거지를 살필 때에는 응당 매우 신중히 살피고[瞻前顧後], 자세하게 살펴야만[左顧右盼] 쌍방이 모두 좋게 되고[兩全其美] 온 가족이 평안해질 수 있다[闔家平安]. 여러분을 축복한다.

2) 태산泰山이 머리를 내리누름[泰山壓頂]

대부분의 구세대들은, 다른 사람의 집이 자신의 집보다 높은 경우에는 불길하다는 것을 안다. 그러나 들은 이야기는 들은 이야기일 뿐이다. 주택 앞의 건물이 높으면 우리에게 어떤 영향을 미치는지, 또는 이를 어떻게 해결해야 하는지를 모른다. "법이 있으면 반드시 돌파도 있다."라는 말은 우주 만법의 법칙이기 때문에 오늘은 이 문제를 토론하려 하니 먼저 그림부터 보자.

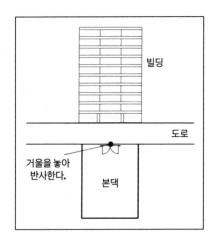

풍수구결風水口訣에 이르기를,　　　　　　　　　　　　　　　風水口訣云
태산이 머리를 내리누르면 머리를 들기 어려우니,　　　泰山壓頂抬頭難
문을 나가서 재물을 구해도 귀인이 보이지 않네.　　　出門求財貴人暗
벼슬을 찾아 벼슬길에 올라도 저지가 많으니,　　　　求官仕途阻擾多
법에 따라 스스로 해결해야 점점 근심이 없어지네.　依法自解漸無憂

주택 앞에 높은 건물이 있으면 자택의 햇볕과 양기를 가로막기 쉽다. 따라서 집이 그늘지고 냉기가 들어 생기가 부족하게 된다. 해결하는 방법에는 두 가지가 있다.

(1) 집안에 평상시에도 전등을 많이 켜는 것이 가장 좋다. 첫째는 햇볕이 부족함을 보충할 수 있으며, 둘째는 공기가 유동하는 원리와 시각적인 느낌으로 집안의 부족한 양기를 보충할 수 있다. 전등에는 열에너지가 있어서 오래도록 켜두면 집안의 음랭한 기운은 증발되고 열기는 남게 된다. 그리고 시각적으로는 집에 들어서자마자 바로 광명을 보게 되면 그 사람의 마음은 반드시 탁 트여서 거리낌이 없을 것이다. 만약 집에 들어서자마자 바로 암흑에 직면하게 되면 오래될수록 사람의 마음이 답답해질 것이고 활력도 차츰 없어질 것이다. 그러므로 매달의 전기 요금을 아끼기 위해 어두운 상태로 오래 두거나, 그것을 보완하지 않으려는 심리와 관념을 가져서는 안 된다. 신중하게 생각하고 또 생각하기를 바란다.

(2) 또한 1층과 2층의 전방에 거울을 안치하여 반사함으로써 높은 건물의 그림자를 버팀대로 전환하는 것이 더욱 유리하다. 음영 陰影의 영향은 가족들의 마음을 불안하게 하며 특히 아동에게 더욱 심각하다. 귀댁에 만약 위에서 서술한 단점이 있으면, 신속히 전등을 켜고 거울을 안치하는 것이 길하다.

만일 실내의 방 뒤쪽이 꺼져 있거나 어두침침하다면 전등을 켜는 것이 옳다. 아래의 그림과 같다.

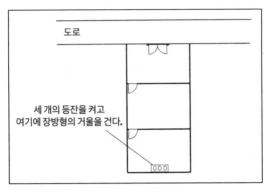

집 뒤가 꺼진 것을 해결하는 방법

광택은 인생의 희망이고, 지표이며, 버팀목이기도 하다. 그러므로 집 안의 광택은 가운家運의 흥성興盛과 충만한 광명을 상징한다. 만약 귀 댁의 계단에 광선이 아름답지 못하거나 혹은 전등이 오래되었거나, 혹 은 집안에 조도照度가 부족하거나, 혹은 가족들이 자주 어둠 속을 더듬 거리며 걷거나 일을 하는 경우에는, 집안의 전등을 켜서 '등화통명燈火 通明(등불이 환함)'에 방해되지 않기를 제안한다. 그렇게 하면 귀댁의 기운도 반드시 이에 따라 번창하게 될 것이다.

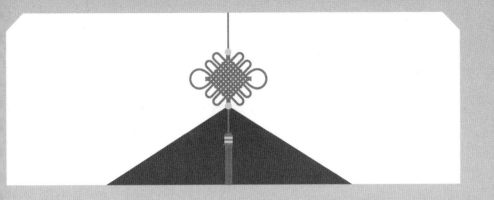

III

주택 풍수의 길흉 – 실내 설계

1. 대문 – 사람의 얼굴과 같다.

『예기禮記』「대학편大學篇」에 '수신제가치국평천하修身齊家治國平天下'라는 말이 있다. 이러한 이상理想은 비록 오랜 시간의 실천이 필요하다고 말하지만, '제가齊家'는 이미 우리 사회 화복禍福의 근원이 되어 버렸다. 사회 안의 문제 청소년은 불건전한 가정에서 생겨나는 것을 우리는 보고 있지 않은가! 인위적인 의사소통이 양호하지 않은 것 외에 '주위 환경의 영향' 또한 막대한 작용을 하고 있다. 역사상으로 유명한 '맹모삼천지교孟母三遷之敎'가 바로 그 예이다.

우리 종문宗門의 학문을 비록 '풍수학風水學'이라고 부르고 있지만, 일상생활 속에서는 환경보호학, 천문학, 측량학 등으로 쓰이고 있다. 여기서는 여러분이 열람하고 사용하는 데에 편의를 주기 위하여 주택의 각종 중요한 공간에 대한 희기喜忌를 체계적으로 만들어 소개한다.

① 대문은 바깥대문과 안대문으로 구분한다. 내외는 반드시 동원同元이어야 한다[현공이기玄空理氣 중의 천원天元, 인원人元, 지원地元]. 그렇지 않으면 배반하여 조화롭지 못하게 된다.

② 바깥대문은 당연히 용변龍邊에 배치하는 것이 좋다.

③ 바깥대문은 용변에 충살기沖煞氣가 있을 때에만 백호방에 둘 수 있다.

④ 바깥대문의 방향은 절대 물의 흐름을 따라서 내면 안 된다. 그렇지 않으면 재산의 손해가 계속 이어질 것이다.

⑤ 바깥대문의 외부 환경은 '주가정원편住家庭院篇'에 기술한 것과 같이 하면 된다.

⑥ 바깥대문의 색깔은 짙은 남색이나 검은색 또는 붉은색을 피하고

유백색乳白色으로 하는 것이 좋다.

⑦ 바깥대문, 안대문, 실내문 등을 직선으로 내어서는 안 된다. 세 개 혹은 네 개의 문이 서로 이어져 있으면 천심살穿心煞이 된다. 다만 위층인 경우에는 무방하다.

⑧ 바깥대문, 안대문의 문공척文公尺은 '재財' 자나 '본本' 자에 부합되는 것이 좋다. 즉 1척尺, 4척尺의 배수倍數에 1촌寸을 가감加減하면 된다.

⑨ 문공척은 문틀의 안쪽을 재어서 기준으로 삼는다.

⑩ 만약 문이 문공척과 맞지 않으면 빨리 개선하는 것이 길하니 늦추어서는 안 된다.

⑪ 바깥대문의 방향은 가능한 길吉한 수신[水神, 역수逆水]을 받아들여야 하며 살기煞氣를 받아들여서는 안 된다.

⑫ 바깥대문은 안대문의 용방龍方에서 열어야 길하고 바로 마주보아도 길하다.

⑬ 대문의 높이는 너무 높아서는 안 된다. 높으면 감옥의 대문과 같아서, 모든 일이 막히거나 순조롭지 못하고 왕성한 기운이 진입하지 못하니 흉상이 된다.

⑭ 바깥대문의 높이는 6척 반이나 7척 1촌이 좋다.

⑮ 바깥대문은 견고하고 내구성이 있어야 한다.

⑯ 안대문의 색깔은 깨끗하고 밝은 것이 좋으며 검고 어두운 색은 피한다.

⑰ 안대문의 뒷면에 도안이나 사진 혹은 괘도를 붙여서는 안 된다. 만약 걸어 놓은 것이 불상이라면 셋째 손가락을 사용하여 수금壽金을 태우고 재는 물에 흘려보낸다.

⑱ 안대문의 안쪽 면은 유백색, 상아색, 은색 혹은 나무 본래의 색이

좋다.

⑲ 안대문은 재료에 구애되지 않는다. 어떠한 재질도 모두 괜찮지만 단지 색깔이 중요하다.

⑳ 바깥대문의 방위는 명사明師를 초청하여 나침반羅針盤으로 측량하는 것이 가장 좋다. 만약 명사를 신임할 수 없다면 아래의 방법을 따라 하는 것도 괜찮다.

마음이 홀가분하고 즐거울 때 문에 서서 스스로 마음의 느낌을 따라 방향을 정하는 것도 매우 좋다. 또한 만세력萬歲曆을 이용하여 방위를 시험해 보는 것도 괜찮다. 바깥대문의 방향이, 마른 풀이나 나무가 있는 쪽을 향하는 것은 불길不吉하다. 초목이 푸른 방향이 가장 길하다.

㉑ 바깥대문의 방위는, 보잘것없는 전문가가 '팔자명八字命에 적합하다'라고 하는 말을 절대로 들어서는 안 된다. 왜냐하면 가옥의 '명命'과 사람의 '명命'은 같지 않기 때문이다.

㉒ 안대문도 팔자명八字命에 반드시 맞출 필요는 없다.

2. 앞 정원 – 재물 창고이며 사람의 입과 같다.

① 정원은 청결해야 하며 호화로운 미관을 중시하지 않는다. 또한 너무 밝게 하여 사람을 들뜨게 하지 않아야 한다.

② 정원에는 적당량의 꽃과 나무가 있어야 한다.

③ 정원에 꽃과 나무가 너무 많거나 잡다해서는 안 된다. 그렇지 않으면 마음이 초초하고 모든 일이 순조롭지 못하다. 음기陰氣가 너무 습하면 코에 영향을 미칠 수 있다.

④ 정원의 배수는 막힘이 없어야 한다.

⑤ 정원의 지면은 푸른 이끼나 습기가 없어야 하며 햇빛이 비춰야 한다.

⑥ 정원의 백호방에는 키가 큰 나무를 심어서는 안 된다. 여성과 어린이를 상하게 한다.

⑦ 정원의 백호방에 화분대를 두어서는 안 된다. 백호가 높게 형성되면 잡다한 사건들이 많아진다.

⑧ 정원의 정중앙에 큰 돌을 두어서는 안 된다. 뱃속에 드러나지 않는 병이 생기거나 종양이나 암이 자라게 되며 어린아이가 나쁘게 변할 수 있다.

⑨ 정원에 더러운 물건이나 폐기물을 줄여야 한다. 가정이 평안하지 못하다.

⑩ 정원에 자잘하게 흩어져 있는 돌이나 모래, 자갈을 줄여야 한다.

⑪ 정원에 나무토막이나 부스러기를 줄여야 한다.

⑫ 정원에 맷돌이나 돌절구를 두지 말라. 건강, 사업, 가운家運에 영향을 미친다.

⑬ 정원의 오른쪽에 모터나 진동 기계를 설치해서는 안 된다. 예를 들면 세탁기는 호흡 곤란이나 심장병에 영향을 줄 수 있다.

⑭ 정원의 오른쪽에 화장실이나 창고를 지어서는 안 된다. '호권虎拳'이라 부르는데, 어린아이들이 말을 듣지 않게 된다.

⑮ 정원의 오른쪽에 맷돌을 두어서는 안 된다.

⑯ 정원의 오른쪽에 연못이 있어서는 안 된다.

⑰ 정원의 오른쪽에 큰 돌이나 물 항아리가 있어서는 안 된다.

⑱ 정원의 오른쪽에 인공 산[假山]의 조경이 있어서는 안 되며 물이 있어서도 안 된다. 많은 종류의 화초가 있어야 한다.

⑲ 정원의 오른쪽에 차고를 지어서는 안 된다. 만약 삼살三煞이 이 방위에 있으면 집안에 변고가 발생하기 쉽다.

⑳ 정원의 오른쪽에 대문을 내어서는 안 된다.

㉑ 정원의 오른쪽에 장작 아궁이가 있어서는 안 된다. 아궁이는 호구虎口가 되니 만약 아궁이 입구가 안쪽을 향해 있으면 여성들이 유산하기가 쉽다.

㉒ 정원의 오른쪽에 고압의 전신주가 있어서는 안 된다. 만약 전신주가 있다면 대문 위 45도 각도에 작은 거울을 사용하여 붉은 종이를 붙여 반사하면 된다.

㉓ 정원의 대문 밖에 전신주가 있어서는 안 된다. 눈을 상하게 하거나 혈압을 높게 한다.

㉔ 정원의 대문 밖에 집의 모서리가 상충되어서는 안 된다. 구설수가 있거나 파산할 수 있고 고혈압이나 피비린내가 나는 재앙이 생길 수 있다.

㉕ 정원의 대문 밖 오른쪽이 정면보다 지나치게 높아서는 안 된다.

㉖ 정원의 대문 바깥쪽 전방이 담의 모서리와 상충되어서는 안 된다. 피비린내가 나는 재앙이 생길 수 있다. 담장의 모서리에 원형의 작고 붉은 점을 붙이면 살을 막을 수 있다.

㉗ 정원의 대문 밖에 물이 순방향으로 흘러나가서는 안 된다. 파산하거나 평안하지 못하다.

㉘ 정원의 대문 밖이 큰 고목과 상충되어서는 안 된다. 음기가 지나치게 왕성하게 된다.

㉙ 정원의 대문 밖이 화장실과 정면으로 마주하면 안 된다.

㉚ 정원의 대문 밖이 다른 사람의 주방 배기구[레인지 후드]와 정면으로 마주해서는 안 된다. 뇌를 상하게 하거나 많은 병이 생길

수 있다.

㉛ 정원의 대문 밖이 자잘하게 흩어진 돌이나 분뇨 구덩이와 정면으로 마주해서는 안 된다. 뒤쪽의 정중앙에 정화조를 만들면 안 된다. 뇌를 상하게 된다. 정화조를 앞쪽에 만들어서도 안 된다. 출입할 때에 반드시 거치는 곳이 되어 문창성文昌星[41]을 상하게 하기 때문이며, 용변龍邊에 있을 경우는 더욱 흉하게 된다. 만약 고층 건물의 정화조일 경우에는 분뇨를 처리한 후에 소금을 뿌리면 살기煞氣를 막을 수 있다. 특히 고층 건물의 일층에 거주할 경우에는 더욱 주의가 필요하다.

㉜ 정원의 대문 밖이 다른 사람이나 자신의 정화조와 정면으로 마주해서는 안 된다.

㉝ 정원의 대문 밖이 도로와 상충되어서는 안 된다.

㉞ 정원의 대문 밖이 반궁형反弓形의 도로와 마주해서는 안 된다.

㉟ 정원의 대문 밖이 반궁反弓의 하수구나 하천, 담장 등을 마주해서는 안 된다.

㊱ 정원의 대문 밖 오른쪽에 큰 나무가 있어서는 안 된다.

㊲ 정원의 대문 밖이 다른 사람의 담장 모퉁이와 상충되어서는 안 된다.

㊳ 정원의 대문 밖이 다른 사람의 기둥과 정면으로 상충되어서는 안 된다.

㊴ 정원의 대문 밖이 다른 사람의 계단 입구와 상충되어서는 안 된다.

㊵ 정원의 대문 밖이 다른 사람의 양수 모터나 진동기기와 상충되어

41) 문창성(文昌星) : 북두칠성의 여섯째 별인 '개양'(開陽)을 달리 이르는 말. 학문을 맡아 다스린다고 한다.

서는 안 된다. 모터 위에 붉은 점을 찍거나 붉은 종이를 붙이면 살煞을 막을 수 있다.

㊶ 정원의 대문 밖 오른쪽에 공장의 모터나 진동기기가 있어서는 안 된다.

㊷ 정원의 대문 밖이 다른 사람의 골목이나 소방 골목과 비스듬히 상충되어서는 안 된다.

㊸ 정원의 대문 밖 오른쪽에 차고나 오두막집을 증축해서는 안 된다.

㊹ 정원 안에는 가시가 있는 꽃이나 선인장을 심어서는 안 된다. 피부에 괴질이 발생할 수도 있다. 단 장미는 예외이다.

㊺ 정원 안에는 부식된 철이나 강철, 부서진 가구, 폐목재 등을 쌓아 두어서는 안 된다.

㊻ 정원 안에는 닭이나 오리 등을 길러서는 안 된다. 기관지염을 쉽게 앓을 수가 있으며 환경 위생이 좋지 못하고 집안이 평안하지 못하다.

3. 후원後園 - 성인 남성이니 지혜와 존귀를 주관한다.

① 주택의 후원은 수시로 청결을 유지하여야 자녀의 지혜가 비로소 총명해 질 수 있다.

② 주택 후원의 청룡방에 정화조를 두어서는 안 되지만 화장실은 무방하다.

③ 주택 후원의 정중앙에 정화조를 두어서는 안 된다. 지혜에 영향을 미칠 수 있다.

④ 주택 후원의 백호방에 정화조를 두는 것이 가장 좋다.

⑤ 주택 후원의 백호방에 가산假山이나 연못을 만들지 말라.

⑥ 주택 후원의 정중앙에 연못을 만들지 않는 것이 가장 좋다. 성인 남성을 상하게 하고 존귀尊貴를 상하게 한다.

⑦ 주택 후원의 청룡방에 연못을 만들려면 반드시 왕운旺運에 적합해야 한다. 그렇지 않으면 만들지 않는 것이 좋다.

⑧ 주택 후원에 석기石器, 절구, 맷돌, 헝클어진 실, 벽돌 등을 놓아두지 말라.

⑨ 주택 후원의 백호방에 급수탑을 만들어서는 안 된다. 청룡방에 만드는 것이 길하다.

⑩ 주택 후원의 정중앙에 급수탑이나 물탱크, 저수지를 만들지 말라. 대흉의 구조이다.

⑪ 주택 후원의 정중앙에 온수기를 놓아서는 안 된다.

⑫ 주택 후원의 백호방에 온수 보일러를 설치해서는 안 된다.

⑬ 주택 후원의 정중앙에 모터를 두어서는 안 된다. 등허리가 쑤시고 아프게 된다.

⑭ 주택 후원의 백호방에 모터를 두어서는 안 되며, 청룡방에 두는 것이 합당하다.

⑮ 주택 후원의 백호방과 정중앙에 기계나 진동하는 물건을 두어서는 안 된다.

⑯ 주택 후원의 밖이 소방 도로와 곧바로 상충되어서는 안 된다. 등허리에 괴이한 질병이 생기기 쉽고 신장을 상하게 한다. 이사를 하거나 태산석泰山石을 놓아 살을 막아야 한다.

⑰ 주택 후원의 밖이 다른 사람의 담장과 곧바로 상충되어서는 안 된다. 등허리에 괴이한 질병이 생긴다.

⑱ 주택 후원의 백호방과 정중앙에 우물을 파서는 안 된다. 심각한

경우에는 젊은 남성을 상하게 할 수 있다. 우물은 청룡방에 파야
한다.

⑲ 주택 후원의 백호방과 정중앙에 세탁기를 두어서는 안 된다.

⑳ 주택 후원에 꽃이나 과일나무를 너무 많이 심지 마라. 음습陰濕한
기운이 심해진다.

㉑ 주택 후원에 큰 나무를 심어서는 안 된다. 빛이 어둠침침하여
주인이 평안하지 못한다.

㉒ 주택 후원에 가시가 있는 화초나 나무를 심어서는 안 된다.

㉓ 주택 후원에 가축을 기를 때는 청결을 유지해야 가정이 평안해진다.

㉔ 주택 후원의 담장 높이는 5척尺 6촌寸이 좋다. 이보다 낮아서는
재운財運을 지킬 수 없다.

㉕ 주택 후원의 담장은 너무 높아서는 안 된다.

㉖ 주택 후원의 담장은 방안보다 1척 이상 높아서는 안 된다. 이를
창토漲土라 하는데 뱃속에 난치병이 생기거나 재물이 모이지 않
게 된다.

㉗ 주택 후원의 담장은 방안보다 1척 이상 낮아서는 안 된다.

㉘ 주택 후원의 배수구는 정중앙으로 흘러나가게 해서는 안 된다.
대문은 물머리에서 열려야 하고 후문은 물 끝에서 열려야 한다.
호변虎邊의 배수구가 가장 좋다.

㉙ 주택 후원의 화분대가 석판石板과 시멘트판인 경우에는 가로로
놓아야 하며 세로로 놓아서는 안 된다. 그렇게 하여야 신장이 상
하는 것을 면할 수 있다. 방안과도 상충되어서는 안 된다.

㉚ 주택의 후원은 공기가 잘 순환되도록 해야 가정이 비교적 온난하
고 화목해진다.

4. 침실

부부의 낭만적인 정서를 중시하는 사람은 대체로 침실의 배치에 특별히 주의한다. 그러나 만약 풍수 법칙을 이해하지 못하고 자신의 취향만을 따르게 되면 가끔 일을 망치게 되어, 돈은 돈 대로 쓰고 고생만 하는 경우가 있다. 이 점을 감안하여 본인의 검증과 소회를 제공하니, 이를 참고로 삼아 모두가 평안하게 살며 가정이 원만하기를 희망한다.

① 침실은 안정되고 공기가 잘 유통되는 곳이 바람직하다. 만약 빛이 너무 어두우면 낮에 등을 켜두는 것이 좋다.
② 침실 안의 색은 절대로 분홍색으로 칠해서는 안 된다. 신경이 쇠약해질 수 있고 또한 부부 사이에 말다툼이 잦아진다. 이로 인하여 비극을 맞는 사람이 적지 않다.
③ 침실 안의 빛은 밝아야 하며, 어둡지 않아야 마음이 비로소 즐거워질 수 있다.
④ 침실 안의 공기는 대류對流가 잘 되어야 건강해질 수 있다.
⑤ 침실 안의 색은 오색찬란한 것을 피해야 한다. 널링(knurling) 가공42)이나 페인트를 사용해서는 안 된다.
⑥ 침실 창문에 풍경風磬을 달아서는 안 되는데, 부인의 머리가 어지럽고 마음이 들뜨고 조급해지게 한다. 원형圓形의 도안은 불길하다. 원형 침대나 원형 천장도 불길하다.
⑦ 침실의 바닥은 연한 색이어야 한다. 색깔이 너무 짙으면 마치

---

42) 널링(knurling) 가공 : 공구나 기계류의 외면에 미끄럼을 방지하기 위해 가로로 또는 경사지게 홈을 만드는 가공. 깔쭉이.

지옥에 들어가는 것과 같다.

⑧ 침실의 바닥에는 카펫을 깔지 않는 것이 가장 좋다. 습기가 차서 곰팡이가 생기기 쉽고 기관지를 상하게 한다. 특히 털이 긴 카펫을 까는 것은 더욱 좋지 못하다.

⑨ 침실의 화장실은 침대의 위치와 상충되어서는 안 된다. 머리와 상충되면 머리가 아프고, 어깨와 상충되면 목 부위가 아프다. 허리와 상충되면 좌골신경통과 신장이 좋지 못하고, 다리와 상충되면 다리가 쑤시고 아프며, 정면으로 상충되면 뱃속에 질병이 생긴다.

⑩ 침실이 집 안팎의 담장 아래에 걸쳐서는 안 된다. 발코니를 증축하여 실내로 만들면 흔히 이러한 현상이 생긴다. 향후에 마음을 불안하게 할 수 있다.

5. 침대의 위치 – 집안의 충전기充電器

고법古法에서 침대의 위치는 동서사명東西四命43)의 학설에 근거하였다. 실제는 존재의 가치가 없는데도, 동서사명의 학설 때문에 부부간의 논쟁이 끊임없이 생기고 있다. 예를 들면 남편은 동사명東四命이고 아

---

43) 동서사명(東西四命) : 풍수학의 유파는 매우 많은데, 팔택파(八宅派) 풍수에서는 방택(房宅)은 좌향(坐向)에 따라 동사택(東四宅)과 서사택(西四宅)으로 나뉘어진다. 동서사명(東西四命)은 사람의 출생년도에 따라 구분된다. 그 중 동사명(東四命)은 진명(震命), 손명(巽命), 이명(离命)과 감명(坎命), 그리고 서사명(西四命)은 곤명(坤命), 태명(兌命), 건명(乾命)과 간명(艮命)으로 구분된다. 동사명의 사람은 동사택이 길하고 서사택에 사는 것은 불길하다. 반면 서사명인 사람은 서사택에 사는 것이 길하고 동사택에 사는 것은 불길하다.

내는 서사명西四命인 경우에, 결국 누구의 명에 근거하여 침대의 위치를 정해야 하는가? 그렇기 때문에 본래 세상에는 이러한 일은 없었는데 갑자기 동서東西의 구분이 생겨서 많은 부부들의 마음에 분쟁의 실마리를 낳고 심지어 헤어지는 등 불행한 사건들로 이어지게 한다. 20년 동안 내가 보아온 예는 정말 너무 많으니 참으로 불행한 일이다.

어떤 용사庸師(어리석은 지관)는 말하기를, "가정에서는 남편의 사업을 중시해야 한다. 그러므로 남편을 위주로 하여야 한다."라고 한다. 그러면 아내의 사활死活은 고려하지 않을 것인가? 이는 요사한 말로써 대중을 미혹하게 하고 세상을 크게 어지럽히는 무지한 표현이므로, 마땅히 제거하여 쓰지 말아야 하며 이지적인 두뇌로써 판단하여야 한다. 그래서 일체의 모든 것을 제고提高하여 자연에 위배되지 말아야 하는데, 이것이 바로 정법正法이다. 그렇지 않으면 여러분들은 오직 고뇌에 찬 삶 속에서 생활하게 될 것이며 어리석은 지관에게 농락당한 꼴이 될 것이다.

오늘 침대를 안치하는 정법을 아래와 같이 상세하게 기술하니, 본서에서 소개하고 해결하는 방법을 참고하기 바란다.

① 침대의 아래에 정화조가 있어서는 안 된다. 신체의 건강에 좋지 않다.
② 침대를 대들보 아래에 두어서는 안 된다. 마치 귀신이 누르는 것 같다. 단, 대들보를 천장으로 덮거나 가리면 무방하다.
③ 침대의 좌우가 대문 입구와 상충되어서는 안 된다.
④ 침대의 좌우가 화장실 문과 상충되어서는 안 된다.
⑤ 침대의 바로 앞쪽이 화장실 문과 상충되어서는 안 된다.
⑥ 침대의 바로 앞쪽이 주방의 부뚜막과 상충되어서는 안 된다. 비

록 격벽隔壁이 있더라도 불길하니 이를 '기조騎灶'라 부른다.

⑦ 침대의 위치가 에어컨의 앞쪽이어서는 안 된다. 감기가 들기 쉽고 머리와 상충되어 불길하며 출산에 불리하다.

⑧ 침대의 오른쪽에 에어컨을 놓지 않는다.

⑨ 침대의 머리맡에는 에어컨을 놓지 않는다.

⑩ 침대의 바로 앞쪽에 거울을 놓지 않는다.

⑪ 침대의 머리 양쪽에 책상의 모서리나 장롱의 모서리가 머리와 상충되어서는 안 된다. 두통이 끊이지 않게 된다.

⑫ 침대의 머리 위쪽에 대들보가 누르는 것이 있어서는 안 된다.

⑬ 침대의 바로 앞쪽이 화장실 혹은 장식장 모서리와 상충되어서는 안 된다.

⑭ 침대의 머리 위에 음향기기를 놓아서는 안 된다. 그렇지 않으면 출산에 영향을 미친다. 침대의 머리맡에 텔레비전을 놓으면 괴이한 병에 걸리거나 뇌신경이 쇠약해진다. 특히 어린아이가 이어폰[헤드폰]을 사용하게 해서는 안 된다.

⑮ 침대의 좌우측에 큰 거울을 두어서는 안 된다.

⑯ 침대를 부뚜막의 아래나 위에 두어서는 안 된다.

⑰ 침대를 화장실의 아래나 위에 두어서는 안 된다.

⑱ 침대를 화장실의 벽 가까이에 두지 않는다. 등허리가 쑤시고 아플 수 있다.

⑲ 침대를 침실의 입구 주변에 두지 않는다. 즉 침대 머리맡을 문을 여는 벽과 가까이 두지 않으며 문 쪽에 너무 가까이 두지 않는다.

⑳ 침대의 오른쪽을 벽에 가까이 두지 않는다.

㉑ 침대를 긴 유리창(통유리창) 가에 두지 않는다. 강한 햇빛을 피해야 한다.

㉒ 침대가 화장실의 변기 위에 놓여서는 안 된다. 다시 말해 침대가 위치하는 아래층이 화장실인 경우이다.

㉓ 침대 위의 천장 양식은 간단하고 밝아야 길하다.

㉔ 침대 위에 기이한 형태의 조명 기구를 걸어서는 안 된다. 만약 수술실과 같은 조명등이라면 복부에 칼을 댈 수도 있다.

㉕ 침대의 아래에 오래된 물건이나 더러운 물건 혹은 못쓰게 된 쇠붙이 등을 쌓아두지 말라. 출산에 영향을 끼칠 수 있다. 더욱이 쇠붙이와 보일러는 피해야 한다.

㉖ 침대의 머리가 도로와 가까워서는 안 된다. 어지럼증과 두통이 쉽게 생긴다.

㉗ 침대의 머리가 화장실과 가까워서는 안 된다. 지력智力과 사고방식, 건강에 영향을 미친다.

㉘ 침대의 머리가 화장실의 변기 혹은 세면대와 가까워서는 안 된다.

㉙ 침대의 머리 위에 산수화를 걸지 말라.

㉚ 침대의 머리 위나 전방에 짙은 색의 그림을 걸지 말라. 호랑이 모양을 거는 것은 적절하지 않다. 맹호가 하산하여 사람을 다치게 할 수 있기 때문이다. 시계를 걸면 수면이 불안해질 수 있다.

㉛ 침대가 아궁이와 서로 마주해서는 안 된다.

㉜ 침대의 머리맡에 시계나 풍경을 걸어서는 안 된다. 뇌신경의 쇠약을 쉽게 초래할 수 있다.

1) 침대 상相 1 : 밝은 거울은 심대心臺이다

여러분을 위해 침실을 소개한다. ― 침대와 각종 가구의 배치 길흉

풍수구결風水口訣에 이르기를,   風水口訣云
밝은 거울이 대도 아니고 또한 마음도 아니니,   明鏡非臺亦非心
본래 심령은 맑고 깨끗한 대였도다.   本來心靈淸淨臺
무슨 일로 거울 위에 티끌과 먼지가 일어나는가,   何事鏡上惹塵埃
원래 대문에 들어서면 거울을 보는 것이네.   原是入門見鏡台

　침실문의 안이 마주하는 곳(A)에 화장대를 배치해서는 안 된다. 부부나 어린아이들에게 구설수가 생기기 쉽고 부부가 화목하지 못하고 말다툼이 생긴다. 빨리 옮기는 것이 적절하다. (B, C, D로 옮기면 된다) 옮길 수가 없다면 벽지로 거울을 가리면 흉조凶兆가 없어질 것이다.

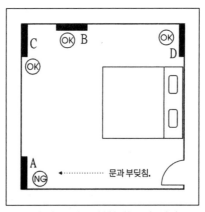

거울이 문과 부딪쳐서는 안 된다.

　현대식의 방 구조는 거울이 대부분 출입문과 대각선으로 되어 있기 때문에 무방하다. 대부분의 사람들은 '문충門沖'이 무엇인지를 알지 못한다. 출입문에 서서 보이는 곳들이 모두 충沖이라고 여긴다. 사실 충이란 문의 넓이로 직선으로 뻗어 나간 범위를 충이라 한다. 양택풍수를 공부하는 사람들은 이를 몰라서는 안 된다. 여러 선남선녀善男善女

와 고승대덕高僧大德들도 알아야 한다. 그래야 '법法'이 있을 경우에 어떻게 운용할지 알 수 있다.

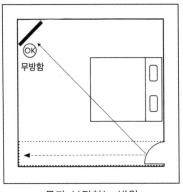

문과 부딪치는 범위

2) 침대 상相 2 : 마음의 먼지를 부지런히 털어 냄

영혼에 관한 이야기는 수천 년 이래로 줄곧 논쟁이 되어온 화제이다. 믿는 자들은 말이 명확하지만 믿지 않는 자들은 가슴을 치며 답답해한다. 영혼은 도대체 있는 것인가? 없는 것인가? 내가 아는 바로는 영혼은 우주 가운데 하나의 진기真炁이며 천지가 형성되기 이전부터 존재하고 있었고 불생불멸하는 것이다. 비록 무수한 윤회를 거치며 환생하여 여전히 우주 안에 존재하고 있지만 다르게 보이는 것이다.

영혼이 의지하는 바의 외형을 직접 보면 다른 명상名相44)을 지니고

---

44) 명상(名相) : 사물에는 명(名)과 상(相)이 있는데, 귀에 들리는 것을 명, 눈에 보이는 것을 상이라고 한다. 그러나 이름이나 형상은 본래부터 있는 것이 아니라 망령된 생각이 지어낸 것이며, 한때의 인연을 따라 생겨난 영원치 않은 상인

있다. 예를 들면 환생하여 사람, 돼지, 개, 식물, 광물이 되어 우주 가운데에서 눈의 시각으로 느낄 수 있는 일종의 형상이 된다. 그러나 영혼은 오히려 그대로 한결같이 변하지 않는다. 이것이 바로 불가佛家에서 말하는 '진여眞如'이며, 느낄 수는 있지만 볼 수는 없는 것이며, 원래 존재는 있지만 형상이 없는 것이다.

본편에서 시작하려는 이야기가 바로 영혼이다. 여러분들을 위하여 소개할 양택의 침실 흉상凶相도 이와 관련이 있다. 그림과 같다.

풍수구결風水口訣에 이르기를,	風水口訣云
밤중에 침대에서 일어나 귀신 그림자를 보니,	半夜起床見鬼影
날로달로 누적되어 마음이 놀라게 된다.	日積月累心頭驚
신을 찾아 접쳐 보아도 모두 이익이 없는데,	求神問卜均無益
집으로 돌아와 거울을 옮기자 광명을 보네.	回家移鏡見光明

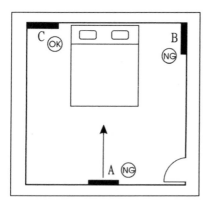

거울이 침대와 마주해서는 안 된다.

침실의 거울이 침대와 바로 마주하거나(A), 혹은 측면에서 침대의 머리맡을 비추면(B) 밤중에 침대에서 일어나 비몽사몽 간에 자신의 그림자를 보고 쉽게 놀라게 된다. 오래되면 정신착란이 생길 수 있으며 집에 귀신이 있다고 오인하게 되어 정말 어처구니없게 되어 버린다. 거울을 옮겨서 침대와 정면

것이다.

으로 마주하지 않는다면(C) 해결할 수 있다.

또 다른 하나의 침실 흉상이 있어서 사람들로 하여금 자주 '가위눌림[鬼壓身]'을 느끼게 한다.

풍수구결風水口訣에 이르기를,　　　　　風水口訣云
밤에 달콤한 꿈을 꾸며 꿈나라로 들어갔는데,　夜夢正甜入夢鄕
갑자기 귀신이 나타나서 자신을 누르도다.　　忽然見鬼來壓身
온갖 방법으로 몸부림쳐도 벗어나기 어려우니,　萬般掙扎方脫困
깨어나서도 종일토록 밤이 올까 두려워하네.　　醒來終日怕夜臨

콘크리트 빌딩이 즐비한 것은 현대 문명인의 복이다. 그러나 많은 설계사들은 들보의 설계에 대한 사려思慮가 부족하여 침실의 중앙을 가로로 걸쳐있게 한다. 이 때문에 침대가 들보 아래에 위치하는 경우가 너무 많다. 때문에 '양압신樑壓身(들보가 몸을 누름)'의 연고로 인하여 밤에 잠잘 때 가위눌림의 현상이 있게 된다.

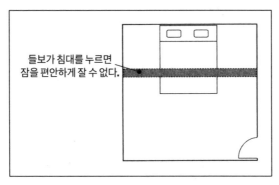

들보가 침대를 누르면 잠을 편안하게 잘 수 없다.

들보가 침대를 눌러서는 안 된다.

이러한 현상을 해결하는 방법에는 두 가지가 있다.

(1) 빨리 침대의 위치를 옮긴다.

(2) 천장을 설치하여 들보와 분리한다.

가위눌리는 침대의 위치는 부적을 붙여도 소용이 없다. 어떤 사람은 자주 혼수상태에서 깨어나지 못하기도 하는데, 이는 양압樑壓 현상 이외에 신허腎虛의 징조이기도 하다. 또 유아용 전동 침대 위의 들보도 양압樑壓의 일종이므로 자녀 사랑에 세심하고 지극한 세상의 부모들은 주의하여야 할 것이다.

침대는 가정의 충전기이다. 침대의 위치가 바르게 놓이면 에너지가 충족되고 정신이 충만하며 패기가 넘쳐서 성공이 눈앞에 다가올 것이며, 이와 반대라면 이유도 없이 신음하고 허리와 등이 쑤시고 아프며, 영문도 없이 괴병에 시달리게 되니 어떻게 가정과 사업에 정신을 집중할 수 있겠는가?

3) 침대 상相 3 : 옷장 모서리가 목과 허리를 손상함

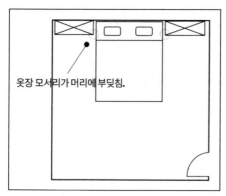

옷장 모서리가 머리에 부딪침.

옷장 모서리가 머리에 부딪쳐서는 안 된다.

현대 건축의 실내 공간은 모두 크지 않으며 거주자 또한 대부분 유한한 공간을 최대한으로 활용하여 쓰고 있다. 전체적인 미관과 사용의 편리성을 위하여 많은 인테리어 디자이너들은 옷장을 침대 머리맡에 바짝 붙게 한다. 그림과 같다.

풍수구결風水口訣에 이르기를,　　　　　　　　　　風水口訣云
침대 머리맡에 좌우로 옷장이 곧바로 들어서면,　　床頭直入龍虎篋
나아가고 물러날 수 없어 고통을 견디기 어렵다.　進退不得苦不堪
머리가 아프고 눈이 쑤시는 것은 항상 있는 일이니,　頭痛眼酸是常事
침대를 한 자만 옮겨도 평안할 수 있다.　　　　　移床一尺可平安

그림과 같은 조형은 '두 자루의 칼이 머리혈을 찌르는[兩支刀子刺頭穴]' 형국이다. 이런 경우에는 자주 머리가 아프고 눈이 쑤시며 마음이 초조하게 된다. 병원을 가도 원인을 찾을 수 없어 몹시 고통스럽다. 본인이, 해결하는 방법을 하나 제공하면, 침대의 위치를 앞으로 옮기면 바로 해결할 수 있다.

문명병을 앓거나 병의 원인을 알 수 없는 사례는 매우 많다. 만약 여러분들이 이러한 증상이 있다면 의사에게 진찰을 받는 것 외에도 침실의 침대 위치를 스스로 검사해 보는 것도 괜찮다. 만약 옷장의 모서리, 책상, 금고의 직각直角이 상충될 때, 잠을 이룰 수가 없거나 목이 쑤시고 아프거나 머리가 아픈 등의 증상이 생긴다. 이런 경우에는 옷장을 옮기거나 침대를 앞으로 옮겨 옷장의 모서리와 서로 상충되는 것을 피하는 것이 좋다.

그밖에 일종의 침상 배치 또한 법에 맞지 않으니 그림과 같다.

풍수구결風水口訣에 이르기를,　　　　　　　　　　風水口訣云
머리를 기울여 곁눈질하는 것도 본래 원인이 있으니,　歪頭斜視本有因
백호의 흉한 방위에 장롱이 칼처럼 서 있네.　　　白虎凶方櫥帶刀
밤을 틈타 깊이 자도 목과 머리가 갈라지는 듯하니,　趁夜熟睡割頸頭
기울어진 머리와 비스듬한 눈이 기이하지 않네.　　歪頭斜眼不足奇

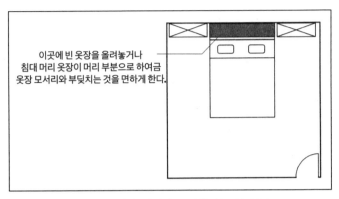

이곳에 빈 옷장을 올려놓거나
침대 머리 옷장이 머리 부분으로 하여금
옷장 모서리와 부딪치는 것을 면하게 한다.

옷장 모서리가 머리에 부딪쳐서는 안 된다.

침대의 오른쪽(침상에 누워서 좌청룡 우백호를 판단)에, 높거나 칼처럼 긴 물건이 있으면 주택 오른쪽의 '백호앙두白虎昂頭' 구조와 같다. 시간이 오래되면 옷장의 모서리는 마치 칼처럼 되어 잠자는 사람의 목을 상하게 하고, 심하면 목이 쑤시고 아프며 편두통이 생긴다. 병원에 가거나 약을 먹어도 효과를 보기 어렵다. 이러한 경우에 해결하는 방법은 두 가지가 있다.

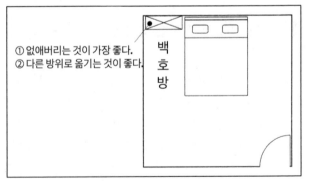

① 없애버리는 것이 가장 좋다.
② 다른 방위로 옮기는 것이 좋다.

백호방

백호방에 높은 물건을 두지 말라.

(1) 침대를 뒤로 옮기고 침대의 머리맡과 옷장이 수평이 되게 한다. 옷장은 침대의 오른쪽에 설치하지 않는 것이 좋다.

(2) 옷장을 철거하거나 다른 곳으로 옮긴다.

쾌적한 침대의 위치는 건강의 대명사이며 사업의 성공이자 원만한 가정의 디딤돌이다. 침대를 사소하게 여기지 말라. 우주의 에너지를 받는 최고의 충전기이니 잘 이용하여야 한다.

4) 침대 상相 4 : 텔레비전에는 전자파가 많다

텔레비전은 현대 문명의 산물이면서, 우리에게 빠른 정보를 제공하고, 또한 우리의 레저 활동의 파트너가 되기도 한다. 처음에는 텔레비전이 호기심을 만족시키는 최고의 매체인 동시에 농촌 사회에 정情을 연결해 주는 방식 중의 하나였다.

과거에는 한 마을에 텔레비전이 몇 대만 있었다. 대부분 경제력이 있거나 사회에서 지위가 있는 자만이 살 수 있었다. 그러나 현재에는 가정마다 최소 한 대의 텔레비전이 있고 심지어 두 대 이상의 텔레비전이 있는 집도 있다. 또한 가라오케 반주기, 컴퓨터 등도 텔레비전을 통하여 더 많고 더 광범위한 영상을 이용하고 있다. 텔레비전의 기능은 이미 현대인에게, 반드시 의존해야 하는, 없어서는 안 되는 존재가 되었다.

우주의 음양 법칙에는 모든 것에 정과 반이 있으며 선과 악이 있다. 즉 음 가운데 양이 있고 양 가운데 음이 있으며, 선 가운데 악이 있고 악 가운데 선이 있는 것이다. 텔레비전의 기능이 이처럼 광범위한 반면에 전자파가 인체에도 상당한 영향을 미친다.

본편에서 여러분에게 소개할 것은 바로 방안의 텔레비전이다. 그림과 같다.

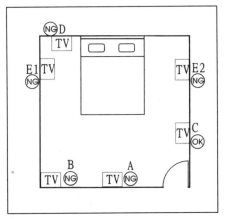

침대 앞에 텔레비전을 놓아서는 안 된다.

풍수구결風水口訣에 이르기를,	風水口訣云
쏟아지는 광선이 바로 앞에서 비추는데,	輻射光線正前照
날마다 달마다 누적되면 흉한 징조를 일으키네.	日積月累生凶兆
뱃속에 기형아를 배는 일도 면하기 어려우니,	腹中怪胎事難免
신속하게 옮겨 치워 재앙을 면해야 한다.	速速移開免遭殃

텔레비전의 강렬한 전자파가 장기간 침대 앞에서 비추게 되면(그림 A) 우리 몸 안에 겉으로 드러나지 않는 병이 생길 수 있는데, 대부분 종양과 같은 것들이다. 남자의 경우에는 장腸의 질환을 쉽게 앓게 되고, 여자는 자궁암을 앓기가 쉽다. 본인이 검증한 사례 중에는 두통이나 정신이 왕성하지 못한 예도 있었다. 텔레비전을 C로 옮기는 것이 가장 좋다.

침대의 오른쪽에 텔레비전이 있는 것은 좋지 않다(그림B). 왜냐하면 백호방에는 소리가 있는 것을 꺼리기 때문에 부부 사이에 말다툼이 많이 생긴다. 텔레비전이 머리의 위나 뒤쪽에(그림D) 있으면 뇌신경쇠약, 뇌종양, 백혈병 등의 질환을 앓기 쉽다. 텔레비전이 측면(그림E1, E2)에 있으면 이명耳鳴이나 환청幻聽 증상이 나타나기가 쉽다. 일상의 편리를 위하거나 혹은 환자가 텔레비전을 편하게 보기 위하여 이런 장소에 설치하였다면 다른 곳으로 옮기는 것이 좋다.

침대의 끝은 대부분 통로이다. 사람들은 공간이 부족하거나 정리하는 데에 소홀하기 때문에 통로에 많은 잡동사니를 쌓아 둔다. 이것은 공기의 유통을 방해할 뿐 아니라 쉽게 공기의 흐름을 굴절시켜 난류亂流의 전파電波를 형성하여 인체에 해로운 영향을 끼친다. 여성도 부인병을 앓기 쉬우므로 조심하지 않을 수 없다.

그래서 나는 항상 "풍수학은 환경보호학을 포함한다."라고 말하고 있다. 집안에 불필요한 물건이나 해묵은 물건들은 모두 청산하는 것이 좋다. 왜냐하면 집안에 있는 물건마다 모두 그것의 진기真炁가 있기 때문이다. 즉 일반인들이 말하는 '일물일태극一物一太極'이다. 잡다한 물건이 너무 많으면 우리의 마음을 혼란스럽게 만들고 난류의 전파 또한 우리들의 신체 건강에 영향을 미치니, 취사선택에서는 우리 모두가 지혜롭게 연구하여 판단해야 할 것이다.

또 여성이 임신했을 때 장기간 전자파에 쏘이면 건강하지 못한 아이를 낳기가 쉽다. 어머니가 될 사람은, 태교를 중시하는 것 이외에도 태아의 신체 건강에 대해서도 주의를 해야 한다.

방에 텔레비전을 어떻게 설치하느냐의 여부는, 이상에서 언급한 것을 종합하여 독자들이 스스로 판단하여 결정할 수 있을 것이다.

5) 침대 상相 5 : 형체가 있으면 반드시 영혼이 있다.

대만 TV '장미의 밤玫瑰之夜'의 '귀화연편鬼話連篇'은 집집마다 잘 아는 '경험담'의 시리즈이다. 이 프로는 많은 사람들이 숨죽이며 기다리는데, 생각할수록 의미심장하여 사람들이 좋아하기도 하고 무서워하기도 한다. 이는 정말 인간성의 특징을 잘 표현하고 있다.

1995년 7월 어느 날, 모某 원로 영화배우가 젊은 시절의 촬영 경험을 언급했는데, 당시에 촬영한 영화는 '관공關公'45)이었다. 영화계에는 촬영하는 순서와 규범이 있다. 전하는 바에 의하면, 촬영장에 관성제군關聖帝君과 관평關平46), 주창周倉47) 세 사람의 초상화를 모셨는데, 어떤 기연機緣으로 인해 이 세 명의 배역을 맡은 배우가 모두 가벼운 부상을 당했다. 그리고 부상을 당한 부위가 초상화의 파손 부위(어떻게 파손됐는지 알 수 없지만)와 완전히 일치하였다. 당사자들은 지금까지도 그렇게 된 까닭을 모르고 있다.

본인은 풍수지리를 연구하면서, 우주 사이의 미묘하면서도 일반 지식으로 설명하기 어려운 많은 현상들을 체험해 봤다. 예컨대 '옥상이 곧 인상이며 인상이 곧 불상이다[屋相卽人相, 人相卽佛相]', '형체가 있으면 반드시 영이 있고 영이 있으면 반드시 응한다[有形必有靈, 有

---

45) 관공(關公) : 관우(關羽). 하동(河東) 해량(解良) 사람으로 자는 운장(雲長)이며 삼국 촉한(蜀漢)의 장군이다. 중국에서 충의(忠義)와 용무(勇武)의 상징으로 인식되는데, 민중들은 그를 존경하여 관공(關公), 관노야(關老爺)라고 불렀다. 후에 '관성제군(關聖帝君)' '관성제(關聖帝)', '관제군(關帝君)', '관제(關帝)' 등으로 추대되었다.

46) 관평(關平) : 관우의 아들이다.

47) 주창(周倉) : 나관중(羅貫中)의 각색에 의해 《삼국지연의》에만 등장하는 가공의 무장이다.

靈必有應]' 등이다. 본인은 종교를 통하여 여러분의 마음을 구속하려는 것은 결코 아니다. 더욱이 일부러 과격한 말을 하여 남을 놀라게 하거나 요사스러운 말로 대중을 미혹하려는 것도 아니다. 왜냐하면 거의 30년 동안 주역周易과 풍수風水의 인증引證 과정에서 수많은 인증의 실례實例를 얻은 것이 부지기수不知其數이기 때문이다.

본편에서 토론할 내용은, '형체가 있으면 반드시 영이 있다는 침대 위치[有形必有靈的床位]'에 관한 것이다.

풍수구결風水口訣에 이르기를,
밤에 호랑이가 달려드는 꿈을 꾸었는데,
무서워서 온몸에 식은땀이 흘렀도다.
더군다나 손발이 또 묶여버렸으니,
밤이 올 때는 마음이 갈팡질팡하네.

風水口訣云
夜夢老虎撲上來
嚇得全身冷汗流
更甚手脚又受細
夜晚來時心慌慌

화가의 공필工筆(세필화)이 정교하며 조예가 깊고 눈으로 보는 듯이 생생하면, 그림을 보는 사람들은 진귀한 보배로 여길 것이다. 화가의 필치에는 그의 신념이 담겨 있다. 그러므로 맹수의 그림을 침대 머리맡에 걸지 않는 것이 좋다. 또한 '형체가 있으면 반드시 영이 있기' 때문에 만약 맹수의 그림을

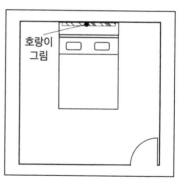

침대 머리에 호랑이 그림을
걸어놓아서는 안 된다.

이미 걸어놓았다면 '방생放生'하는 것이 가장 좋다.

방생하는 방법은 아래와 같다.

(1) 그림은 햇볕을 쬐게 하고, 맹수의 머리는 밖으로 향하게 하며,

꼬리에는 붉은 원형의 종이를 붙인다.

(2) '호랑이를 본래의 자리로 배웅해 드립니다[奉送虎爺回歸本位].' 라고 기도한다.

(3) 그림을 금지金紙와 함께 태우는데, 금지는 천족수금千足壽金 일천 一仟 한 묶음을 사용한다.

이렇게 하면 가정이 평안해질 것이니, 여러분을 축복한다.

6) 침대 상相 6 : 음악 소리에 길흉이 있다.

'음악을 배우는 아이는 나빠지지 않는다.'는 구호가 유명해진 이후, 현대의 모든 부모들은 자식이 한두 가지의 재능을 배우기를 희망한다. 이러한 현상은 시대의 유행이기도 하지만 자신이 이루지 못한 소원을 보충하려고 해서이기도 하다. 음악은 확실히 언어의 장벽이 없고, 국적의 구분이 없으며, 빈부와 귀천이나 시비와 선악이 없는 유일한 아름다움의 경지이다. 음악의 세계에서는 영혼의 상화祥和와 말로 다 할 수 없는 공감을 공유할 수 있다.

현재 국내에서 가장 많은 사람들이 배우는 악기는 아마도 피아노와 전자오르간 등의 건반악기일 것이다. 학습상의 편리를 위하여 많은 가정에서는 피아노를 사서 아이에게 연습시킨다. 그러나 피아노는 소리가 있는 것이기 때문에, 음파는 공기의 진동을 만들고 기류氣流는 '분위기'를 만들게 되어 온 가족에게 영향을 미친다. 만약 피아노의 위치가 잘못되었다면 '난류전파亂流電波'가 형성되어 가족의 정서가 불안해질 수 있다. 그림과 같다.

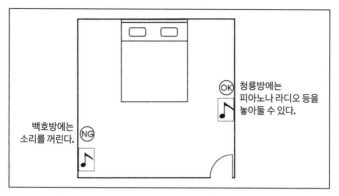

침대 위치 오른쪽에 피아노를 놓아두지 않는다.

풍수구결風水口訣에 이르기를,	風水口訣云
미려한 천상의 음악이 꿈나라와 짝이더니,	美麗天樂伴夢鄕
갑자기 천상의 음악이 시비를 일으키네.	突然天樂成是非
집안을 안녕하지 못 하게 하는 것은,	弄得家中不安寧
단지 피아노를 잘못 배치했기 때문이네.	只緣鋼琴錯安排

또 자주 듣는 대만 사람들의 속담에 "붉은색은 예쁘고 검은색은 고상하다."라는 말이 있다. 본인의 연구에 따르면 사실 검은색 계통은 공간이 좁은 주택에는 적합하지 않다. 만약 피아노 덮개의 장식이 없다면 연한 색을 밖으로 노출하는 것이 가장 좋다. 이렇게 함으로써 검은색이 만들어내는 시각적인 전달을 감소시킬 수 있다.

많은 사람들이 침대 머리맡에 검은 음향기나 검은 알람시계를 놓는데, 이는 잠자는 사람의 뇌신경에 영향을 미칠 수 있다. 예를 들면 아래와 같다.

첫째, 어느 신도는 침대 머리맡에 오래된 큰 시계를 걸어 놓자 밤마다 뒤척거리면서 잠을 이루지 못하였다.

둘째, 어느 제자는 침대 머리맡에 검은 알람시계를 놓자 임신을 하지 못했다. 지시에 따라 시계를 다른 곳으로 옮기고 얼마 되지 않아 바로 임신하였다.

음악은 아름다운 것이기는 하지만, 수신기(각종 음향기기)의 설치와 사용도 적절해야 음악적 교양이 생활 속으로 확대될 수 있다. 예컨대 이어폰을 착용하는 의도는 자신이 방해를 받지 않거나 남을 방해하지 않으려고 해서이다. 하지만 오랫동안 이어폰을 사용하면 뇌가 혼미해지며 기억력이 감퇴하게 된다. 특히 학생들이 그러하다. 만약 정말 이어폰이 필요하다면 좌우를 교체해가며 듣기를 권한다. 이렇게 하면 뇌의 부담을 낮출 수 있을 뿐만 아니라 자유로워지는 효과도 얻을 수 있으니 왜 그렇게 하려 하지 않겠는가.

가정에 성장 중인 아이가 있는 부모님들에게 권한다. 아이를 가르치고 기르는 것은 그들이 훌륭한 인물이 되기를 바라기 때문이다. 그러므로 음악과 아늑한 가정환경을 통해 아이의 성장을 도와주면 반드시 수확이 있을 것이다.

7) 침대 상相 7 : 문과 상충되면 마음이 산란하게 된다.

대다수의 사람들은 침대의 위치가 '충문沖門(문과 상충됨)'하면 좋지 않다는 것을 알고 있다. 그러나 어떤 경우를 상충된다고 하는가? 어떤 사람은 침실 입구에서 침대가 보이면 충이라고 해석한다. 그러나 출입문에서 침대가 보이지 않는 방이 어디에 있는가? 지금 여러분을 위하여 '충'의 정확한 위치를 규명하려 한다. 그림과 같다.

풍수구결風水口訣에 이르기를,　　　　　　　風水口訣云
문으로 들어가 침대를 보면 마음이 불안하니,　進門見床心不安
자려고 하면 사람이 문으로 들어오는 듯하네.　欲睡似見人入門
두 눈이 문 한 짝으로 뜨고 있으니,　　　　　兩眼張開門一片
무서워서 심령이 삼처럼 어지럽네.　　　　　嚇得心靈亂如麻

　　그림과 같은 경우가 진정한 문
충門沖이다. 이렇게 발끝이 문을
향해 배치된 경우, 대만 본토인들
의 입장에서 말하면, 매우 꺼림칙
하며 아주 불길한 것이다. 마치 죽
은 사람이 출빈出殯할 때 발이 먼
저 나가는 것과 같다. 풍수학의 논
점에서 보면 이러한 침대의 위치
는 정확하지 못한 것이다.

침대 위치가 문과 상충되면
흉하다.

　　만약 어린아이의 침대가 이렇게 배치되면, 밤에 잠잘 때 악몽에 놀
랄 경우가 많고 심신이 편안하지 못할 것이다. 만약 젊은이의 침대가
이렇게 배치되면 신장에 질병이 생기고 귀신의 꿈을 꿀 것이다. 만약
노인의 침대가 이렇게 배치되면 뱃속에 암질暗疾[48])이 생기기 쉽고 심
지어 방광이 무력해질 수 있다. 만일 귀댁의 방에 이런 배치 방식이
있다면 길상법吉祥法에 따라 개선하는 것이 가장 좋다. 그렇지 않고
질병이 이른 뒤에 개선하는 것은 이미 너무 늦다.

---

48) 드러나지 않는 병. 또는 난치병. 남에게 알리기에 부끄러운 질병, 성병(性病)
　　등을 말함.

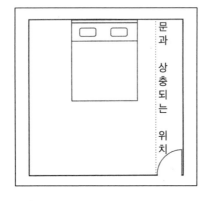

문과 상충되는 위치

오늘날에는 오술五術의 고수가 너무 많으며 각기 그 전승이 다르다. 어떤 자들은 발달한 정보를 활용하여 연구하고 노력하여 스스로 일가를 이룬 반면, 어떤 자들은 아무런 창의성이 없이 단순히 모방만 하여 기초도 없고 노력도 하지 않는다. 어느 대가는 다른 사람을 위해 주택을 조절한 후 그 주택의 주인이 평안하고 번창하는 것만을 보고, 주택의 방위를 묻지도 않고 상생상극相生相剋의 이치도 모르며 본질을 체득하지 못한 채 그냥 그대로 따라 한다. 또 고서古書를 잘못 읽는 경우도 있다. 비록 연구하려는 마음은 있지만 아쉽게도 좋은 인연과 바른 법을 만나지 못하여, 배우고 익힌 것을 우주 운행의 대궤도大軌道에 부합시키지 못하니 사람들을 몹시 애석하게 한다.

풍수구결風水口訣에 이르기를,　　　　風水口訣云
돌팔이 의사가 병을 고치려다 사람을 죽게 하고,　　庸醫醫病死一人
어리석은 지관이 길을 가리켜 집안에 화를 주네.　　庸師指路殃一家
본래 사람의 운명은 저절로 그러함이 있는데,　　本來人命自然有
어찌하여 오행을 가져와 침상을 정하는가.　　何來五行定睡床

시중의 어느 문파는, 어떤 명命은 어떤 방향을 향해 잠을 자야 하는지만을 중시하고 선천괘체先天掛體의 활용에는 전혀 관계하지 않는다. 아래 그림에 의하면, 머리는 문과 상충되고 또 머리 뒤쪽에 욕실이 있다. 이런 침대 배치는 사람에게 두통이 낫지 않고, 현기증을 일으키거

나 눈앞이 캄캄해져 정신이 몹
시 피곤한 상태가 되게 한다.
만약 이것이 어린아이의 침대
라면 성적이 퇴보하고 기억력
이 좋지 않게 된다. 노인이 이
곳에서 자면 중풍, 고혈압, 뇌
신경쇠약 등의 증상에 걸리기
쉽다. 이때는 침대를 옮기기만
하면 차츰 평안해진다. 만약 침
실에 침대를 옮길 곳이 정말 없

병풍

고혈압을
막는다.

욕실

문과 상충되는 침대 머리는 병이
가볍지 않다.

다면 병풍을 사용해도 이 흉상을 개선할 수 있다.

8) 침대 상相 8 : 욕실의 문은 병의 근원이다

스위트룸[49] 형식의 설치는 현대 건축의 특색 중의 하나인데, 사생활
보호, 개인 위생, 사용의 편리성 등 여러 장점을 갖추고 있다. 이는 옛
날식 건축에서는 볼 수 없는 것이다.

나는 항상 말하기를, "우주의 만법은, 모두 그 일체의 양면을 가지고
있어 절대적이지 않다. 스위트룸 형식의 방은, 이미 언급한 것보다 훨
씬 더 많은 장점이 있는 반면에, 상대적으로 욕실 문의 방향, 화장실의
악취, 욕실의 수증기 등이 또한 거주자에게 상당한 영향을 미친다."라
고 하였다. 그림과 같다.

---

49) 스위트룸 : 화장실이나 욕실이 딸려있는 방.

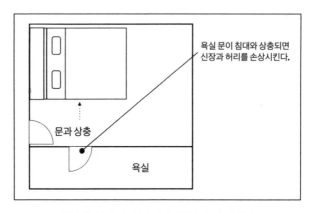

욕실 문이 침대와 상충되면 신장과 허리를 손상시킨다.

문과 상충

욕실

악취가 침대와 상충되면 질병이 많아진다.

풍수구결風水口訣에 이르기를,	風水口訣云
편의를 위하지만 더욱 편리하지 않으니,	爲了方便更不便
본래는 마음이 편안하고 질병이 없었네.	本可安心無病痛
고통이 끊어지지 않을 줄 누가 알겠는가.	誰知痛苦終不斷
단지 화장실에서 나오는 악취 때문이네.	只因穢氣廁所來

　문명사회의 사람일수록 이름 없는 병고가 특별히 많다. 두통이 아니더라도 온몸에 맥이 풀려 기운이 없거나 허리와 등이 아픈 것은 일상적인 일이다. 병원을 가거나 점을 쳐도 아무 도움이 되지 않는다. 현재 본인이 경험한 사례에 대하여 귀납해 보기로 한다.

　욕실 문이 침대 위치와 상충되는 흉상은 다음과 같다.

(1) 머리와 상충 — 뇌중풍이 온다.

(2) 어깨와 목과 상충 — 어깨와 목이 시큰거리며 쑤시고 아프다.

(3) 복부와 상충 — 복부에 질병이 생긴다.

(4) 허리와 상충 — 허리가 시큰거리거나 신장병을 앓게 되며, 어린아이는 방광이 무력해지거나 야뇨증이 생긴다.

(5) 다리와 상충 — 다리가 시큰거리고 욱신거리거나 의외의 부상을 당한다.

이상의 문제에 저촉되는 경우가 적지 않다고 믿는다. 그러면 스위트룸 형식의 침대가 욕실의 문과 상충되는 것을 어떻게 해소할 수 있을까? 여러분에게 네 가지 방법을 제공하니 참고하기 바란다.

악취가 머리에 상충되는 것이 가장 흉하다.

(1) 욕실의 문을 고친다.
(2) 침대의 방향을 바꾼다.
(3) 병풍이나 옷장으로 욕실의 문을 가린다. 커튼으로는 효과가 없다.
(4) 욕실로 쓰지 않고 창고로 사용한다.

위의 방법 중에 하나를 선택하여 바꾼다면 바로 흉을 길로 바꿀 수 있을 것이며 가정이 평안하고 건강해질 것이다.

침대 위치의 흉상에 대해 다른 두 가지 상황을 여러분에게 제공하니 참고하기 바란다.

침대 모양의 디자인은, 정방형正方形의 견고한 것을 용방龍方에 두는 것이 좋다. 원형의 침대는 머리를 혼미하게 하고 눈을 침침하게 하며 마음을 불안하게 하므로 일반 주택에서는 가능하면 쓰지 않는 것이 좋다.

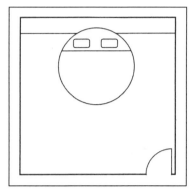
원형의 침대는 불길하니 머리를
혼미하게 하기 쉽다.

허공에 매달려 있는 침대 - 사방에 의지할 곳이 없는 침대. 침대 모양으로 말하면 이 역시 흉하다. 주위에 의지할 데가 없기 때문에 마음도 의지할 데가 없으며 안전한 느낌이 결핍된다. 과거에 어떤 여신도가 이러한 침대에서 잠을 잤기 때문에 자주 몽유병을 앓았다.

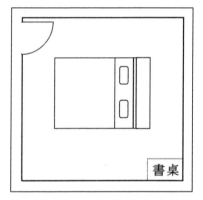
침대 위치가 허공에 매달려 있으면
몽유夢遊하기 쉽다.

일본식의 침실인 경우, 잠자는 방향이 주택의 방향과 십자형＋字型이 되는 것이 좋다. 그리고 누웠을 때 왼손이 벽을 향하는 것이 좋다. 만약 가정에 어린아이의 성격이 거칠고 급하다면, 가능한 왼손이 벽을 향하도록 조정하는 것이 좋다. 그러나 풍수 법칙에는 부합되어야 한다. ― 문과 상충되지 않고, 욕실 벽과 인접해 있지 말아야 하며, 들보 아래에 위치하지 말아야 하는 등이다. 시간이 오래 지나면 아이의 성격이 전환될 수 있다.

9) 침대 상相 9 : 침대 위치의 길흉 총론

풍수구결風水口訣에 이르기를,	風水口訣云
백호가 침대에 닿으면 마음이 불쾌하니,	白虎逼床心不爽
심경이 평안하지 않아 다른 사람을 원망하네.	心境不平怨他人
주먹을 문지르고 손을 비비며 말을 듣지 않으니,	摩拳擦掌不聽話
성적이 한번 떨어지면 천 길까지 내려가네.	功課一落下千丈

오른손의 방향이 벽과 더 가까운 침대의 위치를 '백호핍신白虎逼身(백호가 몸을 핍박함)'이라고 한다. 만약 부부의 침상이라면 여성에게 병고가 많고, 어린아이의 경우에는 마음이 균형을 이루지 못하여 부모의 말을 잘 듣지 않게 된다. 그러므로 가정에 괴로움이 끊이지 않게 될 것이니, 길법吉法에 따라 침대 위치를 다시 바꾸는 것이 타당하다.

침대의 백호방이 벽에
기대어있으면 흉하다.

아래의 그림은 청룡방에 인접한 참고 그림이다. 가옥의 방향이나 침실의 문과 조화를 이루어야 하지만 고정불변한 것은 아니다.

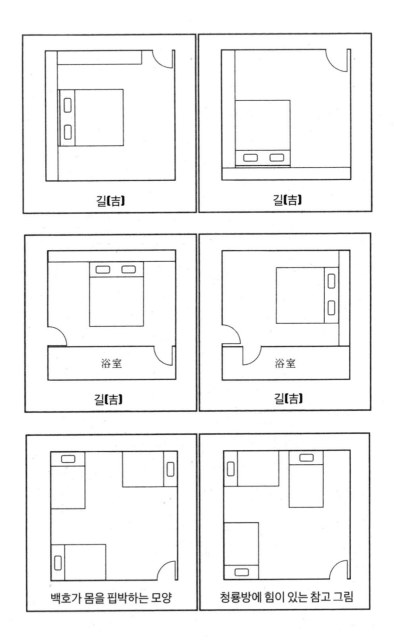

길[吉]

길[吉]

浴室

길[吉]

浴室

길[吉]

백호가 몸을 핍박하는 모양

청룡방에 힘이 있는 참고 그림

청룡방에
기댈 곳이 있음.

길하고 이로운 침대 위치는 잠자기가 편안하니,	吉利床位睡者安
한번 깊은 잠에 들었는데 날이 밝기에 이르렀네.	一覺熟睡到天明
설령 꿈을 꾸더라도 또한 달콤할 것이니,	即使有夢也是甜
근심이나 걱정이 없어 밤마다 편안하네.	無憂無慮夜夜安
침대 위치가 길할 때는 신체가 건강하니,	床位吉時身健康
정신은 백배나 더하고 마음은 상쾌하네.	精神百倍心舒爽
지혜가 점점 열리는 것을 깨달을 수 있으니,	智慧漸開可開竅
수행하고 염불하여 마음이 어지럽지 않네.	修行念佛心不亂
팔자가 무슨 오행인지를 말하지 말라,	勿謂八字何五行
오행은 본디 상생하는 운명이라네.	五行本是生之命
본래 침대의 위치에는 각각 명이 있는데,	本來床位各有命
왜 사람 침대는 흐릿하여 분명하지 않은가,	因何人床擾不清
때맞게 지사가 교체되어 침대 위치를 안정하니,	時師替人安床位
이상의 각각에 주의해야만 한다.	以上各點應注意
아니면 어려움을 해결하려다 도리어 어렵게 만드니,	否則解難反結難
사람의 마음에 얻는 것이 없게 하도다.	弄得人心無所得

기본적인 침대의 위치에 대해 여러분에게 소개하는 것은 여기에서
맺으니, 모두에게 축복이 있기를 기원한다.

10) 신혼방新婚房

어떤 연인이 마침내 가족이 된다는 것은, 인생에서 하나의 중대한 일이며, 또한 하늘로부터 인간 세상에 이르기까지 인류 생명의 연속이기도 하므로, 이것은 천지와 인간 세상의 크나큰 경사이다. 하지만 결혼은 사람과 사람이 한마음으로 함께 걸어가서 하나의 따뜻하고 새로운 가정을 건립하는 것이니, 신방新房은 정신과 육체를 통한 계획이고 참으로 한 부부의 영혼이 안정되는 곳이다.

안타깝게도 결혼하여 함께 생활한 지 얼마 되지 않아, 하루아침에 이유도 없는 말다툼이 생겨나고, 뜨거웠던 사랑이 냉전으로 변해 가정의 비극이 시작되는 경우도 종종 있다. 아! 인간 세상에서 비극과 고통에 대해 냉정하게 해결을 모색하는 사람이 몇 명이나 있겠는가?

대부분의 사람들은 단지 상대방의 옳고 그름만을 따질 뿐, 자신의 옳고 그름을 반성하지 않는 경우가 자주 있다. 더욱이 신방 안의 배치가 맞은지 틀린지에 대해 주의를 기울이는 사람은 매우 적다. 나는 수십 년간 세상을 살면서 인생의 비극이 일어나고 끝나는 지점을 많이 보아 왔다. 그래서 오늘은 간절한 마음으로 신방을 배치하는 요령을 자세하게 기술하여 미혼자나 기혼자 혹은 독자의 가족과 친구들에게 제공하니, 참고하기 바란다.

① 주택의 항목별 풍수 길흉에 대해서는 기타의 각 편을 상세히 읽어 보기 바란다.
② 신혼방의 위치는 햇빛이 충분한 방향에 두는 것이 가장 길하다. 만약 빛이 너무 어두우면 두 사람의 마음에 번민이 생겨 가슴을 답답하게 만들기 쉽다.

③ 신혼방의 공기는 막힘이 없이 잘 통하게 하여, 새로운 가구나 장식의 목재, 페인트 냄새가 사람의 호흡기 계통을 막아서 머리에 영향을 끼치는 것을 피해야 한다.

④ 신혼방의 벽과 가구, 커튼은 최대한 분홍색은 쓰지 말아야 한다. 뇌신경이 쇠약해지고 두려움과 불안, 화를 쉽게 내어 다투는 일이 자주 발생하게 된다.

⑤ 신혼방의 색조가 만일 너무 음침하고 어두우면(예를 들어 짙은 파랑, 짙은 녹색, 짙은 빨강, 짙은 회색 등), 성질이 거칠어지기 쉬워 말다툼이 많아진다.

⑥ 신혼방의 바닥 색깔이 너무 어두우면 안 된다. 진홍색이나 특별한 붉은색, 분홍색은, 성질이 급하고 거칠어지기 쉬워서 말다툼이 많아진다.

⑦ 신혼방의 바닥, 침대보, 커튼이 모두 붉은색이면 딸을 낳을 가능성이 높다.

⑧ 신혼방의 침대 위치가 백호방에 핍박되어서는 안 된다. 부부가 불화에 이르게 된다.

⑨ 신혼방의 침대 위치는 백호방에 너무 가까이 붙어서는 안 된다. 부부가 불화에 이르게 된다.

⑩ 신혼방의 침대 머리 양쪽이 욕실문과 상충되어서는 안 된다. 건강이 좋지 않게 된다.

⑪ 신혼방의 침대 앞이 욕실문과 상충되어서는 안 된다. 부부의 신체가 불안해지기 쉬우며 가슴[명치]이 수시로 뒤틀리는 통증과 아랫배에 잘 가시지 않는 기이한 증세가 생긴다.

⑫ 신혼방의 침대 앞에는 텔레비전이 정면으로 상충되게 놓아서는 안 된다. 뱃속에 괴이한 병이 생기는 것을 방비하여야 한다.

⑬ 신혼방의 침대 앞과 좌우에 큰 거울이 비치지 않는 것이 가장 좋다. 구설수가 많아진다.

⑭ 신혼방의 침대 머릿장에 음향기기를 놓아서는 절대 안 된다. 뇌신경쇠약이나 혹은 구설의 재앙이 일어나는 것을 면해야 한다.

⑮ 신혼방의 침대 머리맡에 큰 신혼 사진을 걸지 않는 것이 가장 좋다. 압박감이 과중되어 부부가 수시로 악몽에 시달리기 쉽다.

⑯ 신혼방의 침대 머리와 베개 양쪽이 수납장 모서리, 책상 모서리, 화장대 모서리와 상충되어서는 안 된다. 편두통을 일으키기 쉽다.

⑰ 신혼방의 침대 위치에 다리 부분의 측면이 화장실 문과 마주해서는 안 된다. 다리가 쑤시는 통증이 생길 수 있다.

⑱ 신혼방의 입구가 거울이나 출입문과 맞부딪쳐서는 안 된다. 구설과 시비의 말다툼이 적지 않을 것이다.

⑲ 신혼방의 천장은 오색찬란하거나 괴상망측하게 장식해서는 안 된다. 팔괘八卦를 형성하여 피할 수 없는 재앙을 방비한다면 온갖 병이 사라질 것이다.

⑳ 신혼방의 천장 색깔은 진홍색이나 짙은 파랑색을 해서는 안 된다.

㉑ 신혼방 침대의 청룡방이 벽에 바짝 붙거나 벽에 가까운 것이 좋다. 아들을 낳기가 쉬울 것이다.

㉒ 신혼방의 침대 위치가 들보 아래여서는 안 된다. 만약 천장에 장식이 있으면 무방하다.

㉓ 신혼방의 침대 위치가 통유리 창가에 가까이 있어서는 안 된다. 햇빛이 너무 강렬하여 부부가 편하게 지내기 어렵다.

㉔ 신혼방 안에 거는 그림은 소박하고 우아한 것으로 꾸민다. 예술 사진이나 괘도掛圖는 가능하면 줄이는 것이 좋다.

㉕ 신혼방 침대의 백호방에 음향기기를 두어서는 안 된다. 구설의

다툼이 많아진다.

㉖ 신혼방 침대의 머리 부분 양쪽이 문과 상충되어서는 절대 안 된다. 마음이 불안하게 되기 쉽고 두통이 낫지 않는다.

이상은 다년간 경험하여 귀납한 몇 가지 내용들이다. 만약 신혼방의 배치가 위에서 서술한 몇 가지 내용에 위배되지 않는다면, 침대의 방향을 고려할 필요는 없다. 그러나 만약 방향만을 중시하여 이상의 법칙에 어긋난다면 이익이 또한 없을 것이다. 이상의 각 사항이 본체이다. 만약 본체를 어긴다면 당신이 어떠한 크고 많은 능력을 가지고 있더라도 그것은 공허한 말이 될 뿐이다. 인연이 있는 신도와 거사들께서는 주의하여 각자에게 좋은 점을 가지기 바란다.

부부는 이생에서 같은 침대를 쓰는 인연을 맺고 아름다운 인생을 창조해 나간다. 이것은 몇 천 년 동안의 좋은 인연이지 절대로 악연이 아니다. 또한 누가 누구를 해치거나 누가 누구를 이기는 것도 아니다. 만약 여러분들이 이러한 생각이 든다면 여러분의 마음은 이미 악마에게 침범을 당한 때이다.

악마에게 침범을 당하는 원인은, 여러분의 마음이 너무 이기적이고 속이 너무 좁아서 근본적으로 남이 자기에게 잘해주기만을 바랄 뿐, 기본적인 사람의 본분을 망각하였기 때문이며, 더욱이 평소에 거칠고 급한 성격과 불량한 습관의 행위 때문이다. 그렇게 되면 당신의 인생은 반드시 지옥으로 들어가는 고통스러운 인생이 될 것이다.

여러분들은 사람과 사람 사이의 마음과 감정을 소중히 여기기를 바란다. "너의 다른 절반[배우자]을 사랑하는 것이 공덕이며, 너의 다른 절반[배우자]에게 사랑을 받는 것이 자비의 표현이다."라는 말을 잘 새겨보기 바란다.

11) 어린이의 침실

아들은 용이 되기를 바라고 딸은 봉황이 되기를 바라는 것은 모든 부모의 대자대비大慈大悲한 마음의 발로이다. 그러나 자식을 지극히 사랑하고, 또 자녀가 쾌적하게 독서할 공간을 가지기를 바라는 마음 때문에, 침실의 배치와 공부방의 배치에 진선진미盡善盡美를 추구하지 않을 수가 없다.

그러나 수년 동안 실제로 경험한 결과를 통해 보면, 많은 이들이 기교를 부리다가 도리어 망쳐버리는 경우를 종종 보았으니 참으로 안타까운 일이다. 그럼 어떻게 해야 성장하는 어린아이를 위해 쾌적한 충전장充電場을 마련할 수 있겠는가? 지금 그 예를 하나하나 들어 상세히 기술한다.

① 어린이의 침실 벽에 눈이 너무 어지러운 벽지를 발라서는 안 된다.
② 어린이의 침실 벽에 기괴한 동물 그림을 붙여서는 안 된다. 어린아이가 괴이하게 행동하기 쉽다. 형체가 있는 것은 반드시 영혼이 있어서 끼리끼리 어울리기 때문이다.
③ 어린이의 침실 벽지는 무사나 전투사의 그림을 붙여서는 안 된다. 어린아이의 심성에 호전적이고 사나운 심리상태가 발생하는 것을 피해야 한다.
④ 어린이의 침실 바닥에 짙은 **빨간색**의 카펫을 깔아서는 안 된다.
⑤ 어린이의 침실 바닥에 털이 긴 카펫을 깔아서는 안 된다. 기관지염이 생기기 쉽다.
⑥ 어린이의 침실 벽에 분홍색을 칠하여서는 안 된다. 성격이 급하고 거칠어져 불안하기 쉽다.

⑦ 어린이의 침실은 가능한 한 청결하고 가지런하게 정리해야 한다. 그렇지 않으면 산란한 습성이 길러지기 쉽다.

⑧ 어린이의 책상이 등 뒤와 좌우가 문과 상충되어서는 안 된다.

⑨ 어린이의 책상이 화장실을 향해서는 안 된다.

⑩ 어린이의 책상이 화장실이나 욕실과 등을 맞대어 앉아서는 안 된다.

⑪ 어린이의 책상 좌우가 화장실, 욕실 문과 상충되어서는 안 된다.

⑫ 어린이의 책상 등 뒤가 화장실 문과 상충 되어서는 안 된다.

⑬ 어린이의 책상이 대들보 아래에 있거나 대들보 아래에 앉게 해서는 안 된다.

⑭ 어린이의 침대 위치가 대들보 아래에서 자게 해서는 안 된다.

⑮ 어린이의 책상이 침대 가에 있어서는 안 된다. 책상 모서리가 어깨와 상충되어 이롭지 못하다.

⑯ 어린이의 책상이 창문을 향해 있어 햇빛이 너무 강해서는 안 된다. 마음에 짜증이 나기 쉽다.

⑰ 어린이의 책상이 베란다의 통유리 창에 가까이 앉게 해서는 안 된다.

⑱ 어린이의 책상이 베란다에 있어서는 안 된다. 위아래가 모두 텅 비어 마음이 불안해진다.

⑲ 어린이의 침대 위치가 베란다에서 잠을 자게 해서는 안 된다. ―이것은 베란다를 증축하여 실내로 만드는 경우이니 어린아이의 침대 위치의 전부 혹은 일부가 베란다에 있는 것이다.

⑳ 어린이의 침대 위치를 부뚜막 위나 아래에 두어서는 안 된다. 피부병을 앓거나 짜증을 내고 초조해하기 쉽다.

㉑ 어린이의 책상을 부뚜막 위나 아래에 두어서는 안 된다.

㉒ 어린이의 침대 위치를 화장실 위나 아래에 두어서는 안 된다.

㉓ 어린이의 책상을 화장실과 욕실 위나 아래에 두어서는 안 된다.

㉔ 어린이의 침실 문이 화장실 문과 상충되어서는 안 된다.

㉕ 어린이의 침실을 기계실 주변에 꾸며서는 안 된다. 더욱이 기계실이 백호방에 있으면 신경쇠약을 초래하기 쉽다. 그러나 손님방이나 서재에는 사용해도 괜찮다.

㉖ 어린이의 침실을 베란다 물탱크 아래에 꾸며서는 안 된다.

㉗ 어린이의 침대와 책상을 베란다에 있는 인공 수석의 연못 아래에 두어서는 안 된다.

㉘ 어린이의 침대를 신당神堂의 신위 바로 아래에 두어서는 안 된다. 위에 위치하는 경우는 괜찮다.

㉙ 어린이의 침대와 책상의 오른쪽에 모터가 회전하고 있어서는 안 된다.

㉚ 어린이의 책상과 침대 머리 쪽에 모터가 회전하고 있어서는 안 된다.

㉛ 어린이의 침대 머리맡에 에어컨이나 환풍기가 회전하고 있어서는 안 된다. 감기에 걸리기 쉽다.

㉜ 어린이의 침대 머리맡이 화장실 변기의 앞뒤에 가까이 있어서는 안 된다.

㉝ 어린이의 책상 의자가 화장실의 변기 앞뒤에 가까이 있어서는 안 된다.

㉞ 어린이의 책상 앞에 물건을 높이 쌓아 압박하지 않는 것이 가장 좋다. 책상 위의 2단식 책꽂이는 불길하다.

㉟ 어린이의 책상 위에 음향기기를 놓아두어서는 안 된다. 만약 필요하다면 청룡방靑龍方에 두는 것이 가장 좋다.

㊱ 어린이의 침대 머리맡에 음향기기를 놓아두어서는 안 된다. 뇌신경이 쇠약해질 수 있다.

㊲ 어린이의 침대 머리맡에 알람시계를 두어서는 안 된다.

㊳ 어린이의 침실에 동물과 인형은 가능한 한 적게 두어야 한다. 특히 강아지 모형은 초하루나 보름에 자시子時 혹은 오시午時를 선택하여 본래의 자리로 보내는 것이 가장 좋다.

㊴ 어린이의 침실에 있는 인형의 눈이 손상되었다면 버려야 한다.

㊵ 어린이의 침실 천장은 유백색이 가장 좋으며 어두운 색은 흉하다.

㊶ 어린이 침실의 문 입구에 거울이 있어서는 안 된다. 구설과 시비가 많다.

㊷ 어린이 침실의 천장은 평탄한 것이 좋다.

㊸ 어린이 침실의 천장을 무분별하게 장식해서는 안 된다. ― 빈틈이 없으면 심장을 압박하여 심장에 무력함을 초래하여 콧날이 자주 시큰거리게 한다.

㊹ 어린이 침실의 천장에 각종 괴이한 장신구를 달아서는 안 된다. 어린이가 내심 불만족을 일으키기 쉽고, 또 동물의 영혼을 끌어들이기 쉽다.

㊺ 어린이의 침실에 너무 많은 풍경風磬을 달아서는 안 된다. 신경쇠약에 걸리기 쉽다.

㊻ 어린이 침실의 빛은 당연히 밝아야 하며 어두컴컴해서는 안 된다.

㊼ 어린이 침실의 커튼 색은 분홍색, 진홍색, 짙은 검은색은 피한다.

㊽ 어린이 침대의 발 부분이 문과 정면으로 상충되어서는 안 된다. 발이 접질리기 쉽다.

㊾ 어린이 침대의 발 부분이 변기와 정면으로 상충되어서는 안 된다.

㊿ 어린이 침대의 머리 부분이 정면으로 상충되거나, 좌우로 방문과

상충되어서는 안 된다.

(51) 어린이의 책상이 옥외의 용마루나 혹은 전신주, 벽 모서리를 정면으로 마주해서는 안 된다.

(52) 어린이의 책상이 옥외 골목이나 도로 혹은 급수탑 쪽을 향하여 상충되어서는 안 된다.

(53) 어린이의 책상과 침대 위치가 급수탑 아래 방향에 있어서는 안 된다.

(54) 어린이의 책상과 침대 위치가 모터 기계 아래나 위에 있어서는 안 된다.

(55) 어린이의 책상과 침대 위치가 보일러의 아래나 위에 있어서는 안 된다.

(56) 어린이의 침실은 비록 작더라도 장식이 너무 복잡해서는 안 된다. 공간을 크게 변화하는 것이 길하다.

어린이 책상의 길흉 부도附圖

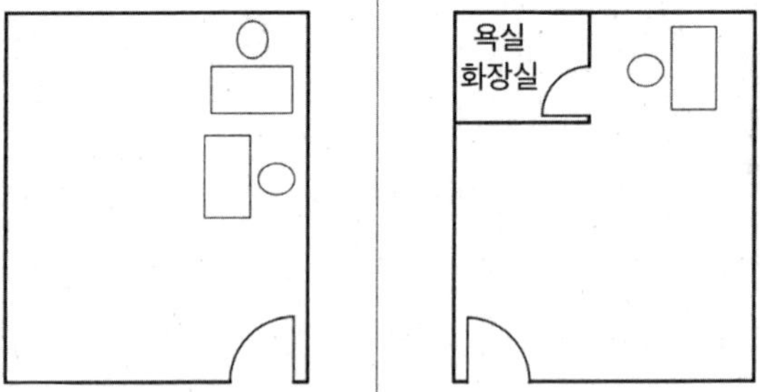

책상이 문과 상충되면 흉하다.

책상이 욕실을 등지고 있으면 앉아도 편안하지 않다.

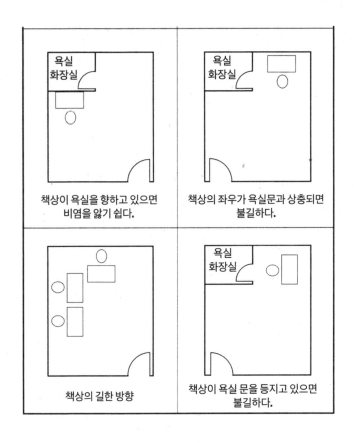

욕실 화장실 책상이 욕실을 향하고 있으면 비염을 앓기 쉽다.	욕실 화장실 책상의 좌우가 욕실문과 상충되면 불길하다.
책상의 길한 방향	욕실 화장실 책상이 욕실 문을 등지고 있으면 불길하다.

6. 주택의 진용眞龍[50) – 계단

1) 계단 – 1

계단은 2층 이상의 주택에 거주하는 사람에게는 상당히 중요한 것

---

50) 진룡(眞龍) : 풍수학에서 산줄기를 용이라고 하는데, '진룡(眞龍)'이란 살아 있어
서 혈(穴)이 응결되어있는 산줄기를 말한다.

이다. 일반적으로 계단의 수는 홀수이어야 하는 것은 잘 알고 있을 것이다. 그 외에 본인은 여러분에게 몇 가지를 더 제안한다.

(1) 계단은 주택의 '용龍'이며 계단의 전등은 '용의 눈'과 같으니 밝은 것이 가장 바람직하며, 용등龍燈이 밝으면 귀인이 나타난다. 일반인들은 대부분 거실과 방의 조명은 중시하면서도 오히려 계단 조명의 중요성은 알지 못한다. 인간의 오관五官은 외적인 환경으로 인하여 마음에 영향을 받는다. 계단을 오를 때 환한 불빛은, 우리의 마음을 유쾌하게 하고 부담을 없게 하여, 분발하여 일을 처리하게 할 수 있다. 반면 계단을 오를 때 눈앞이 어두우면 안전의 우려뿐만 아니라 자신도 모르는 사이에 기분이 가라앉게 되고, 시간이 오래되면 온갖 질병과 번거로운 일이 많이 발생하게 된다.

(2) 풍수진경風水眞經에 이르기를, "용방[왼쪽]에서 물이 흘러오면 호방[오른쪽]에 계단을 만들고, 호방에서 물이 흘러오면 용방에 계단을 만든다(龍水來時開虎梯, 虎水來時龍伴龍(開龍梯)."라는 말이 있다. 이 말은 물이 왼쪽에서 흘러오면 계단은 오른쪽에 설치해야 하며, 물이 오른쪽에서 흘러오면 계단은 왼쪽에 설치해야 한다는 의미이다. 이것을 일러 '포주抱珠'라 한다.

(3) 계단의 재질과 형태는 사람에 따라 다르지만, 그 가운데 희기喜忌가 있다. 아래 그림과 같다.

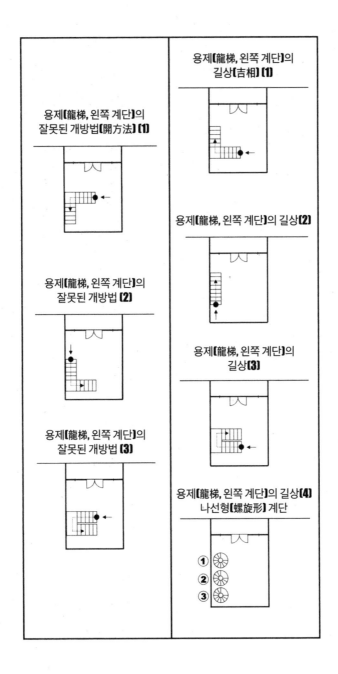

용제【龍梯, 왼쪽 계단】의
잘못된 개방법【開方法】【1】

용제【龍梯, 왼쪽 계단】의
길상【吉相】【1】

용제【龍梯, 왼쪽 계단】의
잘못된 개방법【2】

용제【龍梯, 왼쪽 계단】의 길상【2】

용제【龍梯, 왼쪽 계단】의
잘못된 개방법【3】

용제【龍梯, 왼쪽 계단】의
길상【3】

용제【龍梯, 왼쪽 계단】의 길상【4】
나선형【螺旋形】계단

①
②
③

2) 계단 - 2

대부분의 사람들은 걸어가는 길[인도]이 용방龍方(왼쪽)에 있는 것이 상서롭다고 알고 있다. 그러나 공간을 최대한으로 이용하기 위하여 계단을 호방虎方(오른쪽)에 배치하고 계단 아래에 화장실을 만들기도 한다. 왜냐하면 화장실은 호방이 적합하기 때문이다.

사실 이것은 모두가 그냥 알고 있는 부분적 길흉의 배치로서, 종합적인 계획으로 운용하지 못하여 생긴 착각일 뿐이다. 풍수진경에 이른바, "물이 왼쪽에서 흘러오면 계단은 오른쪽에 설치해야 하며, 물이 오른쪽에서 흘러오면 계단은 왼쪽에서 설치해야 한다(左水來開虎梯, 右水來開龍梯)."라는 말처럼 반드시 조건에 들어맞아야 하는 것이다.

간혹 어떤 사람이, 만일 수신水神이 없다면 계단을 어디에 설치해야 하는지 물어볼 수도 있다. 일반적으로 뚜렷한 수신이 없을 때에는 용방[왼쪽]에 설치하는 것이 길하다. 그리고 계단의 방향은 안쪽에서 바깥쪽으로 향하는 것이 길하다. 오늘 이 묘법을 공개하니 인연이 있는 대중들은 소중히 여기기를 바란다.

이제 다시 '계단'의 희기喜忌를 소개한다.

(1) 계단의 재질에는 구애되지 않으나 미끄럼이 방지되어야 하며 안전이 제일 중요하다.

(2) 계단의 색깔이 너무 진하거나 너무 어두우면 좋지 않다. 마음을 침울하게 하기 쉽다.

(3) 집안의 계단은 부득이한 경우가 아니라면 하나만 있는 것이 좋다. 특히 두 건물이 병합되어 서로 연결된 주택에서는 더욱 주의해야 한다.

이상 몇 가지 계단의 형태에 관한 제안을 여러분에게 제공하니 참고하기 바란다.

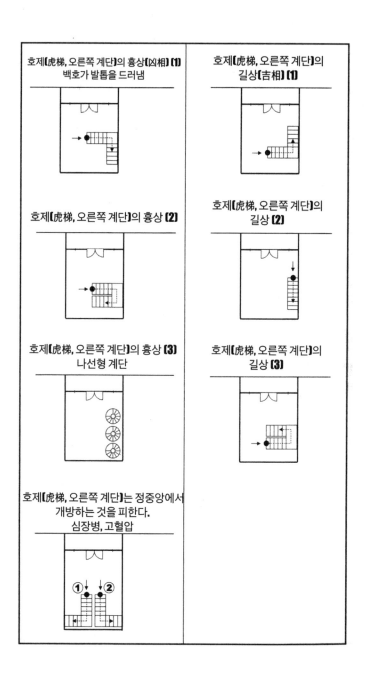

호제【虎梯, 오른쪽 계단】의 흉상【凶相】【1】
백호가 발톱을 드러냄

호제【虎梯, 오른쪽 계단】의
길상【吉相】【1】

호제【虎梯, 오른쪽 계단】의 흉상【2】

호제【虎梯, 오른쪽 계단】의
길상【2】

호제【虎梯, 오른쪽 계단】의 흉상【3】
나선형 계단

호제【虎梯, 오른쪽 계단】의
길상【3】

호제【虎梯, 오른쪽 계단】는 정중앙에서
개방하는 것을 피한다.
심장병, 고혈압

3) 계단 - 3

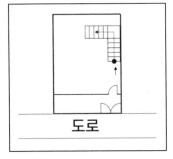

계단이 바깥문과 바로 상충되
면 재산이 모이지 않는다.

본인의 현장 경험을 통해 보면, 계단의 형태가 문을 여는 방향과 공교롭게도 서로 마주하면 그 영향은 옥외의 견비수牽鼻水51)와 같아서 재산의 손실이 많고 어린아이에게도 문제가 많을 것이다. 그림과 같다.

풍수구결風水口訣에 이르기를,
문을 나가 계단을 오르면 모두가 편리하지만,
재물 신이 뛰는 것을 전혀 생각하지 못하네.
왼쪽 계단은 남성을, 오른쪽은 여성을 해치니,
집안이 얼마나 평안하지 못하겠는가.

風水口訣云
出門上樓皆方便
萬萬未料財神跑
左梯傷男右傷女
家中何其不平安

또 다른 아파트의 계단 역시 견비수에 속하는 것이 있다. 그림과 같다.

풍수구결風水口訣에 이르기를,
문을 나가서 전면에 함정이 있다면,
곧바로 구덩이로 들어가니 소모가 심하네.
가정이 쇠퇴해도 원인을 알지 못하지만,
고요한 마음으로 관찰하면 바로 알 것이네.

風水口訣云
出門前面有陷阱
直奔坑下耗損多
一家冷退不知因
靜心觀察即知曉

---

51) 견비수(牽鼻水) : 주택의 대문 밖에 강, 도랑, 도로, 계단 등이 곧장 이어져 지나가는 지형을 말하며 견우살(牽牛煞)이라고도 한다.

아래 그림과 같은 대문의 형식은 아파트에서 가장 흔한 경우이다. 이런 계단은 특히 2층인 경우가 가장 심각하다. 집안의 기氣를 지킬 수 없기 때문에 심장병이나 재산의 손실이 가장 뚜렷하게 나타난다. 만약 현관을 90도로 바꾸어 기氣가 바로 흘러 내려가지 않게 하면 가정이 점차 평안해질 것이다. 그러나 계단이 위로 향하거나 좌우로 향하는 경우는 견비수의 흉상이 아니므로 거주자에게 영향이 없다.

일반 사람들은 병풍의 기능에 대한 인식이 매우 부족하여, 주택에 불길한 살煞이 있으면 병풍으로 가리면 된다고 생각한다. 사실 병풍의 기능은 어쩔 수 없는 상황에 사용하는 것이다. 예를 들면 아래의 그림과 같은 병풍은 반드시 천장까지 설치해야 한다. 채광을 위해서 병풍의 상반부에는 각종 유리를 사용해도 되고 하반부에는 목재를 사용해도 된다.

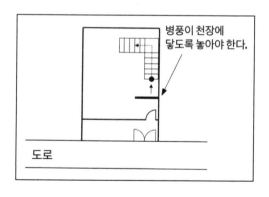

계단이 견비수인 집에 거주하고 있는 인연이 있는 대중들께서, 풍수법에 따라 문제를 개선한다면 반드시 집안이 평안하고 재산을 모을 수 있을 것이다.

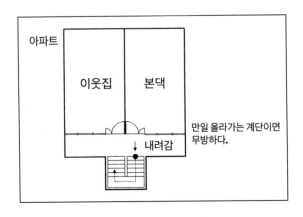

아파트
이웃집   본댁
만일 올라가는 계단이면 무방하다.
↓ 내려감

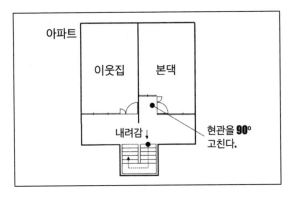

아파트
이웃집   본댁
내려감 ↓
현관을 **90°** 고친다.

7. 부엌[廚灶]

1) 부뚜막의 위치 − 1

'부뚜막 설치安灶'는 고대에서는 아주 중요한 의식 중의 하나였다. 부뚜막의 위치가 살煞을 억누를 수 있기 때문에 반드시 길한 시간과 방위를 선택하여 부뚜막을 설치하였다.

현대인들은 가스레인지를 사용하고 있는데 이 역시 부뚜막에 해당

된다. 부뚜막을 설치하는 데는 일정한 절차가 있으니 이를 여러분에게 소개한다.

(1) 택일 — 부뚜막의 방향, 가족의 띠, 부뚜막을 설치하는 길일吉日 등에 주의해야 한다.

(2) 수금壽金 — 삼백三佰(작은 세 묶음)

(3) 열화烈火 — 땅콩을 볶는다.

(4) 세 가지의 과일

(5) 바깥을 향해 향을 피우고 조왕신竈王神을 안으로 청하여 절하며 기도하기를, "사명진군司命眞君님의 왕림을 공경히 청하옵니다. 제자 ○○○는 좋은 날 좋은 시에 새 부뚜막을 설치하오니 복을 내려주시고 가족 모두가 평안하기를 간청합니다."라고 한다.

(6) 가스레인지를 설치한 후에 다시 향을 피워 조왕신이 자리에 앉기를 청한다.

(7) 금지金紙를 태운다.

(8) 열화烈火를 피워 땅콩을 볶는다. 볶은 후에 계속 요리를 한다.

(9) 원만하게 끝낸다.

우주의 만물은 모두 성成, 주住, 괴壞, 공空을 반드시 거친다. 그래서 역대에 깨달은 조사祖師나 고승高僧들은 후대의 중생들에게, 세상은 허황되고 덧없으며 눈에 보이는 것은 성주괴공成住壞空의 교체일 뿐이라고 간곡하게 훈계하고 있다. 그러나 아쉽게도 중생들 중에는 깨달은 자가 적고 갈피를 잡지 못하는 자가 많다. 세상의 덧없는 윤회에만 집착하며 명예, 이익, 책임 그리고 어떤 존재적 사실을 위해 이상을 추구한다. 만물과 만상은 모두 그 생존의 책임(조화)을 다하고 있지만 '영적인 경지의 조화'를 향상하기 위해 노력을 해본 적이 있는가?

세상의 모든 사물은 '괴壞'의 과정을 거치며 자연으로 돌아갈 것이다. 부뚜막 역시 같은 이치이다. 만약 귀댁의 부뚜막 혹은 가스레인지를 새것으로 교환한다면 기존의 것을 철거할 때도 일정한 절차가 필요하다.

(1) 택일

(2) 다섯 가지의 과일

(3) 수금壽金 여섯 지六只, 六佰

(4) 향 세 가닥

(5) 절하며 기도하기를, "본가의 사명진군이시여! 제자는 이 부뚜막을 수년 동안 사용하였습니다. 그동안 자비와 복을 내려주시어 감사합니다. 이제 다시 사용하지 않고 철거하려 합니다. 이에 다섯 가지 과일과 음식, 금은·재화를 공경히 준비하여 감사를 표하고 봉송하려 합니다."라고 한다.

(6) 대략 15분이 경과한 후에 금지金紙를 아궁이에서 태우고 쌀을 씻은 두 번째 뜨물을 부뚜막에 뿌리면 된다. 가스레인지일 경우에는 금지에 불을 붙여 주위를 휘두르면 된다.

(7) 철거한 부뚜막과 가스레인지는 깨끗이 정리하거나 쓰레기장에 버려야 하며 집안에 두지 말아야 한다. 그렇지 않으면 신령이 붙을 수 있다.

많은 주부들이 청결에 주의를 기울여, 자주 가스레인지를 내려놓고 청소를 한다. 그러나 풍수학에서 인증한 사례들에 의하면, 부뚜막의 위치를 자주 이동하면 집안의 어린아이가 비교적 평안하지 못할 수가 있다. 예를 들면 감기를 앓거나 열이 나기도 한다. 그래서 청소할 때는 가스레인지를 옮기지 말아야 평안을 지킬 수 있다. 모두에게 축복을 기원한다.

2) 부뚜막의 위치 - 2

고대에는 양택의 길흉을 논할 때 내외內外 육사六事의 구분이 있었다. 내육사內六事는 문호門戶, 명당明堂(마당), 청당廳堂(거실), 침실, 부엌, 대마碓磨(디딜방아)이며, 외육사外六事는 골목길, 우물, 화장실, 축사, 사당, 교량이다. 외육사에 대해서는 이미 이전의 수십 편에서 그 길흉을 소개하였다. 그리고 내육사 중에서는 부엌이 상당히 중요한 부분이다. 왜냐하면 부엌은 안주인이 일을 하는 곳이므로, 부엌의 길흉에 따른 영향은 여성에게 가장 크다.

팔자八字의 운명에 부합하기 위하여 부뚜막의 위치를 비스듬하게 설치하는 것을 자주 보았는데, 우리 종문宗門에서는 결코 동의하지 않는다. 부뚜막의 위치가 비스듬하면 마음이 불안하며 더욱이 풍수의 법칙에 위배되기 때문이다. 그래서 본인은 항상 여러 제자들에게 경계하기를, "동서사명東西四命52)의 법은 사용해서는 안 된다(東西四命之法不可用)."라고 하였는데, 그 의도가 바로 여기에 있다.

부뚜막의 위치가 이처럼 중요한데, 그러면 그것의 금기禁忌는 무엇일까? 그림으로 예를 들어 본다.

---

52) 동서사명(東西四命) : 사람의 명괘(命卦)에 근거하여 출생년도에 따라 동사명과 서사명으로 나눈다. 동사명은 진명(震命), 손명(巽命), 리명(离命), 감명(坎命)이며, 서사명은 곤명(坤命), 태명(兌命), 건명(乾命), 간명(艮命)으로 나눈다.

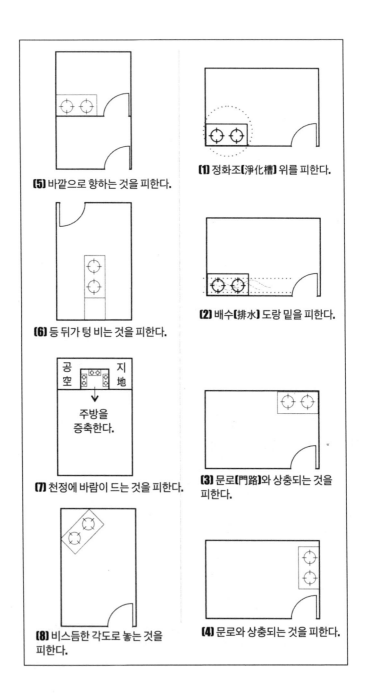

[5] 바깥으로 향하는 것을 피한다.

[6] 등 뒤가 텅 비는 것을 피한다.

[7] 천정에 바람이 드는 것을 피한다.

공空   지地

주방을
증축한다.

[8] 비스듬한 각도로 놓는 것을
피한다.

[1] 정화조[淨化槽] 위를 피한다.

[2] 배수[排水] 도랑 밑을 피한다.

[3] 문로[門路]와 상충되는 것을
피한다.

[4] 문로와 상충되는 것을 피한다.

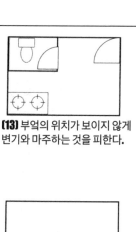

[13] 부엌의 위치가 보이지 않게 변기와 마주하는 것을 피한다.

[9] 부엌 앞 지면이 배수구[排水口]인 것을 피한다.

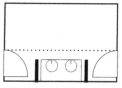

[14] 부엌 위치의 측면이 문과 상충되는 것을 피한다.

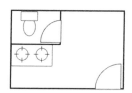

[10] 부엌의 위치가 화장실 벽에 붙는 것을 피한다.

해결하는 방법 : 선반이나 병풍이 높게 솥뚜껑을 지나가면 괜찮다. 왼쪽에서 상충되면 왼쪽에 병풍으로 막고, 오른쪽에서 상충되면 오른쪽에 병풍으로 막는다.

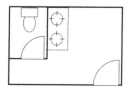

[11] 부엌의 위치가 화장실 벽에 붙는 것을 피한다.

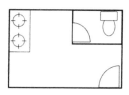

[15] 부엌의 위치가 화장실 문과 마주하는 것을 피한다.

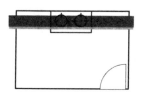

[12] 부엌 위에 들보가 누르는 것을 피한다.

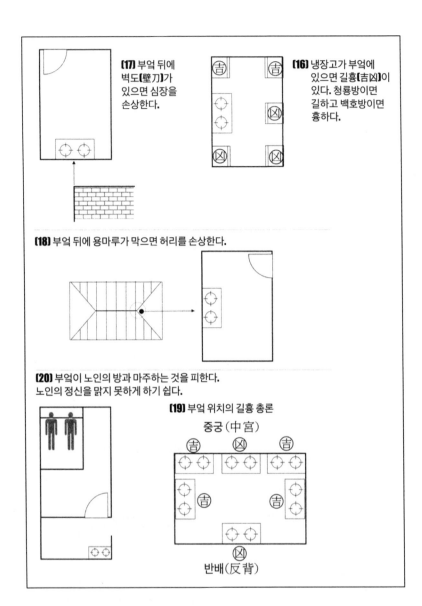

[17] 부엌 뒤에 벽도(壁刀)가 있으면 심장을 손상한다.

[16] 냉장고가 부엌에 있으면 길흉(吉凶)이 있다. 청룡방이면 길하고 백호방이면 흉하다.

[18] 부엌 뒤에 용마루가 막으면 허리를 손상한다.

[20] 부엌이 노인의 방과 마주하는 것을 피한다. 노인의 정신을 맑지 못하게 하기 쉽다.

[19] 부엌 위치의 길흉 총론

중궁(中宮)

반배(反背)

3) 부엌

옛날의 풍수학에서 논한 부엌의 방향은 현재와 같지 않았다. 따라서 과거의 학설은 이미 현대에 사용하기는 부적합하니 모두가 특별히 조심해야 한다.

옛날의 부엌에는 아궁이가 있어서 부엌의 기운이 아궁이를 통해 분출하였기 때문에 부엌의 방향에 대한 길흉이 있었다. 현대의 가스레인지는 아궁이가 없이 위로만 탄다. 그러므로 현대의 주방은, 설치하는 위치만 논하고 아궁이의 방향은 논할 필요가 없음을 독자들은 반드시 알아야 한다. 그렇지 않으면 옛 법을 맹종하는 것이 된다. 특히 풍수전문가들은 더욱더 알아두어야 하는데, 그렇지 않으면 남을 해치고 자기를 해치는 보잘것없는 지관地官이 될 뿐이다.

현대에 주방을 안치하는 방법은 아래와 같다.

① 새로운 주방은 옛 주방의 후방에 설치해서는 안 되며, 서로가 대비되어서도 안 된다. 자손들의 안중에 손윗사람이 없게 된다.
② 주방의 입구가 문이나 길과 상충되어서는 안 된다. 구설과 시비가 많아진다.
③ 부뚜막이 들보에 눌려 있어서는 안 된다. 온 집안이 평안하지 못하다. 더욱이 머리에 발열發熱을 느끼게 된다.
④ 부뚜막이 냉장고와 상충되어서는 안 된다. 냉기와 열기는 화합하지 못하므로 임신부가 유산하기 쉽다.
⑤ 부뚜막이 화장실과 상충되어서는 안 된다. 약병이 떠나지 않게 된다.
⑥ 부뚜막이 담장 모서리와 상충되어서는 안 된다. 허리가 시큰거리고 등이 결린다. 뒤쪽에 문이 있어서 상충되어도 역시 마찬가지다.

⑦ 부뚜막 뒷면의 정면이 다른 사람의 집 모서리와 상충되어서는 안 된다. 코피가 멈추지 않고 심장병이 생길 것이다.

⑧ 부뚜막 양측이 문과 상충되어서는 안 된다.

⑨ 부뚜막 아래에 절인 음식을 놓아서는 안 된다.

⑩ 부뚜막을 베란다에 배치해서는 안 된다. 공중에 떠 있는 격이다.

⑪ 부뚜막을 물독의 근처에 배치해서는 안 된다.

⑫ 부뚜막이 저수탱크와 바로 마주해서는 안 된다.

⑬ 부뚜막을 정화조의 주변에 놓아서는 안 된다. 약병이 떠나지 않게 된다.

⑭ 부뚜막을 배수구 위에 놓아서는 안 된다. 장腸이 파열되거나 재물이 모이지 않는다.

⑮ 부뚜막을 화장실의 배수관 위에 놓아서는 안 된다.

⑯ 부뚜막이 화장실을 등지고 있어서는 안 된다. 바로 사람이 화장실의 벽을 향해 있는 격이다.

⑰ 부뚜막이 화장실의 변기와 마주해서는 안 된다.

⑱ 부뚜막이 화장실의 변기와 은근히 마주해서도 안 된다. 비록 격벽隔壁이 있다 하더라도 또한 안 된다.

⑲ 부뚜막이 방문과 바로 마주보아서는 안 된다. 노인의 방은 더욱 기피해야 한다.

⑳ 부뚜막이 신위神位와 상충되어서는 안 된다. 시비와 구설이 많게 된다.

㉑ 부뚜막은 바람을 피하고 기운이 모이는 곳에 배치해야 한다.

㉒ 부뚜막을 창문 아래에 배치해서는 안 된다. 가스가 바람에 날려 중독될 수 있다. 옛말에 이르기를 "하늘을 등지고 기댈 곳이 텅 비어 의지할 데가 없다."라는 것이다.

㉓ 부뚜막이 방과 서로 등지고 앉거나 등져서도 안 된다. 바로 사람이 집 밖을 향하고 있는 격이다.

㉔ 부뚜막은 집 안을 향해야 한다. 가족이 화목하고 한마음이 된다.

㉕ 쓰지 않는 옛 부뚜막은 철거하는 것이 가장 좋다. 가정이 비교적 평안하고 화목해진다.

㉖ 부뚜막의 위치는 가급적 청룡방[왼쪽]에 배치하는 것이 길하다. 어린아이가 총명해진다.

㉗ 부뚜막의 위치는 가급적 백호방[오른쪽]에 배치하지 않는다. 그러나 부득이할 경우에는 무방하다.

㉘ 부뚜막의 위치는 가급적이면 집 정중앙에 배치하지 않는다. 지휘자의 위치를 태우는 격이다.

㉙ 부뚜막의 위치는 집의 방향과 수직이나 평행으로 배치되어야 하며 비스듬한 방향으로 배치하는 것은 피한다.

㉚ 부뚜막의 위치는 사용하기에 편리해야 하며, 또한 위에서 언급한 모든 결점을 범하지 말아야 한다. 그러나 억지로 사주팔자와 맞출 필요는 없다.

㉛ 현대의 부뚜막 위치는 아궁이가 없기 때문에 부뚜막의 방향을 고려할 필요가 없다. 사주팔자의 방위는 더욱 고려할 필요가 없다. 그렇지 않으면 하면 할수록 더욱 더 혼란스러워 한 발자국도 나아가기 어렵고 괴로움을 자초하게 된다.

부엌 방향 총론

① 화로[아궁이]의 방향이 문이나 화장실 문을 향해서는 안 된다.

② 만약 아궁이가 있는 경우에는 아궁이는 현공애성玄空埃星의 9火

·5± 방향을 향해서는 안 된다.

③ 만약 아궁이가 있으면 애성埃星의 3·4·7·6·8·2·1방위로 향하는 것이 길하다.

④ 아궁이가 냉장고를 향해서는 안 된다. 냉기와 열기가 조화를 이루지 못해 호흡기를 상하게 한다.

⑤ 아궁이가 침실 문을 향해서는 안 된다. 이런 방에 거주하면 감기에 자주 걸린다.

⑥ 아궁이가 집의 방향과 어긋나서는 안 된다. 즉 사람이 집 밖을 향하는 격이므로 구설과 시비가 많아 마음을 함께 하지 못한다.

⑦ 아궁이는 동향이나 북향으로 해야 한다는 이야기를 고려할 필요가 없다. 이것은 무지의 견해이다.

⑧ 아궁이는 신구新舊의 두 아궁이가 마주 향해서는 안 된다. 고부간이 화목하지 못하다.

⑨ 아궁이는 동서사명東西四命의 설에 주의할 필요가 없다. 법을 따르는 것은 운행에 있기 때문이다.

⑩ 아궁이는 주방 배수구를 향하지 말아야 한다. 물을 따라 흘러야 한다.

⑪ 가스레인지의 호방[오른쪽]에 냉장고와 모터가 있어서는 안 된다.

8. 화장실·정화조·급수탑

① 화장실과 정화조는 별개의 것이기 때문에 하나로 묶어서 말할 수 없다.

② 옛날에는 화장실의 위생이 그다지 좋지 않아 악취가 났기 때문에

바람이 불어오는 곳에 둘 수 없었다.

③ 현대는 화장실의 위생이 비교적 좋기 때문에 위치에 구애를 받지 않는다.

④ 화장실 변기의 좌향坐向은 규정된 방향이 없으며 사용상의 편리를 원칙으로 한다.

⑤ 변기의 방향을 고집하는 것은 무지한 행위이다.

⑥ 화장실의 문이 대문 입구와 정면으로 상충되어서는 안 된다. 구설의 재앙이 많아지고 사업이 순조롭지 못하게 된다.

⑦ 화장실의 문은 부뚜막의 위치와 정면으로 상충되어서는 안 된다. 가정주부가 불안하게 된다. 병풍을 세워서 개선하는 것이 옳다.

⑧ 화장실의 문이 침실 문과 정면으로 상충되거나 서로 마주보며 상충되어서는 안 된다. 거주하는 사람에게 병이 많게 된다.

⑨ 화장실의 문과 침대의 위치가 상충되어서는 안 된다. 허리가 시큰거리고 등이 결릴 수 있고, 머리에 충격을 주어 두통이 생길 수 있다. 또한 허리에 충격을 주어 요통이 생길 수 있고, 발에 충격을 주어 발이 아플 수 있다.

⑩ 화장실의 문이 책상이나 업무용 책상과 상충되어서는 안 된다. 좌불안석이 될 수 있다.

⑪ 화장실의 문이 신위나 조상의 신주와 상충되어서는 안 된다. 해를 끼치는 사람을 만날 수 있다.

⑫ 화장실의 문과 2·3층의 통로는 정면으로 상충되어도 무방하다.

⑬ 화장실의 문이 금고와 상충되어서는 안 된다. 재물의 낭비가 쉽다.

⑭ 화장실은 집의 백호방에 설치하는 것이 가장 좋다.

⑮ 화장실을 신위 뒤쪽에 설치해서는 안 된다. 특히 변기가 신위의 뒤에 있어서는 안 된다.

⑯ 화장실의 변기는 부뚜막의 위치와 은근히 상충되어서도 안 된다.

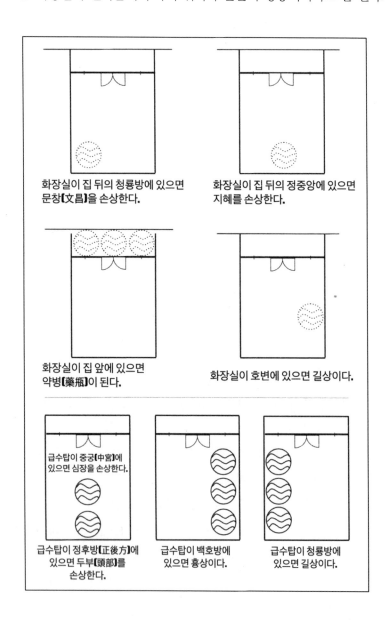

화장실이 집 뒤의 청룡방에 있으면 문창【文昌】을 손상한다.

화장실이 집 뒤의 정중앙에 있으면 지혜를 손상한다.

화장실이 집 앞에 있으면 약병【藥瓶】이 된다.

화장실이 호변에 있으면 길상이다.

급수탑이 중궁【中宮】에 있으면 심장을 손상한다.

급수탑이 정후방【正後方】에 있으면 두부【頭部】를 손상한다.

급수탑이 백호방에 있으면 흉상이다.

급수탑이 청룡방에 있으면 길상이다.

9. 불상과 골동품

불상佛像

나무대자대비관세음보살南無大慈大悲觀世音菩薩·아미타불阿彌陀佛·
시방제불十方諸佛, 좋고 좋구나!

여러분들이 불조佛祖의 성상聖像을 집으로 모셔와 봉안하고 아침저
녁으로 예불한다면 평안을 지킬 수 있다. 이것은 매우 좋은 일이지만,
여러분은 불상을 집으로 모셔온 이후의 후유증이 얼마나 되는지 또
어떻게 봉안을 하여야 비로소 평안을 지킬 수 있는지를 알아야 한다.

① 불상을 집으로 모셔온 후에 신단神壇이나 책상 혹은 책장에 봉안
하는지의 여부를 막론하고 우선 대략 직경 7촌寸의 붉은 종이를
잘라 불좌佛座 아래에 깔고 길상의 의미를 표해야 한다.

② 불상이 괘도掛圖인 경우에는 일원一元 동전 크기의 붉은 종이를
잘라 연화좌蓮花座 위나 혹은 좌대座臺 위에 붙여 길상의 의미를
표시해야 한다. 초하루나 보름의 묘시卯時(오전 5시~오전 7시)를
선택하는 것이 좋다.

③ 불상을 집으로 모셔와 귀중한 골동품으로 취급해 금고에 넣고
잠가 두어서는 절대 안 된다. 이렇게 하면 집안에 크고 작은 평안
하지 못한 일이 생길 수가 있고 어린아이가 자주 감기에 걸릴
수 있다.

④ 불상의 재질을 따질 필요는 없으며 오직 장엄莊嚴한 것을 원칙으
로 한다.

⑤ 불상을 봉안하는 곳이 방이나 침실이어서는 안 된다. 밤에 꿈을

많이 꾸게 된다.

⑥ 불상을 보자마자 바로 사거나 혹은 집으로 모셔오지 말라. 불상이 많을수록 가족들 마음에 공연한 걱정거리가 생기기 쉽다.

⑦ 불상을 청결하지 못한 곳에 함부로 버려두지 말라.

⑧ 불상을 몸에 지니고 화장실에 가는 것은 괜찮다.

⑨ 불상이 오래되어 필요하지 않을 때에는 절에 보내거나 혹은 금지金紙와 함께 태워버려야 한다. 시간은 초하루, 혹은 보름날 오시午時(오전 11시~오후 1시)에 본래의 자리로 전송한다.

⑩ 불상을 차 안에 모실 때는 앞을 향하여 전방을 보게 해야 한다.

⑪ 불상을 불당의 탁자 안이나 서랍 속에 함부로 두지 말라.

⑫ 작은 불상을 불당의 탁자에 모실 때에는 작은 쟁반에 붉은 종이를 깐 것을 사용해야 한다.

⑬ 불상 혹은 보신부保身符의 괘상掛像을 침실 안에 어지럽게 버려두지 말라.

⑭ 종이류의 불상 괘도는 말아 두어서는 절대 안 된다. 일찍이 두통의 효력이 있었다.

⑮ 불상을 골동품으로 취급하여 소형금고에 넣고 잠가 두면 발열과 두통에 주의해야 한다. 이것은 가장 공경하지 못한 경우이다.

⑯ 불상이 훼손되거나 깨졌다면 금지로 싸서 1·3·5·7·9일 정오를 선택하여 햇볕 아래에서 태우고 본래의 자리로 전송한다.

⑰ 불상이나 십자가는 모두 같은 효력을 가지고 있다. 부처가 곧 마음이요, 예수 역시 마음이다. 신神이 마음이며 천天 역시 마음이다. 예수를 믿어 영생을 얻는 것은 박애의 마음으로 영원히 불생불멸하는 것이다. 부처를 믿는 것은 불생불멸하며 모든 법이 오직 마음에 있는 것이다. 신심信心이 있는 자는 영생을 얻을 수

있고 신심이 없는 자는 선불仙佛도 제도濟度하기 어렵다.

⑱ 불상의 눈이나 손가락이 훼손되었다면 즉시 보수하거나 다시 그려야 한다. 그렇지 않으면 가족이 같은 괴질에 걸리기 쉽다.

골동품

① 골동품은 세상사가 무상함을 표현하는 가장 좋은 증명이다. 그러니 열심히 수행하는 것이 골동품을 수장하는 것보다 역사적 가치가 더 크다.

② 골동품의 좋고 나쁨이 결코 수장인의 신분을 증명할 수는 없다. 왜냐하면 수장인의 마음이 밤낮으로 외물에 얽매이기 때문이다.

③ 많은 골동품에는 영혼이 덧붙어 있다. 왜냐하면 골동품 가운데 어떤 것은 옛날의 무덤에서 발굴한 것이거나 도굴한 것이 있기 때문이다.

④ 전에 임씨 성을 가진 골동품 수집가를 만난 적이 있었는데, 그는 여러 해 동안 병마에 시달렸다. 원래 관성제군關聖帝君의 관도關刀53)를 책상 뒤쪽에 두어 공교롭게도 허리를 베는 격이 되었으니 얼마나 고통스러운 경험이었겠는가. 이후 선불仙佛의 가르침을 통해 문득 크게 깨달아 그것을 풀어내고서야 겨우 벗어날 수 있었으니 무엇 때문에 고생을 사서 하였는가.

⑤ 골동품 특히 불상은 그 출처에 더욱 주의해야 한다. 그렇지 않으면 죄악이 극도에 달해 가치가 없을 것이다.

⑥ 어떤 골동품 수집가는 밤이나 낮이나 자거나 먹을 때나 편안하기

---

53) 관성제군(關聖帝君)의 관도(關刀) : 관우(關羽)의 청룡언월도(靑龍偃月刀)이다.

어려웠다. 잃어버리지는 않을까, 보관이 잘못되지는 않을까 하는 등의 두려움 때문이었다. 이러한 사람은 세상에서 가장 불쌍한 사람이다.

⑦ 골동품의 가치는, 옛날 성현들의 인문 사상과 자비를 돌이켜 생각하고 인류의 진화를 더욱 잘 이해하는 데 있다. 그리고 현재의 우리는, 눈앞에 파악되는 어떠한 순간이라도 마음으로 하여금 탐욕과 집착이 없는 지극히 고요한 경지를 만끽하고, 즐거운 사람이 되어 수행에 노력하고, 정법을 세상에 전파하여야 한다. 이것이야말로 미래에 불생불멸하는 골동품이다. 그렇지 않으면 세상에 가득한 모든 골동품을 소유하더라도 돌아오는 것은 오직 두려움과 불만족과 불안뿐인데 그럴 필요가 있겠는가?

⑧ 골동품을 수장하는 사람은 심혈을 기울여서 물품에 내재된 의미를 깨닫고, 나아가 자신을 경계하는 좌우명으로 삼아야 한다.

⑨ 이미 수장한 골동품이 있으면 새로운 붓을 사용하여, 붉은 주사硃砂를 골동품의 미관에 영향을 미치지 않는 곳에 찍는다. 그리고 골동품을 붉은 베나 붉은 종이를 깔고 놓는다. 이렇게 하면 평안을 지킬 수 있다.

⑩ 집으로 가져온 골동품은 우선 옥외의 베란다나 혹은 안전한 곳에 둘 수 있으면 가장 좋다. 햇볕을 쬘 수 있는 곳에 붉은 종이를 깔고 탁자 위에 올려놓고 밖에서 3일 동안 햇볕을 쬐고 3일 밤을 대자연의 감로수로 정화한 후에 집안으로 들인다. 그렇지 않으면 최소한 하루 밤낮을 그렇게 한다. 이렇게 하면 가정이 비교적 평안해질 수 있다.

⑪ 겉치레하고 사치스러운 생활을 하는 사람들에게 권고한다. 여러분이 만약 일부의 금전을 진실로 구제가 필요한 고통스러운 사

람들에게 쓸 때, 이러한 자비심은 골동품을 수집하는 것보다 더욱 가치 있는 일이 될 것이며 또한 그 공덕은 영원히 전해질 수 있을 것이라 나는 확신한다.

⑫ 검劍 수집 — 칼끝은 밖을 향하게 하고 침대의 머리맡에 걸어 놓아서는 안 된다. 부부의 인연이 끊어지거나 병이 나서 수술하게 된다.

10. 괘도掛圖

유명한 사람의 서화, 예술가의 명화, 예술 사진, 풍경 사진 등은 모든 가정에 활기와 희망을 충만하게 해 준다. 그러나 그 가운데에도 무수한 길흉화복이 잠재되어 있다. 서화를 소장하려는 사람은 주의를 하지 않을 수 없다. 그렇지 않으면 많은 사람들이 서화 감상으로 인하여 많은 고통과 병고 등을 겪게 된다. 수년간의 체험과 검증을 아래에 열거한다.

1) 호랑이

① 집안에 호랑이 그림을 걸어 두면 '핏빛의 재앙[血光之災]'54)이

---

54) 핏빛의 재앙[血光之災] : 죽은 사람이 피에 더럽혀져 극락정토에 가지 못하는 재앙. 옛날 중국에서 유행한 미신의 하나이다. 사람이 죽었을 때 만약 가족 중에서 같은 시기에 출산하는 경우에는 그 피가 죽은 사람에게 덮쳐서 죽은 사람의 온몸이 피투성이가 되어 삼도(三途)의 내를 건너지 못하고 성불(成佛)하지 못한다는 미신.

많아지는데, 특히 호랑이의 머리가 집안을 향하는 것은 대흉이다. 어떤 사람은 하산하는 호랑이가 용맹스럽다고 하지만, 사실상 맹호가 하산하는 것은 굶주림 때문이므로 사람에게 해를 입힌다. 형체가 있는 것은 곧 영혼이 있는 것으로 단지 시간의 문제일 뿐이다.

예전에 중학교 교장선생이 호랑이 그림을 사무실 안에 걸어 놓은 것을 본 적이 있었는데, 선생들에게 혈광血光의 괴이한 증상들이 연이어 발생하였다. 또 성정부省政府의 공직자 한 사람이 집안에 명인이 그린 호랑이 그림을 한 폭 걸어 두었다가 가족들이 감기에 걸려 낫지 않았는데 이것은 참으로 영문을 모르는 고통이었다. 개선해야겠다고 깨달아 시행한 바로 다음날에 식구들의 감기가 점차 안정되었고 마침내 평온해졌다. 이와 유사한 예는 정말 한마디로 다 설명할 수 없을 정도이다.

② 나무로 만든 호랑이도 길상吉相이 아니므로 상술한 바와 같이 혈광血光의 재앙이 발생하기 쉬우며 식구들의 건강이 좋지 못하게 된다.

③ 수놓은 호랑이를 잘못 걸어 놓는 것 역시 사람에게 불안감을 초래하기 쉬우며 혼란스럽고 난잡한 일들이 연이어 생겨날 수 있다.

④ 명인이 그린 호랑이는 용맹과 사나움이 비할 데가 없다. 명인이 이미 혼신을 기울여 그렸기 때문에 마음속의 호랑이가 용맹하고 사나울수록 곧 넋을 잃기 쉽다.

기왕에 호랑이가 집으로 들어온 이상 반드시 그 해법은 있다. 그렇지 않으면 바로 금전을 낭비하고 마음속에 그림을 아끼는 심정을 떨쳐버리기가 어렵다. 지금 그 해법을 약술하면 다음과 같다.

① 호랑이의 머리가 절대로 집안을 향해서는 안 된다. 집 밖을 향하거나 대문 밖을 향해야 한다. 호랑이의 머리가 위를 향하는 것은 호랑이를 풀어 놓아 산으로 돌아가게 하는 것이므로 길하다. 호랑이의 머리가 아래로 향하는 것은 맹호가 하산하는 경우이므로 흉하다.

② 호랑이의 머리 부분과 꼬리 부분에 일원一元 크기의 붉은 종이를 윗면에 붙인다. 시간은 정오를 선택하는 것이 좋으며 마음속으로 다음과 같이 기도한다. '공경히 청하옵니다. 여러 부처님과 보살님, 신명께서 주관자가 되시어 오늘 백호성白虎星을 제자리로 봉송해 주시고 이 그림은 오늘 이후에는 예술 감상용으로 쓰게 하여주소서.'

③ 만일 나무에 새긴 호랑이라면, 실외로 가져나가 3일 밤낮으로 햇볕을 쬔 후에 실내로 가져와서 호랑이의 목에 붉은색 줄을 묶어두면 흉이 사라진다.

④ 사진 속의 호랑이나 특히 만들어진 호랑이 혹은 동물원이나 유원지의 호랑이와 함께 찍은 사진은, 진짜 호랑이이거나 가짜 호랑이이거나를 막론하고 함께 찍은 사진에서 호랑이를 오려내어야 한다. 예를 들면 어떤 유씨 성을 가진 부인에게 오른쪽 복부가 아프고 가려운 증상이 여러 해가 되었는데 약을 먹어도 소용이 없자 부처에게 가르침을 구하니 오른손이 호랑이와 짝을 이루어 야기된 것이라고 일러주었다. 집으로 돌아와서 한 장의 사진을 찾았는데 유원지에서 찍은 사진이었다. 이미 5년 전의 것이며 병고病苦 역시 5년이 되었다. 사진을 잘라내어 태워버린 후에는 약을 먹지 않았는데도 병고가 나았으니 참으로 괴이한 현상이다. 이런 유사한 문제는 실제로 매우 많다.

2) 청룡靑龍·금룡金龍·홍룡紅龍

명칭은 모두 용이지만, 만약 소장하는 방법이 잘못되면 곧 뱀이 되고 심지어는 뱀보다 더 흉악해지니 독자들은 주의하지 않으면 안 된다. 또 옛날의 화폐―특히 용은龍銀을 옷장에 넣어두어서는 안 된다.

① 용은 길상의 동물이며 고대 도가에서 사람의 본성을 상징하는 것이었다. 또한 용은 '왕'의 존칭이다.

② 용의 머리는 안쪽을 향해야 하고 밖을 향해서는 안 된다. 안을 향하는 것은 참배에 속하고, 밖을 향하는 것은 밖으로 달아나는 징조이므로 즉 마음이 밖으로 내달리게 된다.

③ 용의 위치는 용방龍方(왼쪽)에 두어야 하며 호방虎方(오른쪽)에 두어서는 안 된다. 용과 호랑이의 싸움이 끝이 없어 가정에 크고 작은 슬픔의 고통을 겪게 된다.

④ 용의 그림은 거실 혹은 신당이나 불당의 청룡방에 걸어야 한다.

⑤ 용의 조각품 역시 신당이나 불당의 청룡방에 두어야 한다.

⑥ 용의 그림은 말아서 소장해서는 안 되고 걸어두어야 길하다.

⑦ 용의 소조품塑造品을 창고에 보관해서는 안 된다.

⑧ 용의 머리 및 꼬리 부분―발톱에는 작고 둥근 붉은 종이를 붙인다. 시간은 3·6·9일의 진시辰時를 선택하여 붉은 종이를 붙이는 것이 좋다.

⑨ 말의 머리는 밖을 향하는 것이 적합하고 목은 붉은 실로 묶고 꼬리 부분에는 붉은 종이를 붙인다. 말의 머리가 안을 향하면 불길不吉하다.―참패慘敗하여 돌아온다.

3) 매[독수리] 그림

① 매[독수리] 그림은 머리 부분이 문밖을 향해야 한다.

② 매[독수리] 그림을 신당神堂에 걸어서는 안 된다.

③ 매[독수리] 그림을 침실에 걸어서는 안 된다. 구설과 시비가 많다.

④ 매[독수리] 그림을 서재의 책상 위에 걸어서는 안 된다.

⑤ 매[독수리] 그림은 거실의 백호방白虎方(오른쪽)에 두는 것이 가장 좋다. 머리는 역시 밖으로 향하는 것이 길하다.

오래되어 불필요해진 매[독수리] 그림은 붉은 무명실로 묶어서 보관해야 한다. 그렇지 않고 함부로 벽의 아래에 방치하면 시비의 재앙을 일으킬 수 있다. 더욱이 어린아이가 말을 듣지 않을 수 있다.

11. 장식예술품

시대 조류의 변화와 함께 사람의 마음까지도 모두 정신생활의 영역을 따라 정진하기 때문에 어떤 사람들은 골동품이나 서화를 수집하기도 하고 또 어떤 사람들은 여러 가지 조각 예술품을 수집하기도 한다. 이들은 모두 예술에 대한 매우 좋은 가치관을 지니고 있지만, 예술품의 참된 가치를 주목하고 있는 사람은 정말 드물다. 이러한 사례는 매우 많다.

① 거실에 배치하는 예술품은 공간을 아름답게 만들기에 가장 좋다. 그러나 자신의 생활 수준이나 사회적 지위를 뽐내기 위해 귀중품으로 거실을 번잡하고 어지럽게 꾸미는 사람들이 간혹 있다. 이런 사람들은 그 마음이 말도 하지 못하는 물건에 속박되고 마

는 것이다.

② 예술품의 수집에는 유래와 경로가 분명한 것이 좋다. 만약 그것이 장물贓物이거나 죽은 사람이 애지중지하던 물건일 경우에는 예술품을 산 사람이 불운해질 수 있다. 일찍이 이렇게 물건을 수집한 사람이 하루종일 헛소리를 중얼거리고 정신이 오락가락하면서 갈팡질팡한 적이 있다.

③ 예술품 가운데 '선禪'의 경지境地가 있는 것을 최상품으로 삼는데, 그것이 사람의 불심을 이끌어 낼 수 있기 때문이다.

④ 예술품이 인체에 속하는 작품이라면 실질적인 예술이어야지 절대로 해골과 같은 것을 수집해서는 안 된다. 어떤 부인이 종아리가 타들어가는 듯한 통증이 멈추지 않았는데, 그 원인을 살펴보니 해골 모양의 재떨이를 수집한 것이 화근이 되었다. 가족들이 돈과 인력, 시간을 모두 허비하고 나서야 치료할 수 있었다.

⑤ 비싸고 귀한 예술품은 다른 사람들의 주목을 끌 수 있는 바깥에 두어서는 안 된다. 주인이 마음속으로 잃어버리지 않을까 항상 근심하고 걱정하면서 먹거나 자지도 못하고 밤낮으로 불안해할 뿐더러 마음속의 마귀가 훼방을 놓아 종종 도둑을 불러들일 수 있으니 얼마나 괴롭겠는가.

⑥ 예술품 가운데 불상 종류에 속하는 것은, 다른 사람이 모신 적이 있었는지를 특별히 주의해야 한다. 일반적으로 역사성을 지닌 불상은 대부분 다른 사람이 모신 적이 있거나 심지어 어떤 것은 다른 사람이 훔쳐서 판 것도 있다. 이런 경우 수집한 사람에게는 예기치 못한 불상사가 일어날 수 있으므로 주의하지 않으면 안 된다. 전에 이러한 사례가 있었는데, 이런 예술품을 소장하고 있던 사람의 집안이 소란스럽고 불안하게 된 적이 있었다.

⑦ 호랑이·사자·흑표범·뱀·조류 등과 같은 예술품은 바깥에 두어 햇볕을 쬐이고 밤이슬에 젖게 하여 사특한 영령을 몰아내어야 한다. 셋째 날 정오에 다시 붉은 종이나 붉은 포로 싼 후에 집으로 들여오면 비교적 평안할 수 있다. 그렇게 하지 않으면 질병과 고통이 찾아오는 경우가 많다. 이런 사례는 매우 많은데, 집안에 핏빛 재앙이 끊이지 않고 화합하지 못하거나 구설의 재앙이 끊이지 않게 되니 여러분이 반드시 알아야 한다.

⑧ 예술품이 보검이라면 검의 기운이 살기殺氣를 띠고 있는지 또는 정기正氣를 띠고 있는지에 더욱 주의해야 한다. 만일 살기에 속한다면 가정에 핏빛 재앙이 생길지도 모른다. 그럴 때는 정오에 태양이 대지를 바로 비출 때 칼자루를 북쪽으로 향하게 하고 검을 칼집에서 꺼내 다음과 같이 주문을 읊는다. "검이 칼집에서 나왔으니 정기가 길이 퍼지고 사특한 생각이 제거되어 가정이 평안해지리라."라고 읊은 후에, 검을 칼집에 넣고 붉은 실로 동여매어 바로 집안의 장식장에 보관하는데, 검의 끝이 바깥으로 향하게 해야 한다. 이렇게 하면 아무 일 없이 평안할 것이다.

⑨ 예술품이 용처럼 날아오르는 것이라면, 이것은 길성吉星(길한 물건)이지만 길한 가운데서도 흉을 면하기 어려운 것이 있다. 길한 것은 용이 본래 사람의 불성佛性을 표상하는 것이며, 흉한 것은 용안점정龍眼點睛[55]을 하지 않아 살기가 넘친다는 것이다. 그러므로 각자가 붉은 주사 붓으로 초하루와 보름의 오전 7시부터 9시 사이를 선택하여 용을 동쪽으로 향하게 하여 소리를 내어

---

55) 용안점정(龍眼點睛) : 화룡점정(畵龍點睛). 용 그림을 그린 뒤 눈동자에 점을 찍는다는 뜻으로, 어떤 일을 할 때 가장 중요한 부분을 끝내고 완성한다는 말.

다음과 같이 읊는다.

"엎드려 청하건대 서방 금룡과 동방 청룡의 진령이 강림하였으니, (이때 붓을 움직여 점을 찍기 시작하는데, 왼손으로 '보정검'을 잡고 주사를 가지고 오른손으로 붓을 당긴다.) 첫째는 천안天眼[56]에 점을 찍고 둘째는 마음에 점을 찍고 셋째는 금룡金龍의 몸에 점을 찍으니, 삼재三才가 합일되어 자성自性이 완성되고 생명이 살아나서 눈앞에서 빛날 것이니 즉시 명령대로 따르라! 〔귀신은 물렀거라! 急急如律令〕"

의식이 끝난 후에는 용을 어느 곳에 걸어도 괜찮다.

이상과 같이 예술품을 수집한 사람이 본인의 법요法要를 믿는다면 제시한 방법에 따라 처리할 수 있겠지만, 만약 믿지 못하는 사람이라도 억지로 강요하지 말고 개인의 기호에 따르게 하고 모든 것을 인연에 따르게 한다.

그렇더라도 본인이 수집가들에게 당부하고 싶은 것은, 골동품과 예술품을 수집하고 소장하는 일 외에도 예술품을 통하여 '사람의 마음은 본래 완전하고 아름다운 것이다'라는 사실과 또한 사람의 마음이 예술품보다 몇 만 배나 더 진귀하다는 사실을 몸소 깨달아야 한다는 것이다.

12. 색채

주택의 색채가 조화를 이루려면 반드시 색조에 대해 상당한 연구가

---

56) 천안(天眼) : 오안(五眼)의 하나. 천도에 나거나 선을 닦아서 얻은, 아주 작은 사물도 멀리 또는 널리 볼 수 있는 눈. 중생들의 전생과 미래도 능히 볼 수 있다고 한다.

있어야 하고, 또한 인체의 생리기능에 대한 연구가 많은 사람이라야 여러 가지 색깔로 실내의 격조를 높일 수 있다. 그렇지 않으면 혼란만 가중될 뿐 아니라 금전적인 손해를 보니 참으로 사서 고생하는 것이다.

여러 해 동안 많은 사람들이 색채에 대해 호기심을 가졌음에도 오히려 색채에 대한 인식이 부족하였기 때문에, 가정이 화목하지 못하거나 만사가 순탄하지 못하고 온 집안에 생기가 사라지게 만드니 참으로 안타까웠다. 더욱이 근래에 이혼율이 놀랄 만큼 올랐는데 이는 실내의 색채가 조화를 잃고 실내의 배치가 제격에 맞지 않는 것과도 많은 관련성이 있다. 또한 자녀의 성격이 이상하게 변하여 온 집안이 소란스럽고 불안하게 되기도 하였다. 또한 가족 중에 성격이 괴팍하거나 거칠고 조급하여 불안하며 마음이 산란하기도 하였다. 이제 본인이 직접 체험한 경험을 아래에 상세하게 기술하려고 한다.

① 집안에 짙은 남색을 주색主色으로 삼은 주택은, 시간이 오래되면 집안에 자신도 모르는 사이에 무거운 음기가 생겨나고 개인의 성품이 소극적으로 변하며 가정도 평안함을 잃게 된다.

② 집안에 보라색 페인트칠을 많이 하면, 비록 보랏빛 기운이 방안에 향기를 가득 채운다고 할 수는 있지만, 안타깝게도 보라색 안에 있는 붉은 계열의 색이 나도 모르게 눈을 자극하는 색감을 발생시켜, 그 집에 거주하는 사람들의 마음에 무력감이 생기기 쉽다.

③ 집안에 분홍색으로 칠하는 것이 가장 대흉大凶이다. 분홍색은 사람의 마음을 사납고 조급하게 만들어, 말다툼이 쉽게 생겨나고 시비를 다투거나 싸우는 일들이 빈번하게 일어나게 한다. 신혼부부가 안방의 분위기를 맞추기 위하여 방안을 분홍색으로 칠하는

것은 보통 사람들의 눈으로 보면 지극히 로맨틱할 것이다. 하지만 색조가 조화롭지 못함에 따라 일정한 시간이 지난 후에는, 두 사람의 마음에 영문도 모르는 울화가 생겨날 수 있고 사소한 일로 끝없는 다툼이 일어나기 쉬워서 결국에는 돌이킬 수 없는 이혼의 길로 달려가게 된다. 오늘날 사회의 이혼율이 이렇게 놀랄 만해진 원인도 이와 같은 것이 매우 큰 부분을 차지하고 있다. 그러므로 실내 공간 디자이너들이 주의하여 이런 색을 쓰지 않는 것이 가장 좋다. 또한 이런 종류의 색조는 정신질환을 일으킬 수도 있다.

④ 녹색 칠을 많이 한 집도 거주하는 사람들의 생각을 점점 의기소침하게 할 수 있다. 일반적으로 눈은 녹색을 많이 봐야 한다고 말하는데 이는 결코 틀린 말은 아니다. 그러나 이때의 녹색은 대자연의 녹색을 가리키는 것이지 인위적으로 배합한 색은 아니다. 인위적으로 배합한 실내의 녹색은 자연의 녹색이 아니기 때문에 짙고 무거운 기운이 실내를 감돌아 아무런 생기가 없게 만들 수 있다.

⑤ 집안에 붉은색을 많이 칠하는 것은, 대부분의 중국인이 붉은색을 길상의 색으로 인식하고 있기 때문이다. 그러나 한국의 풍습에서는 상을 당한 집에서 붉은색 천으로 표시한다. 그러므로 이와 같은 것들은 단지 사람의 생활 풍습일 따름이다. 다만 붉은색 계열이 많으면 사람의 눈에 지나치게 부담을 가중할 수 있고, 사람의 마음을 사납고 거칠게 만들기 쉽다. 그러므로 붉은색은 일부분의 색조로 적절히 안배해야 하고 주된 색조로 삼아서는 안 된다. 다만 사찰이나 사당은 주택과는 다르다.

⑥ 집안의 색채로서 가장 좋은 것은 유백색乳白色, 상아색象牙色, 백

색白色인데, 이 세 가지 색은 사람의 시신경과 가장 잘 어울린다. 왜냐하면 태양광이 백색 계열이고 밝은 빛을 대표하기 때문에, 사람의 마음과 눈도 밝은 빛으로 조화를 이루는 것이 필요하다.

13. 금고金庫

상업에 종사하든지 혹은 살림에 종사하든지를 막론하고, 경제는 한 가정의 평안과 행복의 전제前提가 되지만 금전이 절대적인 만능이라고 생각하지 않는다. 그러나 금전은 절대적으로 필요한 것이므로, 금고가 토론의 중심이 되었다. 풍수학의 시각으로 말하면 금고의 길흉은 다음 과 같다.

① 금고의 크기는 노반척魯班尺57)의 '재財', '본本' 글자에 부합되는 것이 좋다.
② 금고를 문으로 들어가서 밝게 드러나는 곳에 두어서는 안 된다.
③ 금고의 입구는 물을 거슬러 향하게 해야 한다.
④ 금고의 입구는 사람의 기운이 왕성한 곳을 향하게 해야 한다.
⑤ 금고의 입구가 물의 흐름을 따라서는 안 된다. 주요한 재산이 많이 사라진다.
⑥ 금고의 입구가 화장실을 향해서는 안 된다.
⑦ 금고의 입구가 냉장고를 향해서는 안 된다.
⑧ 금고의 입구가 가스레인지나 아궁이의 위치를 향해서는 안 된다.

---

57) 노반척(魯班尺) : 목공이 사용하는 곱자로, 춘추시대 목수였던 노반(路盤)이 발명했다고 전해진다. 문공척이라고도 한다.

⑨ 금고의 위치는 은밀한 곳에 두어야 한다.

⑩ 금고의 위치는 사무실, 거실, 침실 등을 막론하고 다음과 같은 방위에 두어야 한다.

쥐띠생 : 술戌 · 축丑   소띠생 : 진辰 · 술戌

범띠생 : 인寅 · 묘卯   토끼띠생 : 유酉 · 신申

용띠생 : 자子 · 해亥   뱀띠생 : 오午 · 사巳

말띠생 : 자子 · 해亥   양띠생 : 자子 · 인寅

원숭이띠생 : 오午 · 사巳   닭띠생 : 술戌 · 신辰

개띠생 : 오午 · 사巳   돼지띠생 : 인寅 · 묘卯

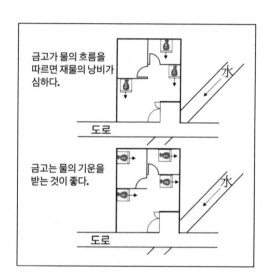

지금 가난을 구제하는 작은 방법[재물財物을 부르는 부적符籍]이 있어서 여러분에게 제공한다.

① 재물을 부르는 부적은 초이틀이나 16일, 해시나 자시에 쓰는 것이 비교적 좋다. 혹 태어난 띠의 길일이 토끼卯에 해당하는 사람

이라면 유일酉日, 신일申日에 유시, 신시가 좋다.

② 수금壽金[58][붉은 붓] 혹은 붉은 종이[검은 붓]를 사용하는데, 수금은 복록수福祿壽[59)가 정면이 되도록 한다.

③ 손을 깨끗이 씻고 부적을 쓴다.

④ 부적을 쓰고 난 후에 양손에 받들고 "아, 삼가 청하건대, 오로재신五路財神[60)이시여, 집안을 안정되게 지켜주시고 재복財福을 내려주시기를 기원합니다."라고 열두 번 주문을 읊고 깊이 숨을 들이마신 후에 한 번 숨을 내쉰다.

⑤ 재물신의 부적을 금고의 정면[금고문을 열면 바로 볼 수 있는 곳]에 붙여둔다.

⑥ 금고 안에 '잔돈[은각銀角 혹은 용은龍銀[61)]을 둘 수 있다. 용은은 동료를 불러 모으기 때문에 재물을 불리는 데에 이롭다.

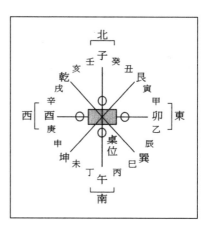

58) 수금(壽金) : 중국인들이 천지신명에게 기복과 장수 평안을 빌 때 사용하는 지전의 일종.

59) 복록수(福祿壽) : 행복과 복록과 수명을 관장하는 신.

60) 오로재신(五路財神) : 조현단(趙玄壇) · 초재(招財) · 초보(招寶) · 이시(利市) · 납진(納珍)의 오복신(五福神).

61) 용은(龍銀) : 청(淸)나라 말기에 쓰인 용의 모양이 새겨져 있는 1원짜리 은화를 가리킨다.

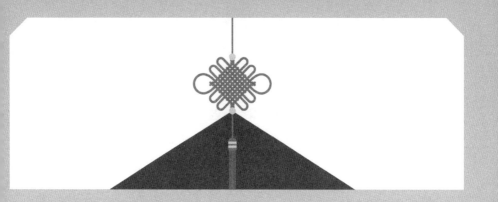

IV

신위를 봉안하는 의의와 방법

1. 신위를 봉안하는 의의

대만에서 '대가락大家樂'1)이 유행하면서 '신명神明'의 인기가 엄청났다. 신직神職이 있는 곳이라면 왕야공王爺公, 마조媽祖婆, 천공天公, 지공地公, 삼계공三界公 등은 말할 것도 없고 심지어 석두공石頭公, 수왕공樹王公에 이르기까지 별의별 온갖 작호가 생겨나 중생들이 맹목적으로 추구하는 대상이 되었고 또 신명희(神明戲)의 주인공이 되었다.

인연을 맺은 신도들 중에 '밥도 먹지 못하는 신'에 눈이 멀어, 온 가족이 분주하게 오늘은 천공에게, 내일은 왕야, 모레는 부처에게 빌며, 제불보살諸佛菩薩과 여러 신들에게 큰돈을 벌게 해 주고 평안을 보장해주기를 기원한다.

또 어떤 신도는 신을 찾아가 점을 보는가 하면 또 어떤 신도는 집으로 전문가를 모셔와 감찰하게 하였다가, 오히려 '당신 집의 신명에는 신이 들어오지 않았다'거나 '당신 집안의 신명에는 악령이 들어 있다'는 등의 대답을 듣게 된다. 만일 어떻게 처리해야 할지를 반문했을 때 분명 '당신은 어떤 신명을 바꾸어 봉안해야만 당신의 사주팔자와 맞다'고 하거나 '당신 집안의 신명은 다시 점안의식點眼儀式을 해야 한다'고 말할 것이다. 그렇지 않으면 또 '본사本寺(궁宮, 묘廟, 당堂)의 신을 봉안해야만 비로소 운을 바꾸어 발전할 수 있다'고 하니 정말 사람에게 고민하도록 한다.

여러 신도信徒와 대덕大德께서는 근심을 가라앉히고 차분하게 지혜로운 마음으로 내면을 비춰보고, 정말 이렇게까지 할 필요가 있는지를 생각해보아야 한다. 만약 신위를 봉안하는 것이 우리에게 이렇게 많은

---

1) 대가락(大家樂): 대만에서 한때 유행한 사행성 도박의 일종.

불안과 번뇌를 준다면 차라리 불안한 것이 나을 것이다.

그렇다면 당신을 또 반문할 것이다. '기왕에 신위가 우리에게 이렇게 많은 번뇌와 곤란을 끼치는데, 왜 중국인은 이렇게까지 신위를 중요시하는가, 그리고 신위를 봉안하는 참된 의미는 어디에 있는가?'

모두가 알다시피 중국인은 예교禮敎를 중시하는 민족이다. 주공周公이 예를 제정한 이후로 모두가 이 예법을 따르며 감히 어기지 않았다. 중국인은 또 부모의 장례를 엄숙히 하고 조상의 제사를 정성스레 올리는[愼終追遠] 민족으로, 자신의 뿌리에 대해 매우 깊은 정서를 지니고 있다. 게다가 옛날부터 하늘에 대한 경외심까지 더해져 충효와 절의로 이름을 떨친 수많은 성현들의 발자취가 전해지고 있다.

아마도 '경敬'의 마음에서 말미암아 '경의敬意'가 '실상實像'으로 바뀌어 생활 속에 녹아 들어갔을 것이다. 이에 수많은 위인이 칭송되었고 그 정신을 대표하는 '상像'이 평면적이고 입체적인 수많은 실체로 변화되어 성심으로 봉안되었을 것이다. 만약 우리가 이 점을 똑바로 인식한다면 신불神佛을 봉안하는 의의를 한층 더 깊이 체험하게 될 것이다.

무엇을 신神이라 하는가? 신은 바로 사람의 마음이고 사람의 정신을 주재하는 것이다. 예를 들어 당신의 집에 지장보살을 봉안하고 있다면 우리의 가슴속에 만물을 품을 수 있도록 깨우쳐야 한다. 아울러 '지옥이 텅 비지 않으면 맹세코 성불成佛하지 않겠다'는 서원으로 중생을 구제한 지장보살을 본받아야 한다. 화를 잘 내고 가슴속에 맺힌 것이 많은 사람이 봉안해야 한다.

만약 그대가 비교적 나약하고 마음속에 큰 포부가 없는 사람이라면, 관성제군關聖帝君이나 왕야王爺를 봉안하여 그의 정의롭고 용맹한 정기를 배워야 한다. 만약 그대가 자비를 소원하는 것이 크다면, 관세음보살이나 마조馬祖를 봉안해야 한다. 만약 그대가 항상 정에 얽매여

명쾌하게 해결할 수 있는 지혜가 없다면, 문수보살을 봉안하여 그 지혜와 비원悲願을 배워야 한다.

각 가정에 봉양하는 신기神祇(天神과 地祇)의 인연과 의의는 같지 않다. 어떤 경우에는 모모 신불이나 보살이 구제해 준 은혜에 감사하기 위해 봉안하기도 한다. 이것은 내가 앞에서 언급한 것으로, 사람의 마음속에 존재하고 있는 '경敬', '감은感恩', '심근尋根(뿌리 찾기)」에 연유하는 것이다. 따라서 조상이 물려준 예교禮敎를 한결같이 받들어 실천하지 않으면 안 된다.

만약 신불이 도를 이루기 전에 어떤 대서원大誓願을 발휘하여 중생에게 이롭게 하였는지 그리고 학문을 닦고 도를 이룬 방법이 무엇인지, 아울러 그 자비로운 곳이 어디인지를 우리가 깊이 이해할 수 있다면, 전국 각지의 사찰과 도량 앞에, 단향분檀香粉2)이 가득 담긴 크고 작은 쟁반이 더 이상 없을 것이고, 중얼중얼 기도하는 중생도 다시는 없을 것이며, 머리와 다리가 잘린 신상神像은 더욱 사라질 것이다.

그러므로 신을 봉안할 때는 마땅히 먼저 '심묘心廟'를 봉안해야 한다. 심묘의 최고의 경지는 '아미타불'이며, 심묘 안의 최대의 망념妄念은 '고혼야귀孤魂野鬼(정처 없이 떠도는 외로운 넋)이다. 여러분의 가정에는 어떤 신을 봉안하고 있는가? 여러분의 심묘 안에는 또 어떤 신을 봉안하고 있는가? 여러분에게 축복을 빈다.

혼원법어混元法語에 이르기를,

"일체의 불명佛名은 모두 법이기 때문에 불법佛法이라 명명하였고,

---

2) 단향분(檀香粉): 상록(常綠)의 기생 식물인 단향목에서 채취해 가루로 만든다. 독특한 향과 신경 안정 작용을 하기 때문에 종교의식에 많이 사용된다.

일체의 신명神名은 모두 법이기 때문에 도법道法이라 명명하였다."

[一切佛名皆是法 故名佛法, 一切神名皆是法 故名道法]

2. 개광開光3) · 안좌安座4)

앞장에서는 신위를 봉안하는 의의에 대해 말했는데, 여기에서 여러 분에게 소개하려는 것은 신위를 봉안하는 방법이다. 이는 본인이 몸소 깨달은 중요한 법칙인데 여러분에게 참고로 제공하니 이익이 될 것이라 믿는다.

1) 금신金身(금부처)

① 금신의 재료는 중요하지 않다.

② 금신의 높이는 취향에 따르면 된다.

③ 금신의 선택은 반드시 부부가 상의해야 한다. 서로 마음이 맞고 또 좋아하는 마음이 있어야 한다.

④ 금신은 속이 비어 있는 것이 가장 좋다.

⑤ 금신의 색깔에는 구애받지 않는다. 자신들이 보고 기뻐할 수 있는 것을 요긴하게 여긴다.

⑥ 금신 안에 절대 말벌을 담아서는 안 된다. 이것은 신불神佛에게 절하는 것이 아니라 말벌의 혼령에게 절하는 것이며, 신불에게

---

3) 개광(開光) : 새로 조성한 불상에 개안(開眼)하는 불공 의식.

4) 안좌(安座) : 불상을 법당(法堂)에 안치하는 의식.

절하기 전에 도리어 먼저 살생을 저지르는 것이다. 말벌을 신상神像 안에 틀어막는 것은 살생의 죄업을 범하는 것이므로 반드시 평생을 거기에 절하고 참회해야 한다. 그러므로 여러분은 마땅히 신불을 존경하는 자비심으로 금신을 선택해야 한다.

◎ 만약 당신 집안의 신상 안에 말벌이 있어서 '방생'하기를 생각한다면 해법은 아래와 같다.

① 초하루 혹은 15일 정오

② 수금壽金 천원仟元을 준비한다.

③ 향을 피워 먼저 신성神聖에게 고하고 다시 말벌에게 고한 후 왕생往生 주문을 읊는다. [남무아미다파야南無阿彌多婆夜, 치타가치야哆他伽哆夜, 치지야타哆地夜他, 아미리도파비阿彌唎都婆毗, 아미리치阿彌唎哆, 실탐파비悉耽婆毗, 아미리치阿彌唎哆, 비가란제毗迦蘭帝, 아미리치阿彌唎哆, 비가란치毗迦蘭哆, 가미리伽彌膩, 가가나伽伽那, 지다가리枳多伽利, 사파가娑婆訶] 한 번이나 세 번 혹은 일곱 번.

④ 신상을 내려서 말벌을 거꾸로 붓는다.

⑤ 붉은 종이를 사용하여 구멍을 막으면 된다.

⑥ 금지金紙를 태우면 원만하게 끝이 난다.

2) 개광開光 점안點眼

(1) 반드시 수행과 덕망이 높은 법사法師를 초청하여 개광해야 한다. 그렇지 않으면 아무런 도움이 되지 않는다.

(2) 신불의 배 안에 말벌 및 칠보七寶를 넣을 필요는 없다. 마음만

있으면 된다.

(3) 만약 적합한 법사를 알지 못할 때에는 다음의 방식으로 하면 된다.

① 먼저 불상을 고르는 것은 초하루, 보름 혹은 3일, 6일, 9일의 정오 무렵으로 하고, 불상을 옥상이나 옥외에 모셔 두되 걸쳐 두지 않는 것을 원칙으로 한다. 햇빛을 볼 수 있고 야간에 감로甘露를 받을 수 있는 촉촉한 곳이어야 한다. 불상 아래에는 붉은 천을 바닥에 깔고 받침대에 잘 올리고 난 이후에 불상을 붉은 천위에 내려놓는다. 불상의 얼굴은 밖을 향하게 한다.

② 향불 세 개를 올리고 하늘을 향해 기도하기를, "참된 마음으로 청하오니 시방대여래十方大如來께서 왕림하시어 주인이 되어 주십시오. 제자 아무개는 ○○○○○○에 살고 있습니다. 제자가 성심으로 ○○신불성상을 공양하고자 하오니, 대여래大如來께서 강림하시는 자비를 베푸셔서 개광開光 점혜안點慧眼하시어, 제자가 집에서 아침저녁으로 공양하고 예불할 수 있도록 해 주십시오."라고 한다.

③ 향 세 개를 들고 불상 앞에 꽂는다. 향로는 미통米筒(대나무로 만든 쌀통)으로 대용할 수 있다.

④ 사흘 안에 아침저녁으로 향불을 올리고 대여래大如來께서 광림하시어 개광開光 점혜안點慧眼하시기를 기원한다.

⑤ 사흘 동안 두었다가 사흘 후 정오에 붉은 천으로 불상의 머리와 전신을 덮고 나서 집안의 제단祭壇이나 혹은 다른 책상 위로 모신다.

⑥ 처음 불상 밑에 깔았던 붉은 천은 수금壽金 천원仟元을 사용하여 태워 버리고 천신天神과 대여래大如來께 감사한다.

⑦ 신상을 집안에 들인 후 잠시 동안은 향로를 설치하여 아침저녁으로 향을 피우되 예배할 필요는 없다.

⑧ 만일 이미 신위가 있는 사람은 불상을 직접 상좌에 모시고 나서 붉은색 덮개를 벗기고 즉시 향불을 올리고 절을 한다. 이때 신불의 존안尊顔은 자상하고 또 법희法喜를 띠고 있으리라 믿는다.

3) 신위神位의 봉안

(1) 신탁神卓의 목재는 너무 비쌀 필요가 없다. 비싸다고 신불이 반드시 좋아하는 것이 아니라 성심誠心이 가장 중요하다.

(2) 신탁의 높이는 일반적으로 길상吉祥한 숫자가 있으니, 문공척門公尺의 '재財', '본本' 자를 표준으로 한다.

(3) 간이형 신탁의 높이는 5척, 5척 6촌 반, 4척 3으로 모두 길상과 평안의 높이이다.

(4) 향로의 재료는 일정하지 않고, 사용할 수만 있으면 되는데 마음가짐이 중요하다.

(5) 신을 봉안하는 데에는 자신이 편안한 것이 가장 좋다. 왜냐하면 주인의 마음에 무한한 희망이 생기게 되면 희망 속에서 신불이 반드시 희망을 주기 때문이다.

(6) 법사法師에게 부탁하여 봉안하는 것이 반드시 이상적인 방법은 아니다. 만약 법사의 사업이 순조롭지 못하거나 혹은 자금에 문제가 있다면, 신위를 안치한 후에 법사와 똑같은 일이 당신에게 발생할 수 있다.

(7) 신위를 봉안하는 데 있어서 과시해서는 안 된다. 향, 꽃, 채소와

과일, 초를 공경하게 준비하면 된다.

(8) 주신主神을 봉안하는 경전을 세 번 낭송하면 운수가 대통할 것이다.

4) 신위를 봉안하는 날

(1) 『통서通書』의 안신일安神日 - 안향일安香日을 펼쳐보라.

(2) 안신일은 주인과 부인의 띠가 부딪치지 않는 것이 길하다. 가족 중에서도 서로 부딪치지 않으면 더욱 좋다. 가족 중에 특히 병치레가 잦은 노인이나 혹은 고집이 센 아이와 부딪치는 것을 피한다.

(3) 안신일은 반드시 신위의 좌향坐向이 맞아야 한다. 옥향屋向을 논할 필요는 없다.

① 좌북향남坐北向南일 때에는 인寅·오午·술일戌日을 피한다.

② 좌남향북坐南向北일 때에는 신申·자子·신일辰日을 피한다.

③ 좌동향서坐東向西일 때에는 사巳·유酉·축일丑日을 피한다.

④ 좌서향동坐西向東일 때에는 해亥·묘卯·미일未日을 피한다.

⑤ 안신일은 만약 상황이 허락한다면 초하루나 보름날 자子·묘卯·오시午時로 잡으면 대길大吉하다. 왜냐하면 초하루나 보름날은 모든 신들이 인간 세상을 순시하는 날이고 신불들도 중생들이 신위를 봉안했는지에 특별히 관심을 갖기 때문이다. 만약 초하루나 보름에 신을 봉안한 사람이 있다면 반드시 신불이 강림하셔서 특별히 복을 더해 주신다. 다른 길일을 골라도 괜찮다. 가장 중요한 것은 좋아하는 마음이 있어야 신불이 강림한다는 것이다. 그렇지 않으면 아무리 훌륭한 법사를 모

셔온다고 해도 효과가 없을 것이다.

5) 의궤儀軌

(1) 시간尸諫 : 수행자를 모셔와 좌향坐向에 따라 택일하여 안좌安座
한다.

(2) 개광開光 : 수행자를 모셔오거나 혹은 스스로 불법佛法에 따라 개
광開光하고 점안한다.

(3) 공물供物

신불神佛 : 홍원紅圓 여섯 접시, 과일 다섯 가지, 발과發粿 한 쌍,
사탕, 꽃, 초, 태극금太極金 108장, 수금壽金 천원.

조상祖上 : 홍원 세 접시, 과일 네 종류, 발과發粿 한 쌍, 꽃, 초,
반찬 아홉 가지, 수금壽金 천원에서 삼천 원 정도.

(4) 안좌安座 : 길일吉日 좋은 시간을 택해 신상神像을 잘 봉안한다.

(5) 문소文疏 : 12개의 향에 불을 붙여서 절한 후에 향로에 꽂고 신위
를 봉안하는 문소文疏 혹은 심경心經을 공손히 낭송한다.

(6) 대략 30분이 경과한 후에 문소와 금지金紙를 함께 태우면 된다.

(7) 대략 향불 하나가 타는 시간에 절하는 것을 마친다.

(8) 신위를 봉안하는 문소文疏

더없이 높고 끝없이 깊은 미묘한 법,	無上甚深微妙法
백천만 겁을 지내도 만나기 어렵도다.	百千萬劫難遭遇
제가 지금 듣고 보아 받아 지닐 수 있으니,	我今見聞得受持
여래의 진실한 뜻을 알기를 바라나이다.	願解如來眞實義

금일 남첨부주南瞻部洲 중화민국 대만성 ○○현시 ○○향진 ○○路街 ○단段 ○루樓에 거주하고 있는 재가在家 수행 제자 ○○○는, 전 가족을 데리고 삼가 ○년 ○월 ○일 ○시에 성심으로 ○○신위와 ○부당府堂의 역대 조상의 위패를 봉안하여 아침저녁으로 공양하고, 참회하기 위해 재가수행하면서 재앙을 없애고 액운을 물리쳐 평안하기를 기원합니다.

금일 마음을 깨끗이 하고 향과 꽃, 소과素果 등을 준비하여 시방제불여래十方諸佛如來, 보살성중菩薩聖衆에게 공양하오니 왕림하시어 자비를 더해주어 복을 내려주옵소서. 부처님의 빛이 법우法雨와 감로甘露에 비추시어 풍조우순風調雨順하고 국태민안하기를 기원하옵고, 아울러 온 가족에게 복덕과 지혜를 더해 주시고 재가수행하며 함께 보리菩提를 인증하기를 기원합니다.

제자 성심으로 소과素果를 공양하오니 만약 불가의 예법[佛禮]에 미달함이 있으면 재가수행하는 제자에게 지혜를 더해 주십시오. 그리하면 금후로 제자 등은 공덕을 쌓고 실행하여 천지신불의 은혜에 보답하기를 원하옵고 이를 위언違言5)하지 않겠나이다.

이에 삼가 엎드려 고합니다.

나무대자대비관세음보살南無大慈大悲觀世音菩薩

나무대자대비시방여래불보살성중南無大慈大悲十方如來佛菩薩聖衆이시여, 굽어 살피소서.

삼보제자三寶弟子 ○○○ 등 공신恭申

세차천운歲次天運 ○○년 ○○월 ○○일

(9) 만약 다른 시·도의 사람이라면 주소만 고치면 된다.

---

5) 위언(違言) : 자기가 한 말을 어김. 조리가 닿지 않는 말이나 거역하는 말.

3. 사토謝土[6) ·배지기주拜地基主[7)

신위를 원만하게 안좌安座한 후에 매일 아침저녁으로 신불과 조상에게 공양해야 한다. 모든 신불과 조상은 결코 우리의 향불과 공물에 연연하지 않으므로, 우리가 속세에 대한 마음과 잡념을 거둬들이고 반성하고 참회하기에 가장 좋은 시간이다.

사람의 마음은 바르기도 하고 기울어지기도 하며, 착하기도 하고 악하기도 하다. 이욕利慾이 심령을 가릴 때 스스로 자각하지 못할 수 있으므로, 제보살諸菩薩의 자비와 제신성중諸神聖衆의 바른 기운을 빌려, 가려진 청정심을 일깨우고 이욕의 티끌과 먼지를 떨쳐버려야 한다.

신위와 조상을 안치한 후에 매일 신불에게 공양하는 순서는 다음과 같다.

(1) 신불神佛에게 절함

① 향 1~3개에 불을 붙인다.

② 먼저 바깥의 천공天公(하느님)에게 절을 한다.

③ 신불에게 절할 때, 공손하게 참회문을 읽는다. "제자가 지금까지 지은 모든 악업惡業은, 시작도 끝도 알 수 없는 먼 과거의 탐욕貪·노여움瞋·어리석음癡으로 인해 몸과 말과 마음을 따름에서 생겼사오니, 지금 신불神佛 앞에서 참회를 구합니다."

④ 만약 급한 일이 생기거나 결정하기 힘들어 망설일 때, 신불에게 고하여 지혜를 더하여 주기를 바라거나 혹은 소원하는 바를 기

---

6) 사토(謝土) : 고대에 집을 짓고 난 후 지신(地神)에게 감사하는 제사의식.

7) 배지기주(拜地基主) : 지기주(地基主)는 주택과 건물을 지키는 수호신. 배지기주(拜地基主)는 주택과 건물을 지키는 수호신에게 감사하는 제사의식.

원할 수 있다.

⑤ 기도가 끝난 후에 향을 향로에 꽂는다.

⑥ 세 번 무릎을 꿇어 머리를 숙여 절하고 사례謝禮한다.

(2) 조상에게 절함

① 향 1~3개에 불을 붙인다.

② 조상의 영전에 제사지내고 읊는다. "가당家堂에 계신 구현九玄, 칠조七祖 역대 조상에게 고합니다. 서방극락세계 아미타불의 대자비로 중생들을 극락왕생으로 이끌어주시니, 만약 부지런히 부처의 이름을 부르며 염불하면 의심의 여지없이 반드시 극락정토로 왕생할 것입니다. 아미타불, 선재善哉라!"

③ 향을 향로에 꽂는다.

④ 심경心經을 암송할 수 있으면 가장 큰 효행이다.

신위를 봉안하는 것과 서로 관련 있는 것으로, 사토謝土와 지기주地基主 두 가지의 의궤儀軌가 있다. 일반인들이 가옥 건축을 착공할 때, 대부분 과일과 금지金紙 등의 공물을 준비하여 착공이 순조롭게 이루어지기를 기원한다. 하지만 완공하여 입주入住한 후에 사토謝土해야 하는 것을 결코 알지 못한다. - 제신성중諸神聖衆, 산신山神, 지신地神 등 여러 좋은 신들의 도움을 받아 순조롭게 완공할 수 있었다고 감사한다. 의궤를 소개하면 아래와 같다.

① 시간: 초하루나 보름 오후 1~3시 사이가 길하다. 간혹 명사名師가 지정한 길일吉日과 길시吉時를 따르기도 한다.

② 공물: 홍원紅圓 세 접시, 다섯 가지 과일, 초 한 쌍(필수품), 다른 공물도 가능하다. 수금壽金 천원, 토지공금土地公金 천원, 사방금

四方金 천원, 맑은 물 한 잔, 버들가지[柳枝] 하나를 그릇 위에 올려둔다.

③ 감사 기도문

장엄한 정토를 세간에 건축하니,	莊嚴淨土世間築
웅장하고 아름다워 온 가족이 봄날이네.	美奐美輪闔家春
금일 공덕으로 함께 만들어 이루니,	今日功德齊造就
시방 중신의 은혜에 삼가 감사하네.	叩謝十方衆神恩

금일 제자 ○○○는 ○○○번지에 거주하고 있습니다. 원래 ○년 ○ 월 ○일 ○시에 길일과 길시를 선택하여 착공하여 ○○주택(공장)을 완공하였습니다. 금일 공정이 순조로워 준공되었으니, 중신衆神의 은 혜와 본 지역의 토지공土地公 및 성중聖衆의 자비를 더해 주신 것에 감사하기 위해 특별히 향화香花와 공과供果(제사상에 올리는 과일)를 준비하여 사례를 드립니다. 그리고 지금부터 거주하는 온 집안이 평안 하고 공덕이 무량하기를 기원합니다.

④ 향을 꽂고 20분이 지나면 다시 금지金紙를 태우고 감사를 드린다.
⑤ 만약 금주金柱[8])가 분리되어 있으면 함께 태워서 신의 은혜에 감 사를 드린다.
⑥ 거주하는 집이 좋으려면 마땅히 선량한 마음과 훌륭한 도덕을 갖추고 있어야 한다. 그러면 집안이 더욱 흥성하게 발전할 수 있다.

---

8) 금주(金柱) : 중국 건축에서 추녀 안기둥[身舍柱]을 말한다. 단 벽면에 접하는 큰 기둥만을 일컬으며 건물 중심선에 위치하는 것은 중주(中柱)라고 한다.

지기주地基主를 받드는 방법에는 여러 종류가 있다. 주방의 뒤뜰에서 제사를 지내는 방법도 있는데, 우리 종문에서는 제사지내는 방법을 다음과 같이 통일하였다.

(1) 위치 : 본댁의 대문 안에서, 밖에서 안을 향해 절한다.

(2) 공물 : 밥과 반찬, 작은 수금壽金 세 묶음, 향 세 개.

(3) 지기주地基主는 본가本家 조상의 호법신護法神이기 때문에 기도할 때에, "음식과 금은金銀 재화財貨를 웃으며 받아주시기 바랍니다."라고 빌면 된다.

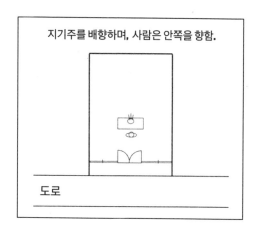

4. 신위神位의 풍수 금기 사항

신을 모시거나 부처에게 예를 올릴 때, 자신의 마음을 반성하고 아울러 제불諸佛 보살菩薩 성중聖衆의 정신을 학습하는 것 외에도, 신청神廳과 불당도 반드시 풍수의 법칙에 부합해야만 일가의 평안을 확보하고 아울러 보우保佑를 받을 수 있다. 지금 신위의 풍수와 관련된 금기 사항에 대해 간략하게 설명하고자 한다.

① 분홍색의 담장과 바닥은 피한다. 만약 삼살三煞9)을 만나는 해에는 화火가 중궁中宮으로 들어가 집안에 자질구레한 일들이 많이 일어난다.

② 담장 벽면은 유백색이나 미황색이 좋다.

③ 신명神明이나 금존金尊이 너무 많아서는 안 된다. 지나치게 복잡하면 주인의 마음이 불안하다.

④ 제단은 간단하고 장엄하며 소박해야 한다.

⑤ 제단 위는 매일 마른 수건으로 깨끗하게 닦아야 한다.

⑥ 향로는 매월 초하루와 보름에 각각 한 번씩 청소해야 한다.

⑦ 향로를 청소할 때 향로를 이동해서는 안 된다. 매년 12월 24일에 천계天界로 신을 보낸 후 대청소를 할 때도 옮겨서는 안 된다. 집집마다 집의 방향이 다르고 청소하는 시간도 같지 않아 삼살방이 이 방향으로 들어올까 두렵기 때문이다.

⑧ 신위는 물길을 거슬러서 모셔야 하며 물길을 따라가서는 안 된다.

⑨ 신위와 금존金尊은 높이에 구애되지 않고 성심을 원칙으로 한다.

⑩ 신위의 앞쪽이 기둥에 부딪치는 것을 피한다. 창문 기둥은 무방하다.

⑪ 신위의 앞쪽이 다른 사람의 집 모서리와 부딪치는 것을 피한다. 눈을 다치고 구설수에 오른다.

⑫ 신위의 앞쪽이 다른 사람 집의 급수탑과 부딪치는 것을 피한다. 위장병이 생긴다.

---

9) 삼살(三煞) : 삼살은 겁살(劫煞), 재살(災煞), 세 살(歲煞)을 일컫는다.

⑬ 신위의 앞쪽이 전신주와 부딪치는 것을 피한다. 코피가 나고 눈을 다친다.

⑭ 신위의 아래쪽에 텔레비전을 두는 것을 피한다. 구설의 재앙이 생긴다.

⑮ 신위의 아래쪽에 냉장고를 두는 것을 피한다. 등골이 차가워지고 아이가 오줌을 자주 싼다.

⑯ 신위의 아래쪽에 주류를 두는 것을 피한다. 빈 병도 안 된다. 특히 조상의 위패 아래에 두는 것을 피한다.

⑰ 신위의 아래쪽에 의자를 두는 것을 피한다. 불안정하다.

⑱ 신위의 아래쪽에 더러운 물건을 두는 것을 피한다.

⑲ 신위의 위쪽이 들보에 눌리는 것을 피한다. 조금 튀어나오는 것은 괜찮다.

⑳ 신위의 오른쪽은 고요하게 하고 움직이지 않게 한다.

㉑ 신위의 앞쪽에 텔레비전을 마주 비추게 놓는 것을 피한다. 구설의 재앙이 생긴다.

㉒ 신위의 앞쪽에 옷을 걸어 두는 것을 피한다.

㉓ 신위의 좌우가 통로와 부딪치는 것을 피한다.

㉔ 신위의 바로 앞쪽이 통로와 부딪치는 것을 피한다.

㉕ 신위의 뒤에 화장실의 변기를 두는 것을 피한다. 벽 하나를 사이에 두고 있어도 안 된다.

㉖ 신위가 부엌 가스레인지와 바로 마주 보게 해서는 안 된다.

㉗ 신위에는 조명이 밝아야 한다.

㉘ 신위를 모시는 신청神廳은 일 년 내내 밝아야 한다. 신등神燈이 꺼지면 바로 바꿔야 한다. 그렇지 않으면 일주일 안에 반드시 자질구레한 사건이 생긴다. 불보살佛菩薩에게 간청하여 큰 문제

는 작게 만들고 작은 문제는 없게 만든다.

㉙ 조상의 신등은 꺼지지 않게 해야 한다. 특히 조상에게 제사를 지낼 때는 촛불을 켜야 한다.

㉚ 신위의 전방이 검은색의 편액과 부딪치는 것을 피한다. 문으로 들어갔을 때 검은색의 편액이 있거나 사무실에 검은색 편액이 있으면 불길하다.

㉛ 신위는 옥탑방처럼 뜨거운 열기가 있는 곳에 안치하지 말아야 한다.

㉜ 신위는 사람과 접촉이 많은 곳이 가장 좋다.

㉝ 신위의 높이는 문공척의 '재財', '본本'과 부합해야만 좋다. '의義' 도 가능하다.

㉞ 신탁神卓은 너무 화려하고 사치스러울 필요는 없다.

㉟ 신탁은 청결을 수시로 유지해야 하지만 호화롭게 할 필요는 없다.

㊱ 신위는 반드시 가장 높은 층에 안치하지 않아도 된다.

㊲ 신명 앞에서는 속옷을 입고 돌아다니지 말아야 한다.

㊳ 신명로神明爐의 높이는 5촌寸 반(약 18㎝)이 대길하다.

㊴ 신명로는 단단하여 쉽게 깨지지 않아야 좋다. 옥로玉爐를 사용해서는 안 된다.

㊵ 신명로 앞에 1원元 크기의 붉은 종이를 붙이는 것이 가장 좋다.

㊶ 신명 탁자의 높이는 문공척의 '재財', '본本'과 일치하는 것이 좋다.

㊷ 신명은 높이에 구애되지 않고 장엄하면 된다.

㊸ 신상神像과 금존金尊이 반드시 목질이라야 좋은 것은 아니다.

㊹ 신상과 금존은 속이 빈 도자기나 동기銅器 모두 가능하다,

㊺ 신상은 그림으로 만들어도 괜찮은데 마음이 중요하다.

㊻ 신위는 붉은 종이에 받들어 모시는 신의 이름을 쓰는 것이 길하

다. 정성스러운 마음을 으뜸으로 삼는다.

a) 너비 7촌, 길이 1척 3촌의 붉은 종이를 준비하여 사용한다.

b) 자시에 먼저 문밖에 나가서 향을 사르고 신명께 고하고, 다시 붉은 종이를 집안으로 들여와 쓰고 나서 안좌한다.

c) 축문(祝文)은 다음과 같다.

"제자 ○○○는 신구의 身口意(몸·말·마음)로 공양하고자 ○○○ 신[불佛, 보살]을 모시고자 삼가 당신의 법명을 쓰고자 합니다."

㊼ 신상은 장엄하고 단정함을 추구해야 하고, 얼굴 부분이 맑고 밝아야 한다.

㊽ 신상에 대한 공양을 지나치게 많이 하지 말라. 그렇지 않으면 망설이거나 딴 마음을 품게 되어 길하지도 이롭지도 못하다.

㊾ 신에게 공양하려면 먼저 주신主神의 역사와 사적을 철저하게 이해해야 한다.

㊿ 12월 24일에 대청소를 하고 신을 배웅할 때 중간 크기 컵의 물로 신상의 얼굴을 닦는다.

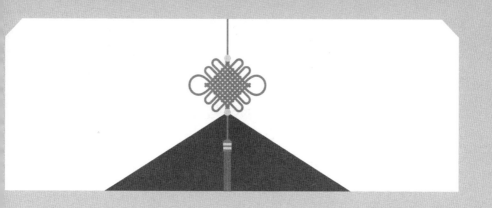

V

풍수와 예술 조경

1. 풍수와 예술 조경 (1)

비록 대만의 토지는 한 치의 땅이라도 금싸라기 땅이지만, 사람들은 이용할 공간만 생기면 너 나 할 것 없이 모두가 작은 경관을 만들어 생활의 정취를 높이려고 한다.

풍수는 대지의 공기와 물이 서로 조화하는 법칙이며, 예술 또한 우주 천지에 만물이 생존하고 조화하는 법칙으로서, 대우주 공간의 자연을 작은 면과 점으로 농축해 놓은 것이다. 그러므로 조경사는 대자연의 법칙을 예술가의 심경과 사색을 통하여 작은 환경의 공간 속에 농축하는 것이다.

예술의 창작 성과는 반드시 대大에서 소小로, 소에서 대로 오가며 조화를 이루어 생겨난 소우주이다. 다만 그것은 생명이 있는 창작이므로, 만약 그 창작이 미감만을 강조하고 풍수학의 생멸生滅과 조화의 법칙을 소홀히 한다면 그 작품은 단지 기교에 지나지 않을 것이다. 그래서 예술가들이 무심코 역경과 풍수의 법칙을 어긴 듯한 작품들을 종종 발견하게 된다. 만약 예술을 역경과 풍수학에 녹여 들일 수 있다면, 이러한 작품은 반드시 생명이 있고 불법佛法이 있고 선기禪機가 있는 생명적인 창작이 될 것이다.

경관설계가의 훌륭한 작품은 거주하는 사람의 평안함 여부와 깊은 관련이 있다. 현대는 사회경제가 발전하고 생활수준이 향상됨에 따라, 사람들은 어디서나 편안하고 안락함을 소중히 여기고, 또 돈을 얼마만큼 썼는가를 두고 자신을 과시하려고 한다. 그렇지만 돈은 돈대로 쓰면서도 고통과 재난은 끊이지 않고 사업은 순조롭지 않는 경우가 많다. 또 주택의 좌우에 격조가 있는 경관을 증축하고 나서 부부, 부자, 친구들이 서로 반목하고 원수가 되기도 한다. 이런 일들은 너무 많아

일일이 거론할 수 없을 정도이다.

예술가가 만든 작품이 좋은지 나쁜지에 마음을 둘 필요는 없지만, 조경설계사의 작품에는 여러분이 주의하지 않으면 안 된다. 왜냐하면 예술가의 작품은 진열하여 전시하지 않아도 되지만, 경관 작품은 그 길흉과 호오_{好惡}가 집안의 평안 여부와 직접 관련되기 때문이다.

경관 작품에서는 산수 조경을 빼놓을 수 없다. 산수 조경의 길흉은 아래에 열거한 사항을 주의해야 한다. 지금 여러분에게 제공하니 참고하기 바란다.

① 산수 조경의 위치는 백호방에 두지 않는 것이 가장 좋다. 남성을 손상하고 재물을 파손하며 구설의 화가 많다.

② 산수 조경을 주택의 정후방正後方에 만들어서는 안 된다. 비록 택운宅運이 왕성할 때에도 오히려 남성을 손상하고 재물을 파손하게 된다.

③ 산수 조경을 주택의 마당 가운데에 설치하는 것은 금한다. 신장병 및 안구 질환을 조심해야 하며 집안이 안녕하지 못하다.

④ 산수 조경은 청룡방에 세우는 것이 가장 좋고 길하다.

⑤ 산수 조경에서 물이 흐르는 소리가 너무 커서는 안 된다. 시간이 오래되면 물소리가 곡哭하는 소리가 된다. 만약 다른 집에 이런 상황이 있어서 자택에 영향을 준다면 집안의 용변龍邊에 어항을 두어 해결을 구한다.

⑥ 산수 조경을 만약 백호방에 만들면, 물이 흘러 소리가 날 경우, 집안에는 구설의 재앙이 많아지고 바깥에서도 괜한 구설의 재앙을 초래하기 쉽다.

⑦ 산수 조경이 만약 옥상[건물의 꼭대기]에 있을 경우에도 백호방

에 만들어서는 안 된다. 또한 신청神廳, 불당, 신위의 위에 만들어
서도 안 된다. 그렇지 않으면 뇌신경 쇠약이나 불면증 등의 증상
이 생길 수 있다.

⑧ 석가산石假山(돌로 만든 가상의 산)의 돌은 가능하면 다각형이나
기형적이거나 괴상한 형상을 가급적 적게 써야 한다. 왜냐하면
이런 난석亂石은 산봉우리의 '파군성破軍星'10)에 해당하므로 대
흉大凶의 조짐이기 때문이다.

⑨ 석가산의 돌 가운데 동물의 형상을 하고 있는 것이 있다면 사용
하지 않는 것이 가장 좋고 길하다. 왜냐하면 형상이 있는 것에는
반드시 영혼이 있기 때문이다. 일찍이 어떤 사람이 그의 정원에
있는 동물 형상의 돌 때문에 곤란에 처한 적이 있었다.

⑩ 산수 조경에서 불보살佛菩薩의 형상을 물속에 세우면 절대 안 된
다. 한편으로는 신불神佛을 공경하지 않는 것이고 다른 한편으로
는 외부의 영령이 강림하여 불필요하게 곤란한 상황을 만드는
것이다. 일찍이 어떤 사람이 인공 연못 안에 미륵불상을 12년 동
안 안치하였는데, 이로 인하여 12년 동안 병을 앓은 적이 있었다.
나중에 원인이 있는 곳을 발견하여 없애고 나서야 겨우 편안해
졌다.

⑪ 산수 조경에서 용龍 모양의 조각상을 두지 않는 것이 가장 좋다.

⑫ 산수 조경에서 물줄기의 방향이 밖을 향하여 흘러서는 안 된다.
응당 집안을 향하여 흐르는 것이 길하다.

---

10) 파군성(破軍星): 북두칠성(北斗七星)의 일곱 번째 별. 칼 모양을 이루는데, 술가
(術家)에서는 이 별이 가리키는 방위에서 일을 하면 만사(萬事)가 불길(不吉)하
다 함.

⑬ 산수 조경에서 반궁反弓의 형상이 있어서는 안 된다. 반드시 월미형月眉形을 만들어 안으로 감싸게 해야 한다. 그렇지 않으면 반목하게 되며, 감싸주게 하면 정情이 있는 형상을 만든다.

⑭ 산수 조경에서 청룡방은 점점 높아지게 하고, 백호방은 낮게 엎드리게 하는 것이 길하다.

⑮ 산수 조경에서 연못의 밑바닥은 언제나 막힘없이 잘 뚫려서 진흙이 가라앉지 않도록 해야 한다. 그렇지 않으면 가족 모두의 건강에 영향을 준다.

①예술 조경은 반드시 대자연과 서로 융합해야 한다.
②지붕의 뾰족한 부분이 부근 산의 각도와 평행해야 한다.
③경관은 반드시 주위의 환경과 서로 조화되어야 한다.

　이상 열다섯 개의 조항을 개괄적으로 서술하였는데, 만일 상세하게 연구하려면 '현공애성玄空挨星'과 '삼원구운三元九運'을 구하여, 택상宅相과 배합하여 선천체先天體와 이기理氣가 서로 작용하게 해야 한다. 하지만 사람은 대자연의 한 부분이고 가옥이나 조경 역시 대자연의 한 부분이므로, 서로 융합하게 되면 앞에서 언급한 것에 이미 75%가 길상吉相을 차지한다. 나머지 25%는 선을 행하고 음덕을 쌓는 노력을 통해 보충하고 돕는다.

만약 조경설계사들이 풍수의 법칙에 따라 사람을 위해 조경을 한다면, 분명 사람들에게 평안과 행복을 가져다줄 수 있게 될 것이니, 참으로 공덕이 무량無量하다. 이와 반대로 하면, 그것은 자신도 모르는 사이에 악업을 조성하고도 도리어 알지 못하는 격이니 이것은 정말 억울하지 않겠는가!

예술 조경설계사 여러분들의 손을 통해 조화롭고 행복한 사회가 만들어지고 있다는 것을 간과해서는 안 된다. 여러분들이 불보살佛菩薩의 화신化身이요, 인간 세상에 살아있는 부처이다. 함께 손을 잡고 청정한 인간 세상에 불세계佛世界의 정토를 창조하기를 간청한다.

2. 풍수와 예술 조경 (2)

흉석[凶石]　　길석[吉石]

돌은 조경에서 중요한 재료이다. 따라서 돌의 배열은 마땅히 대환경의 형상과 서로 어울려야 하는데, 이는 대환경의 형상을 조경 속에 축소한 것이기 때문이다. 그림을 예로 들면, 대자연의 산형山形이 위와 같을 경우, 돌을 배치하고 싶다면 오른쪽의 형상이 길하다. 만약 형상이 서로 부합되고 기 또한 왕성하다면 길吉에 길吉을 더한 것이 된다.

돌을 배치하는 방법도 풍수의 법칙과 맞아야 하는데 아래 그림과 같다. 집의 용변에는 돌이 가까워야 하고, 호변에는 돌이 멀어야 한다.
용변의 돌은 두 개의 작은 돌로 감싸듯 떠받쳐야 한다.

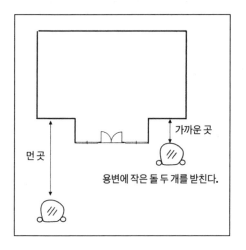

먼 곳

가까운 곳

용변에 작은 돌 두 개를 받친다.

돌을 잘못 배치한 경우는 아래 그림과 같다.

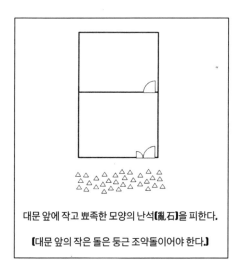

대문 앞에 작고 뾰족한 모양의 난석【亂石】을 피한다.

【대문 앞의 작은 돌은 둥근 조약돌이어야 한다.】

(1) 대문 앞에 작고 뾰족한 형상의 난석亂石이 깔려있을 때, 이 집의 아이에게 혈액암이 생겼다.

(2) 나중에 돌을 깨끗하게 치우자 아이의 병이 즉시 나았다.

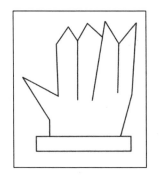

　　산수 조경에 사용되는 돌은 가능하면 다각형이나 기형畸形의 돌을 피한다. 왜냐하면 이런 난석은 파군성破軍星에 해당하여 대흉의 조짐이 되기 때문이다. 예를 들어 왼쪽 그림처럼 돌이 만약 본댁의 오른쪽에 놓여 있다면 '백호가 발톱을 드러내는[白虎現爪]' 형상이 되기 때문에 젊은 부인이 유산하기 쉽다.

만약 당신이 돌을 수집하는 데 취미가 있다면, 수집으로 인하여 발생하는 곤란을 피할 방법을 여러분에게 소개하고자 한다.

(1) 돌(혹은 기이한 나무)을 집의 바깥이나 베란다에 놓고, 붉은 종이를 밑에 깔고, 바깥에서 하늘을 보게 하고, 사흘 밤낮을 감로甘露에 촉촉하게 젖게 한다.

(2) 붉은 천으로 위를 덮어 집안으로 들인다.

(3) 만일 이미 소장하고 있던 것이라면, 초하루 혹은 보름날 정오를 택하여 붓에 붉은 주사硃砂 먹물을 찍어 돌의 뒤쪽이나 아래쪽에 점을 찍는다.

(4) 돌을 너무 많이 소장하면 안 된다. 기운을 막아 온갖 병이 생기고 약병이 손에서 떠나지 않을 수 있다.

만약 수집한 돌이 '석담석石膽石'과 관계된다면 처리하는 방식은 다음과 같다.

(1) 붉은 실로 묶는다.

(2) 먼저 소금물로 씻고 하늘을 보게 한다.

(3) 다시 냇가로 가서 물에 씻고, 돌이 마르기를 기다린 후에 붉은
   종이를 밑에 깔고, 돌 위에 붉은 주사로 만卍자를 쓴다.

정오에 붉은 주사로 점을 찍고 '옴마니반메훔唵嘛呢唄咪吽'을 읊으면
영靈이 쉽게 돌 위에 붙지 않는다. 왜냐하면 붉은 주사가 살煞을 피하
게 하기 때문이다.

3. 풍수와 예술 조경 (3)

대자연의 모든 사물은 절대적으로 존재하고 있는 것은 아니다. 마치
무극無極에서 태극太極이 생기고 태극에서 양의兩儀가 생겨나듯, 태극
도太極圖 안에는 음양의 두 면이 존재한다. 그러나 모두 '음 가운데 양
이 있고[陰中有陽]', '양 가운데 음이 있으니[陽中有陰]', 이를 일상생
활에 응용하면 하나의 물체와 사건에는 모두 정부正負 양면 혹은 다층
적인 존재 의의가 있는 것이다.

돌의 용도 또한 이와 같다. 돌은 결코 전혀 쓸모가 없는 것이 아니니,
만약 여러분이 대자연의 조화에 관해 연구해 보면, 돌에도 매우 큰 오
묘奧妙한 용도가 있다는 것을 발견하게 될 것이다.

예를 들면 돌을 사용하여 살煞을 제압할 수 있다. 백호방에 해당하는
산이 높을 때는 형상을 진중鎭重하게 할 수 있다. 무늬가 촘촘한 돌은
청룡방에 두고 돌의 뾰족한 부분이 백호방으로 향하게 하면 용변龍邊
에 힘이 생겨 살煞을 물리칠 수 있다.

집의 뒤쪽이나 옆쪽의 골목이 상충相沖하면 집에 상당한 정도의 영향이 있는데, 만약 집의 뒤쪽이나 옆쪽에 돌을 활용하면 골목에서 부딪치는 살기煞氣를 막고 살煞을 무형無形으로 변화시킬 수 있다.

사무실 탁자의 배치도 용변龍邊에 힘이 있는 것을 좋게 여긴다. 그러나 선천적인 조건이 부족하다면 돌을 사용하여 용변의 기운을 증가시킬 수 있다.

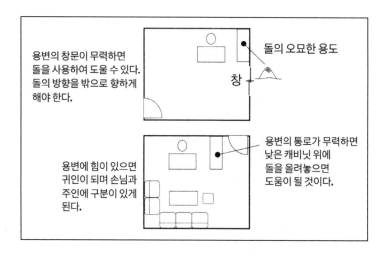

만약 역경易經을 연구한 사람이라면 점괘占卦의 방식을 사용하여 돌을 적당한 곳에 배치할 수 있다.

(1) 돌을 어느 방향에 배치하는 것이 길한지를 점치려면 '자손방子孫 方'을 찾아라.

(2) 집안에 돌이나 기타 물품을 배치하는 데 길흉이 어떠한지 점을 친다면, 세효世爻[11])가 재성財星(재물), 복성福星[12]) 자손효子孫爻

---

11) 세효(世爻) : 주역(周易)의 64괘를 아래 괘와 위 괘가 같은 8순괘(純卦, 乾兌離震

육합六合, 천지사방, 왕상旺相13)일 때는 모두 배치할 수 있다.

선불사仙佛寺의 돌은 대부분 본산本山인 선기산禪機山의 돌이거나 혹은 석재石材나 석질石質이 서로 가까운 돌인데 정답게 감싸며 자연에 녹아들어 있다. 돌에는 균형점이 있고, 이 균형점이 바로 불성佛性이다. 여러분이 만약 돌의 성질에 대해 이해하는 바가 있으면 이는 바로 불성을 이해하는 것이니, 불성을 깨닫고 보리菩提14)를 증명할 수 있을 것이다.

4. 풍수와 예술 조경 (4)

산수 조경을 조성하는 법칙은 대자연의 법칙과 상응해야 하고, 절대로 자기의 기호에 따라 마음대로 조성해서는 안 된다. 특히 연못을 만들 때에는 더욱 주의를 기울여야 한다. 그렇지 않으면 이로 인하여 남성이 다치고 재물이 손실되며 가운家運이 쇠퇴하는 경우가 아주 많다. 예를 들면 아래 네 개의 그림과 같다.

巽坎艮坤)의 효(爻)가 변화하는 관계에 따라 8영역으로 분류하면, 그 변화를 대표하는 뜻을 가진 효가 있는데 이를 '세효(世爻)'라고 하며 이 세효에 상응하는 효를 '응효(應爻)'라고 한다.

12) 복성(福星) : 원래는 목성(木星)이 세성(歲星)으로서 복을 주관한다고 하여 목성의 대칭으로 쓰인다.

13) 왕상(旺相) : 음양가(陰陽家)에서 오행(五行)의 기(氣)의 소장(消長)을 왕(旺)·상(相)·사(死)·수(囚)·휴(休)라 하고 그 왕성한 것을 왕상이라 한다. 흔히 때를 얻는 것을 '왕상', 잃는 것을 '휴수(休囚)'라 한다.

14) 보리(菩提) : 불교에서 수행 결과 얻어지는 깨달음의 지혜 또는 그 지혜를 얻기 위한 수도 과정을 이르는 말. 산스크리트 보디(Bodhi)를 음역한 말로, 의역하면 각(覺)·지(智)·지(知)·도(道)라 한다.

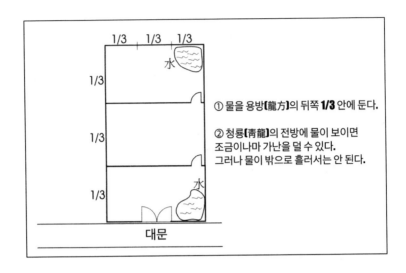

① 물을 용방【龍方】의 뒤쪽 **1/3** 안에 둔다.

② 청룡【靑龍】의 전방에 물이 보이면
조금이나마 가난을 덜 수 있다.
그러나 물이 밖으로 흘러서는 안 된다.

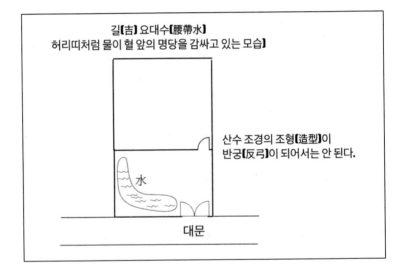

길【吉】 요대수【腰帶水】
허리띠처럼 물이 혈 앞의 명당을 감싸고 있는 모습】

산수 조경의 조형【造型】이
반궁【反弓】이 되어서는 안 된다.

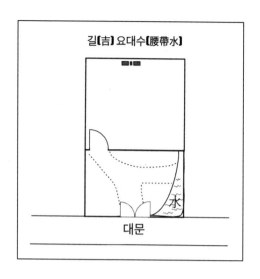

길(吉) 요대수(腰帶水)

대문

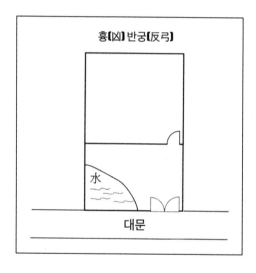

흉(凶) 반궁(反弓)

대문

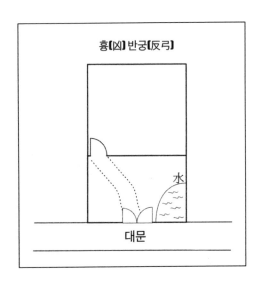

흉凶 반궁反弓

水

대문

5. 풍수와 예술 조경 (5)

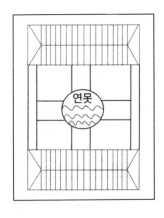

연못

산수 조경을 주택의 정후방正後方에 만들어서는 안 된다. 일찍이 어떤 신도가 집안의 중궁中宮에 연못을 만들었다가 모친의 눈과 심장을 상하게 한 적이 있다.

산수 조경을 주택의 백호방에 두어서는 안 된다. 예를 들면 어떤 학생이 정신적으로 좋지 못하였는데, 부모가 전문가를 모셔와 주택을 살펴보게 하였다.

(1) 집 앞의 오른쪽에 물소리가 커서 아이의 본명本命과 부딪치므로 빨리 물을 방류하여 사용하지 못하게 하였다.

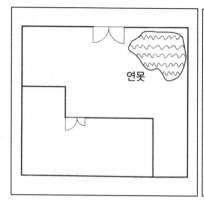

(2) 아이의 침대가 백호방에 놓여서 몸을 핍박하고 또 옷장이 머리
   에 부딪친다. 공간과 관계되기 때문에 침대의 위치는 바꾸지 않
   고 머리를 돌려 잠을 자게 하였다.

산수 조경이 만일 옥상에 있다면 백호방에 만들어서는 안 된다. 또
안방 침대의 위쪽도 안 되며 신청神廳, 불당佛堂, 신위神位의 위쪽도 안
된다. 그렇지 않으면 뇌신경쇠약과 불면증 등을 조성할 수 있다.

어떤 신도의 예를 들어본다.

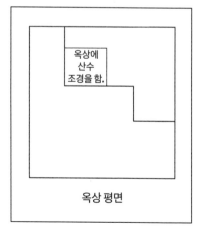
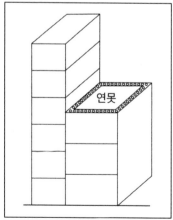

(1) 옥상에 산수 조경을 만들었는데, 1층에 있는 모친의 방이 연못에 압도되어 밤마다 잠자기가 어려웠다.

(2) 아파트의 옥상에는 산수 조경을 만들어서는 안 된다. 그렇지 않으면 입주민들이 평안하지 못하다.

선기산禪機山 선불사仙佛寺의 풍수와 경관은 천인天人이 합일合一하는 대작大作이니, 참관하는 것을 환영하며 함께 인간 세상의 정토淨土를 창조합시다.
[禪機山仙佛寺的風水與景觀, 是天人合一之大作, 歡迎參觀, 共創人間淨土]

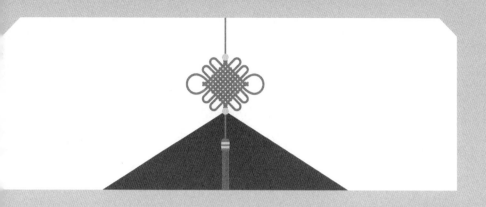

VI

학교 풍수 연구

1. 학교 (1)

고대의 교육기관이 대부분 사원寺院의 도움을 받은 것은, 교육이 아직 보급되지 않은 시대에 사회의 수요에 대처하기 위한 조치였다. 현대에는 전문적으로 학교를 설립하여 널리 인심을 교화하고 후대를 교육하고 있다. 따라서 학교는 사원의 화신化身이고, 교사들 역시 고승대덕高僧大德의 행자行者이며 보살의 화신이다.

학교가 문화 지식을 전달하고 교육하는 이외에, 학교의 건물을 짓고 배치하는 하드웨어적인 요소도 교육의 성패에 직접적인 영향을 끼친다. 왜냐하면 정문, 주요 책임자의 사무실 위치, 운동장, 급수탑, 취수펌프, 물탱크 등과 같은 하드웨어적인 학교 건물들도 음양의 기류 조화에 주의해야 하기 때문이다. 정문 밖의 기타 건물도 높아야 할 것은 높고 낮아야 할 것은 낮아야 한다.

만약 백호방이 청룡방보다 높으면 그 학교의 내부에서 인사人事 관계로 암투가 벌어지고 외부인이 항상 학교 행정에 간섭하게 된다. 교내 학생의 평안에도 문제가 생겨 이따금 뜻밖의 핏빛 재앙을 보게 되고, 학생의 성품과 행동 또한 비교적 완고하여 교육하고 지도하기가 어려워져 교육자의 고충이 가중된다.

교육을 주관하는 자의 지혜가 깊고 넓으면 교육의 실패 변수를 줄일 수 있다. 그러므로 관리자의 사무실 위치가 풍수의 법칙처럼 안팎으로 한마음이 될 수 있는지도 매우 중요한 과제이다.

나는 모 학교 교장의 책상 위치가 잘못되어 고혈압으로 오랫동안 치료하였지만 효과가 없는 것을 보고, 책상의 위치를 적당하게 바꿔주었다. 그런 후에는 병든 몸이 건강해졌다. 이후 학교의 교직원도 한마음이 되었고, 학생들도 열심히 학업에 힘써 진학률도 높아지고 평안하였다. 이는 모두 검증된 사실이며 꾸며낸 이야기가 아니다.

학교의 정문을 만약 선법善法에 따라 수정할 방법이 없을 때에는, 주관하는 자의 책상 방향을 '현공애성玄空挨星'의 방법으로 바꾸면 정문의 왕성한 기운을 거둘 수 있으니 역시 길吉을 따르고 흉凶을 피할 수 있다.

만약 바깥 정문 밖에 있는 '옥척살屋脊煞'이 교문에 부딪쳐 교내에 불안을 일으킬 때, 교문 안쪽 입구에 병풍과 큰 거울을 세우고 거울에 교훈을 쓰면, 미관상으로 보기도 좋고 살煞을 없앨 수 있으니, 이것은 일거양득하는 일이며 미신이라는 우려도 불식시킬 수 있다.

1986년 대만성台灣省 대중현台中縣 풍원시豊原市 풍동국민중학교豊東國民中學校의 교문이 대흉의 구조에 해당하였다. 당시 현정부縣政府 재정국財政局 지부과支付課의 진자의陳子宜 선생이 본인을 추천하여, 먼저 가서 관찰하게 하였다. 원래의 교문을 폐쇄하고 새로 교문을 만든 후에는 진학률이 크게 올랐고 학생과 교사들도 모두 평안하였다.

각자가 맡은 본분을 다하고 서로 공경하기를 손님을 대하듯이 하면 모든 일이 뜻한 대로 되니, 여러분을 축복한다.

혼원법어混元法語에 이르기를,
"학교는 큰 도량道場이고, 교장은 큰 화상和尙이며, 교사는 큰 법사法師이고, 학생은 작은 사미沙彌이다.
[學校是大道場, 校長是大和尙, 老師是大法師 學生是小沙彌]"

2. 학교 (2)

학교에서 교사는 큰 공덕을 행하는 사람이다. 왜냐하면 만약 여러 불보살佛菩薩이 자애로운 항해를 하고 환생還生하여 사람이 되어도, 그들 또한 반드시 유치원, 초등학교, 중학교, 고등학교, 대학교, 대학원 박사 등의 과정에서부터 마지막으로 사회교육 등에 이르게 되기 때문이다. 이러한 과정은 우주 만물이 '생성되는 법칙[生的法則]'이다.

학교는 바로 큰 도량道場이고 교사는 큰 법사法師이다. 특히 학생들을 지도하는 주임 교사들은 큰 법사 및 보살의 역할을 담당하고 있다. 그러므로 우리는 모든 교사 및 지도교사를 진심으로 존경해야 한다.

학교의 지도교사는 학생들의 수업 과정 및 심성을 해결하는 것 외에 가장 중요한 것이, 여러 가지 방법으로 사람에게 내재하는 불성佛性(숨겨진 큰 지혜)을 계발하는 것이다. 왜냐하면 '교육'이 바로 계몽이고 중생을 제도濟度하는 부처의 일[佛事]이기 때문이다.

생각과 마음이 성숙하지 못한 학생들을 계도啓導할 때에, 우리는 마음만 앞서고 힘이 부족하다는 생각이 들 때가 많다. 그러나 장난이 심함, 고집불통, 종잡을 수 없는 주관적 의식 및 가치관 등 이 모든 것들은 아이들의 본래 모습이 아니다. 이는 단지 성장 과정 중 하나의 변화일 뿐이다.

하나하나의 학생들은 모두 자존심을 가지고 있다. 그러므로 영예롭지 못한 수많은 사정은 결코 그들이 진심으로 원해서 발생한 것이 아니다. 교육자나 혹은 지도교사가 학생들의 가정환경에 주의를 기울이는 것만으로도 학생들의 향상하려는 마음을 개선하고 도와줄 수 있을 것이다. 왜냐하면 교사의 지혜가 학생의 행복이기 때문이다.

학생들의 결함은 침대 위치, 책상, 침실의 불빛이나 색깔과 매우 큰 관련이 있다고 생각한다. 그뿐만 아니라 학생 부모의 침대 위치도 간접적으로 어린이에게 영향을 끼칠 수 있다. 만약 부모의 침대 위치가 잘못되었다면 반드시 다툼이나 불안 등의 일이 있어서 아이의 정서에 영향을 준다. 그리고 학생이 사는 집의 오른쪽 전방에 높은 빌딩이나 다른 건물이 있다면 '하인이 주인을 속이거나[奴欺主]' 아랫사람이 윗사람을 범하는 등의 좋지 못한 상황을 조성할 수 있다. 그리하여 아이들이 점점 말을 듣지 않게 되고 심성에도 변화가 매우 크게 일어난다.

수많은 가장家長들이 일찍이 신불神佛과 본인에게 봐 주기를 요청하였는데, 조사한 결과는 대부분 주택의 문제였다. 풍수의 법칙에 따라 침대의 위치를 개선한 뒤에는 어린이가 여러 방면에서 천천히 개선되었다.

본인은 중생을 위해 자기 몫을 다하는 힘을 발원하였으니, 인연이 있는 사람을 도와 세상의 어려움을 해결하고 나아가 집집마다 평안하고 사회가 화목하기를 바란다.

가령 풍수학을 믿는 교사, 교육자, 주임 교사들이라면 자신의 아집을 버려야 하며, 이 학문을 얕잡아 보거나 또는 믿을 만한 가치가 없다고 망언을 해서는 안 된다. 차분하게 사심을 버리고 함께 이 묘법妙法을 시험적으로 교육에 활용하여 그 효과를 검증한 후에 다시 널리 전한다면, 여러 교육자들은 다음 세대 국가의 동량지재棟梁之材를 양성하는 백년대계에 커다란 성과와 공덕을 거둘 수 있으리라 믿는다.

오늘 본인은 '지관地官, 地理師'을 양성하려는 것이 아니라, 우주 안에 갖추고 있는 원래의 묘법에 조금의 착오도 없다는 것을 인증한 후에 인연이 있는 여러분에게 알려드리는 것이니, 여러분들이 소중히 여기기를 바란다.

3. 학교 (3)

사실 풍수학은 바로 대자연의 법칙이며 또한 우주가 운행하는 대도 大道이기도 하다. 그래서 옛사람들은 항상 "하늘을 따르는 자는 살고, 하늘을 거스르는 자는 망할 것이다."라고 하였으니, 얼핏 들으면 다분 히 패도적覇道的이고 신권론적神權論的이다. 사실 하늘[天]이란 대자연 이다. 많은 이들이 명상名相15)에 가려져 하늘의 의미를 신격화하고, 자 연의 운행을, 너무 요원하여 도달할 수 없는, 공허한 담론으로 바꾸어 버렸다.

역경학은 우주의 운행을 해석하는 최고의 진리이고, 또한 대우주 사 이에 만물이 운행하는 대법륜大法輪이기도 하다. 만물은 이 궤도를 따 라 일정하게 태어나서 성장하고 멈추고 사라지는 정해진 운수가 있다. 인생을 예로 들면 출생하여 성장하고 사망하는 것과 성장하는 가운데 의 모든 인연이 모두 그 속에 포함되어 있는 것이다. 그러므로 "천지가 있고 난 후에 만물이 생겨났다."라고 한 것이다.

학교가 비록 매우 과학적인 기관이지만 결국 우주의 운행궤도를 벗 어날 수 없다. 만약 하늘天(대자연의 법칙)에 부합하여 각자 제자리를 찾을 수 있다면 바로 자연에 융합되는 것이다.

실제로 조사한 많은 학교의 예에서, 학교 정문과 교장실이 학교 행 정을 추진하는 중점이라는 것을 발견하였다. 물론 학교 그 자체의 건 축과 교직원의 사무실 또한 거의 대등한 비중을 차지하고 있다. 예를 살펴 보자.

---

15) 명상(名相) : 망상(妄想)을 일으키고 미혹(迷惑)하게 하는, 들리고 보이는 모든 것.

여러 해 전에 대만성台灣省 대중현台中縣의 모 고등학교에서 강당이 무너지는 불행한 사고가 있었다. 살펴본 결과, 가장 큰 문제점이 학교의 정문 입구에 있는 공장의 옥척살屋脊煞이 와서 상하게 한 것임을 발견하였다. 게다가 그 해에는 살기煞氣가 학교 앞에 모여서 이와 같은 불행한 사고가 발생한 것이었다.

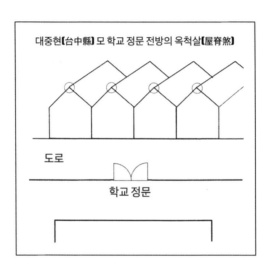

대중현(台中縣) 모 학교 정문 전방의 옥척살(屋脊煞)

도로

학교 정문

대중시台中市 북둔로北屯路에 있는 광화공고光華工高는 본인의 모교이다. 또한 일찍이 학교에서 2년 동안 교직을 담당하며, 교사의 노고가 부모와 다를 바 없다는 것을 깊이 체득하였는데, 마치 부처나 보살이 이 세상에 나타난 것처럼 수많은 학생들을 하나하나 돌보고 도와주었다.

광화공고는 북둔로에서 골목으로 방향을 틀어 들어가면 수백 미터에 달하는 골목이 바로 교장실과 부딪치고 있다.

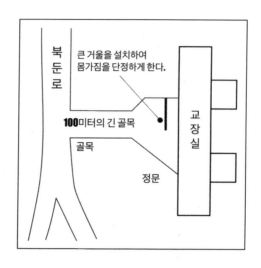

북둔로

큰 거울을 설치하여
몸가짐을 단정하게 한다.

100미터의 긴 골목

골목

정문

교장실

개선하는 방법으로써, 배루형排樓型의 거울에 교훈을 써서 살기煞氣를 풀어 주자 교사와 학생이 모두 평안해졌다.

4. 학교 (4)

대만臺灣에서 바람의 도시라 불리는 신죽新竹은 유명한 공환貢丸[16)의 산지이다. 본사의 분도량分道場인 '대범사大凡寺'가 바로 '궁림향芎林鄉'에 있다. 비록 바람이 세게 불지만 해당 지역의 풍채를 가리지는 못한다.

신죽여중新竹女中은 현지의 일류 학부學府로 학생들이 순박하다. 그러나 건축의 하드웨어적인 부분에서 결함이 있다. 아래의 그림처럼 정문 앞의 건물이 벽도壁刀를 이루어 학교의 정문을 직사直射하고 있다.

------

16) 공환(貢丸) : 돼지고기를 다져서 만든 완자의 일종.

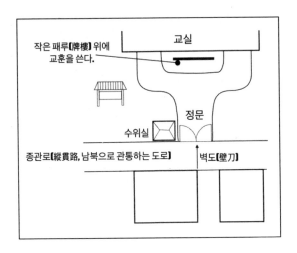

교실

작은 패루【牌樓】 위에
교훈을 쓴다.

정문

수위실

종관로【縱貫路, 남북으로 관통하는 도로】

벽도【壁刀】

　우리가 건의하기를, 해당 학교의 교정校庭 입구에 작은 패루牌樓[17]를
하나 만들고 그 위에 교훈校訓을 쓰면 교정을 아름답게 꾸밀 수 있고
또 살기煞氣를 없앨 수 있다고 하였다.

　학교를 소개하는 제1편에서 풍동중학교豊東中學校가 교문을 바꾸고
나서 진학률이 향상되고 사람들이 평안해졌다고 언급한 적이 있다.
지금 풍동중학교의 상황을 아래의 그림으로 여러분에게 소개하고자
한다.

─────────────────────────

17) 패루(牌樓) : 중국의 전통의 건축 양식 중의 하나로, 문의 일종이다. 충신, 절부,
　　효자 등을 기리기 위해 세워졌다고 한다. 묘와 사원 앞에 세워 장엄한 분위기를
　　나타내기도 하는 데, 이는 우리의 홍살문과 비슷하다.

원래 정문의 결함은 두
가지가 있다.

(1) 옥척살屋脊煞을 마
주하고 있다.

(2) 정문이 물꼬리[水
尾]에 있다.

새로운 정문의 장점 역
시 두 가지다.

(1) 새로운 정문이 물
머리의 물을 거둬

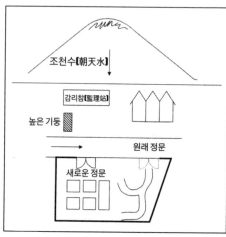

풍원, 풍동중학

들이므로 재정상으로 비교적 도움이 된다.

(2) 금성金星을 마주하고 있는데, 금성은 고귀한 것에 속하고 문필文
筆이 되므로 학생들의 시험에 도움을 줄 수 있다.

불법佛法은 인연을 중시한다. 세간의 모든 만상萬象이 생겨나는 것이
결코 단일한 인연으로 만들어지는 것은 아니다. 학교 행정의 추진과
교직원, 학생이 완전히 협력할 수 있을지의 여부는, 당연히 행정을 집
행하는 자의 정책이념·방침·방법과 상당한 관련이 있다. 그러나 그
안에서도 의견이 서로 엇갈리거나 다른 원인으로 협력할 수 없는 경우
도 있다. 이것은 바로 '태극도太極圖'에서 말하는 '음 가운데 양이 있고
양 가운데 음이 있는' 형상刑象이다.

이 '음 가운데 있는 양'(불량학생에게 있는 부처님의 광명 본성)을
어떻게 계발해 낼 것인지와 '양 가운데 있는 음'(모범학생 마음속의
그늘지고 어두운 면)을 어떻게 없앨 것인지가 교육의 목표이고, 또 모

든 사람이 하루하루 자신을 되돌아보아야 하는 점이다.

혼원법어混元法語에 이르기를,
"학교에 풍수가 좋으면 교사와 학생이 모두 평안하다."
[學校好風水, 師生皆平安.]

5. 학교 (5)

인연을 맺은 신도信徒 가운데, 하루아침에 갑자기 풍수학에 대한 실증實證이 생기면 바로 풍수학에 흠뻑 빠져들어 무슨 일이든 모두 양택陽宅으로 길흉을 논하는 이들이 많은데, 사실은 모든 일은 마땅히 '중용中庸'의 도로써 서로 대대對待18)해야만 한다. 왜냐하면 어떤 일이 성취되는 것은 결코 단일한 인연만은 아니기 때문이다.

불법佛法에서 말하는 '만법유심萬法唯心'은 심식心識의 작용으로 종종 한 개인의 성패에 영향을 준다. 불교에 이런 이야기가 전해지고 있다. 어떤 수행자가 무덤 옆에서 정좌하여 수행하던 중에 심한 갈증으로 인근 도랑의 물을 떠서 마시게 되었다. 어떤 사람이, 그가 마신 물이 시체가 썩은 물이라는 것을 알려주자 그 수행자는 구역질을 멈출 수가 없었다. 이 우화는, 법도에 맞지 않는 양택陽宅이라도 '착한 마음과 바른 생각[善心正念]'을 가진다면 해결할 수 있다는 것을 우리에게 알려주는 것이다.

---

18) 대대(對待): 어떤 사물이나 개념의 속성이 서로 상반되면서 한편 서로 의존하는 점이 있는 것을 말한다. 예를 들면 음(陰)과 양(陽)의 관계이다.

현실의 생활을 예로 들어보자. 부부싸움이 잦고 가정 안의 분쟁이 그치지 않는 것은 살기가 집으로 들어오거나 배치가 옳지 않기 때문이다. 그러나 만약 개인의 수양을 더욱 중시하면서 아울러 지혜를 이용하여 나쁜 습성을 돌려놓는다면 문제를 해결할 수 있다.

학교의 교육도 이 이치와 동일하니, 교육이란 계몽啓蒙이다. 아이들의 무지함은 교육에 의해 계발이 된다. 나의 고향은 남투현南投縣 중료향中寮鄉에 있다. 촌락이 물길을 따라 있기 때문에 대부분의 젊은이들이 자기 발전을 위해 외지로 나가고, 소수만이 가업을 이어가면서 부모님을 모시고 살고 있다. 중료중학교는 중료향의 교육 요람으로서, 학생 수는 비록 많지 않지만 학구열이 높기 때문에 보기 드물게 면학 환경이 조성되어 있다.

중료중학교의 원래 교문의 단점은 교문의 방향이 물의 흐름을 따르고 있는 것이다. 이런 경우에는 학교의 재정이나 행정은 물론 아이들의 진학률에도 영향을 받을 수 있다.

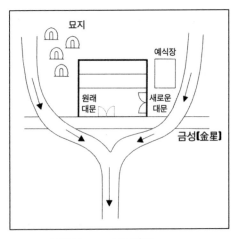

남투현南投縣 중료중학中寮中學

본인이 외대문外大門을 바꾸라고 건의한 까닭은, 하나는 물의 흐름을 따르는 형상을 피하기 위한 것이고, 다른 하나는 현공애성玄空挨星이 해당 지역의 산형山形이나 산세山勢와 배합하여 외대문이 금성金星(文筆)을 마주보게 하고 또한 용변에 힘이 생기도록 한 것이다-(主貴). 그런 다음에 외대문의 용주龍柱를 높이 올리는 조형을 만들어 우리 고향의 자제들에게 도움이 되기를 바랐다. 중료향을 축복하고 또한 여러분을 축복한다.

혼원법어混元法語에 이르기를,
"풍수의 진리는 중화문화 전통의 정수이니, 환희幻戲하고 신수信受하며 봉행奉行하는 자는 반드시 원만하게 될 것이다."
[風水的眞理, 是中華文化傳統的精粹, 歡喜, 信受, 奉行自必圓滿.]

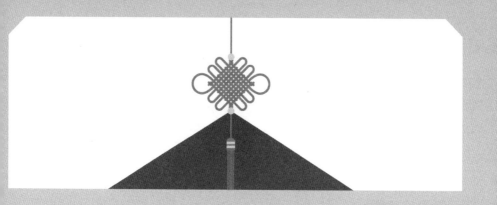

VII

회사와 공장의 건축 법칙

1. 공장工場 용지用地의 선택

사업의 성공과 실패의 가장 큰 열쇠는 당연히 노력 여부에 있다. 그러나 수많은 사업가들이 필생의 정력을 쏟으면서 끊임없이 노력하지만, 어느 시기에 이르러 한번 넘어지면 일어나지 못하고 패기가 꺾여버린다.

본인의 검증에 근거하여 발견한 것은, 사업의 성패에는 네 가지 요소가 있다는 것이다. 첫째는 팔자명八字命이고, 둘째는 노력의 여부이며, 셋째는 풍수이고, 넷째는 양심과 도덕인데, 그 가운데 어느 한 가지라도 빠져서는 안 된다. 만약 명命이 이상적이지 않아도 양심과 도덕이 좋은 경우에는 반드시 귀인이 좋은 풍수와 좋은 지리를 알려 주어 크게 발전할 것이다. 양심과 도덕이 좋지 않은 경우에도 큰돈을 벌어 부자가 되는 것은, 전생前生에 쌓은 약간의 음덕으로 인하여 이생에서 얻게 되는 조그마한 보상이므로, 잠시 누릴 수는 있어도 오래가지는 못할 것이다.

일반인이 공장을 건립할 부지를 찾을 때, 천신과 수호신이 따라다니면서 개인의 양심과 도덕에 따라 장소를 정해 준다. 그래서 "복이 있는 땅에 복이 있는 사람이 살고, 복이 있는 사람은 복이 있는 땅에 산다."라는 말이 있다.

한 개인이 이미 돈을 가지고 땅을 사서 공장을 경영하려면 당연히 그는 전생에 좋은 덕을 쌓은 사람이니, 이것은 하늘의 이치이다. 그러나 공장이 건립되고 난 이후에 경영이 어떠할지는 당신의 계획과 설계가 어떠한지에 전적으로 달려 있다. 만약 당신의 양심과 도덕이 전부 발로發露된다면 반드시 명사明師[1]나 신불神佛의 천리天理를 만나 부지불식간에 설계자에게 지혜를 주어서 훌륭한 구조로 설계하게 할 것이다. 이때부터는 크게 발전하여 물러서지 않을 것이니 이러한 상황은 매우 많다. 그러므로 도덕이 화복禍福의 근원임이 틀림없을 것이다.

또 어떤 사람은 공장 부지를 잘 구입했는데, 그 뒤에 설계하는 구조가 전반적으로 잘못되어 풍수의 법칙에 위배되었다. 공장을 열어 생산한 후에, 해마다 불리해지고 달마다 손해를 보다가 결국에는 도망을 가버려서, 수많은 협력회사와 공장에 피해를 주고, 사회에 극심한 혼란을 조성하고, 사회 자본에 커다란 손실을 초래하기도 하였다. 따라서 본 장에서는 먼저 어떻게 공장 부지를 선택해야 하는지를 소개하겠다.

① 공장 부지는 하천이 멀지 않는 곳에 접근해 있는 것이 가장 좋으며 하천에는 응당 물이 있어야 한다.
② 하천의 물이 급류여서는 안 된다.
③ 하천의 물이 곧바로 흐르거나 곧바로 빠져서는 안 된다.
④ 하천에 흘러오는 물과 내려가는 물이 굴렁쇠처럼 구불구불 흐르는 것이 길하다.
⑤ 공장의 정문이 하천을 향해 열려서 물빛을 볼 수 있어야 대길大吉이 된다.
⑥ 공장 정문의 지세가 산허리의 비탈진 곳이어서는 안 된다.
⑦ 공장 앞이 경사지게 올라가서는 안 된다. 재물이 모이지 않는다.
⑧ 공장 정문의 방향이, 밖으로 나가면 앞쪽이 직접 벽과 만나서는 안 된다.
⑨ 공장 정문의 방향이, 밖으로 나가서 오른쪽에 높은 산이 있으면 안 된다. 백호白虎가 머리를 드는 형상이다.

---

1) 명사(明師) : 풍수지리에서, 묏자리나 집터를 잘 본다고 이름난 사람.

⑩ 공장 정문의 방향이, 밖으로 나가서 왼쪽에 결함이 있거나 힘이 없어서는 안 된다. 왜냐하면 청룡방에 힘이 없으면 존귀해지지 않기 때문이다.

⑪ 공장 정문의 전방이 다른 사람의 가옥 모서리屋角(용마루 끝)나 굴뚝에 부딪쳐서는 안 된다.

⑫ 공장의 배후가 무너진 산언덕에 기대서는 안 된다.

⑬ 공장의 장소로는 건립하기 이전에 초목이 무성했던 곳이 가장 좋다.

⑭ 공장의 부지는 말라버린 하천의 바닥에 짓지 않는 것이 가장 좋다.

⑮ 공장을 건립하는 부지에는 사방에 흑판수黑板樹와 같이 장수하는 상록수를 심어야 한다.

⑯ 공장의 부지가 하천의 반궁反弓의 위치에 있어서는 안 된다.

⑰ 공장의 부지가 도로의 반궁의 위치에 있어서는 안 된다.

⑱ 공장의 정문은 도로와 부딪치는 곳에 있어서는 안 된다.

⑲ 공장이 산의 정상에 있어서는 안 된다. 고음孤陰의 땅이므로 주인이 먼저 실패하고 후사가 끊어진다.

⑳ 공장이 풍살風煞이 무거운 곳에 있어서는 안 된다. 특히 정문에 센 바람이 있어서는 안 된다.

㉑ 공장의 중기계重機械를 백호방에 두어서는 안 되고 청룡방에 두어야 한다.

㉒ 공장의 부지가 사격장 인근에 있어서는 안 된다. 특히 사격장이 백호방에 있어서는 안 된다.

㉓ 공장이 암석 위에 있어서는 안 된다.

㉔ 공장의 부지는 태산처럼 앉아 있고 또한 물이 흐르는 쪽을 향하

는 것이 가장 좋다. 크게 번창할 땅이다.

㉕ 공장의 정문에 물을 흘려보내서는 안 된다. 그렇지 않으면 재산을 지키기 어렵다.

㉖ 공장 부지의 앞쪽에 작은 하천이 옥대玉帶처럼 둘러싸고 있는 것이 가장 좋다.

오늘 여러분은 인연이 닿아 이러한 묘법妙法을 얻게 되었다. 이생에서는 여러분이 바로 양심적이고 도덕적인 위대한 자선가임을 믿고 또한 여러분 모두에게 복이 있을 것이라 믿는다. 만약 풍수법에 따라 길지吉地를 고른다면 사업이 뜻한 대로 이루어질 것이다. 신불神佛이 여러분을 보우하기를 기원한다.

2. 땅 고르기[整地]와 계획

속담에 "모든 일은 시작이 어렵다."라는 말이 있다. 우리들이 심혈을 기울여 공장을 건립할 부지를 찾을 때, 만약 앞서 언급한 풍수의 법칙에 배합될 수 있다면 훗날 공장을 운영할 때 더욱 좋아질 수 있을 것이다.

우리들이 공장을 건립할 용지用地를 찾을 때 무엇을 해야만 하겠는가?

(1) 신의 은혜에 감사드린다.

① 삼생三牲[2] 주례酒禮-혹은 소삼생素三牲, 병건餅乾(과자), 과일,

---

2) 삼생(三牲): 산 제물(祭物)로 쓰는 세 가지 짐승. 제왕의 제사법에는 소·양·돼

초, 금은재물을 준비한다.

② 공장의 경내에 있는 중신衆神, 산신山神, 토지신土地神에게 삼가 요청한다. "제자弟子 ○○○은 예전에 ○○○에 있던 공장을 오늘 좋은 인연으로 이곳으로 옮겼습니다. 삼가 바라건대 중신께서는 자비를 더하셔서 공장 가동이 순조롭게 해 주십시오."

(2) 기둥을 세우고 들보를 올릴 때는 모두 신중하게 택일擇日해야 하며 소홀히 해서는 안 된다.

(3) 들보를 올릴 때는 태극금太極金3)의 '복록수福祿壽' 정면이 바깥을 향하게 하고 일곱 색깔의 실로 잘 묶는다. 들보를 올리고 난 후에는 다시 들보를 내려서는 안 된다.

들보를 올릴 때는 팔괘를 창시한 복희씨, 구천현녀九天玄女4), 양공선사楊公先師5), 지역의 성황신 및 지역의 여러 신성神聖께서 자비를 더해 주기를 삼가 요청해야 하고, 요청이 끝난 후에 곧바로 시멘트를 주입하면 된다.

(4) 공장의 건설이 끝나고 완공하여 가동할 때도 여러 신의 은혜에

지를 사용하였으며, 민간에는 닭·물고기·돼지를 이용하였음. 소삼생(素三牲)은 밀가루를 반죽하여 만든 닭·물고기·돼지고기를 말함.

3) 태극금(太極金) : 재자수금(財子壽金) 또는 대수금(大壽金)이라고도 하며, 금박을 입힌 종이 위에 "평안을 기원합니다.[祈求平安]"라고 쓴다. 옥황상제나 삼관대제(三官大帝)에게 제사지낼 때 사용한다.

4) 구천현녀(九天玄女) : 현녀(玄女)라고 하며 구천랑랑(九天娘娘)이라고도 한다. 원래 중국 상고시대에 신화에 나오는 병법을 전한 여신으로서, 뒤에 도교에서 여선녀와 술수의 신으로 받들어졌다.

5) 양공선사(楊公先師) : 양균송(楊筠松, 834~900)을 가리킨다. 당(唐)나라 때 풍수종사(風水宗師)로서 희종(僖宗) 때 국사(國師)가 되었다. 『의룡경(疑龍經)』 등 풍수지리학에 관련되는 저서를 남겼다.

감사하는 '사토제謝土祭6)'를 지내야 한다. 시간은 길일을 택하거나 혹은 초하루, 보름이면 모두 가능하다.

(5) 매년 '사토제謝土祭' 지내는 날이 되면 다시 제사를 지내 답례해야 한다.

(6) 공장의 건설을 완성한 뒤에는 해마다 7월이 되면 제사를 지내고 아울러 기도를 올려야 한다.

"삼가 지장왕보살, 본 경내의 성황신, 토지신께 요청하나이다. 우리 공장에서 제사를 지내는지의 여부와 상관없이, 여러 생령生靈들을 영접하여 제자는 향, 꽃, 과일, 음식으로 공양하오니, 공장의 생산이 순조롭게 보우해 주십시오."

(7) 공장의 건설을 마쳤으면 함부로 땅을 파서는 안 된다. 특히 삼살방三煞方 및 태세방太歲方에 땅을 파서는 안 된다.

삼살三煞은 매우 강한 유리流離 전파電波이기 때문에 만약 조심하지 않아 침범하게 되면, 가벼운 것은 세 가지 사소한 일이 생기고, 무거운 것은 세 사람의 목숨을 잃기 때문에 조심하지 않으면 안 된다. 신중을 기하기 위해서 지금 삼살에 대해 다시 한 번 알려주겠다.

인년寅年 오월午月 술일戌日에는 북방北方, 壬子癸方에 살이 있으므로 회사의 북쪽에 땅을 파서는 안 되며, 인월寅月 오일午日 술시戌時를 선택해서도 안 된다. 나머지를 유추하면 다음과 같다.

사년巳年 유월酉月 축일丑日에는 동방東方, 甲卯乙方에 살이 있다.

신년申年 자월子月 진일辰日에는 남방南方, 丙午丁方에 살이 있다.

해년亥年 묘월卯月 미일未日에는 서방西方, 庚酉辛方에 살이 있다.

---

6) 사토제(謝土祭) : 집이나 기타 건축물 따위를 완공하고 지내는 제사.

많은 사람들이, 풍수지리는 마땅히 학술을 향해 나아가야 하며 귀신론鬼神論으로 치우쳐서는 안 된다고 인식하고 있다. 그러나 본인이 검증한 수많은 시간 동안, 학술이 결코 문제의 소재를 명확하게 해결해 줄 수 없었다.

예를 들면 여러 해 전에 대중현의 어떤 우유 공장에서 원인을 알 수 없는 제조상의 문제로 인하여 매일 4~5톤의 우유를 버리게 되었다. 본래는 기계에서 문제가 발생하여 우유에서 타는 냄새가 난다고 생각했다. 나중에는 기계 제조업체에서 네덜란드 기술자를 대만에 초빙하여 검사하게 했는데도 정확한 원인을 찾을 수가 없어 무척 골머리를 앓았다. 후에 문하 제자의 소개로 본인을 초청하여 공장에 가서 풍수에 문제가 있는 것은 아닌지를 점검하게 하였다.

해당 공장의 지리는 그런대로 괜찮은 편이었으며, 또한 응산應山(마주보는 산)이 '아미안蛾眉案'의 형상이라서 암소의 발육에 유리하였으니 풍수학으로 보면 아무런 문제가 없다. 그러나 본인은 공장 내 서북쪽 모서리에 한 무리의 영계靈界의 중생이 있는 것을 보고, 공장 사장에게 공장을 건설하기 전에 제사를 지냈는지 물었다. 해당 공장의 사장이 비록 제사를 지내기는 했지만, 도리어 법사法師가 법사法事를 시행할 줄 몰라서 결국 문제를 해결하지 못하였다. 본인이 영계의 중생들을 정수원精修院(처음에 본인의 정사가 '정수원'이었다.) 안으로 데려오고 아울러 사장에게 해마다 노조老祖7)의 탄신일이 되면 사원寺院에

---

7) 노조(老祖) : 왕선노조(王禪老祖). 성은 왕(王)이며 이름은 후(詡). 또 이름이 왕선(王禪)·왕리(王利)이며 호는 현미자(玄微子). 춘추전국시기 도가의 대표적 인물이며 종횡가(縱橫家)의 비조(鼻祖). 입산하여 채약(採藥)하며 수도했으며 귀곡(鬼谷)에 은거했기 때문에 자칭 귀곡선생(鬼谷先生)이라 하였다. 왕선노조는 후인이 귀곡자에 대한 칭호이다. 낙양 사람 소진(蘇秦)은 위(魏)나라의 장의(張

가서 예배를 올리게 했다. 삼 년 동안 연속하여 이렇게 하자 문제가 해결이 되었으며, 지금 그 공장의 상표가 업계에서 항상 금메달을 받는 영광을 얻고 있다.

본인은 여러분이 모든 일을 '영계靈界'와 결부시키는 것을 결코 바라지 않는다. 그렇게 되면 미신에 빠지기 쉽고, 또한 여러분들이 현실을 회피할 방법만 찾으면서 마땅히 다해야 할 책임을 지지 않게 된다. 그러나 '영계靈界' 또한 확실히 존재하고 있으니 여러분이 그것을 부정하지 말기를 바란다. 여러분을 축복한다.

3. 공장 내부의 배치

공장은 규모가 큰 것도 있고 작은 것도 있는데, 규모가 큰 것은 경비실, 사무실, 생산현장, 창고, 식당, 기숙사 등을 갖추고 있고, 작은 것은 보통 사무용 탁자와 생산 기계만 있다.

드넓은 공간 안에서, 어떻게 자신에게 필요한 응용 공간을 창출해낼 것인지, 또한 풍수의 법칙과 서로 어긋나지 않도록 할 것인지를 계획해야 한다. 해당하는 상품을 생산하는 동선動線을 정확히 이해하는 것 외에도, 건축에 조예가 깊은 설계사도 한 분이 있어야 하고, 더욱이 문을 열고 기氣를 받아들일 정확한 방위를 알려줄 명사名師(전문가)도 한 분이 필요하다.

(1) 공장의 바깥대문에 '좋은 것과 꺼리는 것[喜忌]'은 주택과 같다. 다만 공장의 외대문은 용변龍邊의 문기둥이 높게 치솟고 힘이

儀)와 더불어 귀곡선생을 사사(師事)했다고 한다.

있어야 한다.

(2) 사무실 책임자의 자리 위치도 공장의 운영에 지대한 영향을 준다. 공장에서 책임을 지는 사람이나 주관하는 사람의 자리가 용변에 위치하는 것이 가장 좋다. 왜냐하면 용변은 움직일수록 길하기 때문이다.

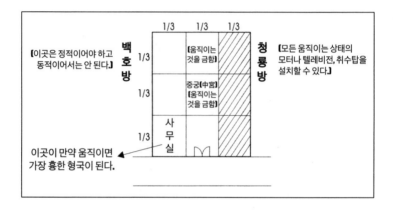

(3) 만약 토지신을 안치하고 있다면, 그 의식에는 본사本寺(선불사)의 전문서적을 참고하면 된다.

(4) 작업장을 설계할 때 천심살穿心煞[8])이 있어서는 안 된다. 이 책을 참고하기 바란다.

(5) 부근의 형세와 조화를 이루려면 현공애성玄空挨星의 길한 방위를 사용하여 왕성한 기운을 받아들이게 한다.

(6) 공장 기계의 배치 원칙은 위의 그림과 같다.

----

8) 천심살(穿心煞) : 용(龍)이 양쪽으로 팔뚝을 활짝 벌려 안을 것 같은 모양을 이룬 것을 말한다. 그 가운데로 중심 맥이 출맥(出脈)하게 되는데, 이를 천심(穿心)이라 한다.

(7) 사무실을 공장의 호변虎邊 전방에 두었을 때 길상吉祥의 의의를
상세히 설명하였다. - 아래 그림처럼 용변龍邊은 움직일수록 길
하다.

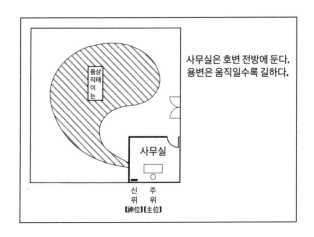

용상
직태
이
는

사무실은 호변 전방에 둔다.
용변은 움직일수록 길하다.

사무실

신   주
위   위
【神位】【主位】

본인이 실제로 조사한 경험에 따르면, 공장의 외상外相, 外觀에 만약
결함이 있으면 -예를 들어 만약 전등이 나갔는데도 수리를 하지 않거
나, 벽에 페인트칠이 벗겨지고 낙엽이 땅에 가득 떨어져 있는데도 청
소하지 않거나, 혹은 사무실 안이 난잡하게 정리되어 있지 않은 경우
라면- 분명 주인이 관리할 마음이 없기 때문이니, 공장의 내부도 반드
시 엉망이라는 것을 알았다.

사람에게는 사람의 상[人相]이 있고 건물에는 건물의 상[屋相]이 있
다. 외상外相은 모두 빛나고 밝아야지 음침하고 어두워서는 안 된다.
이처럼 스스로 노력해야 남들도 돕게 되어, 하는 일마다 흥성하게 될
것이다.

혼원법어混元法語에 이르기를,

"삼분의 일은 운명運命이고, 삼분의 일은 최선을 다하는[打拼] 것이며, 삼분의 일은 풍수風水이다. 만약 풍수가 법에 맞지 않으면 좋은 운명 또한 곤란할 것이다."

[三分之一命. 三分之一打拼, 三分之一風水, 若風水不如法者, 好命亦難爲也.]

4. 공장 외부의 길흉

공장의 외상外相이 하나로 정해져 있지는 않지만, 풍수 법칙에 맞지 않는 조형造型은 가능한 한 개선해야 한다. 그리하여 나중에 법칙에 맞지 않은 것을 발견하고 개선하려고 할 때, 일이 복잡하여 처리하기 매우 어려운 경우를 면해야 한다.

본 장에서는 몇 가지 비교적 전형적인 공장의 외상을 소개하여 여러분에게 알려 드리려 한다.

공장 내부의 건설은 문공척文公尺에 부합하여야 한다. 대문을 열거나 창문을 열었을 때, 실내의 길이와 너비, 높이를 막론하고 모두 부합될 수 있다면 더욱 길하다.

예를 들면 남투현南投縣에 절임 식품을 가공하는 어떤 공장은 주택과 공장이 서로 연결되어 있는데, 아쉽게도 주거 환경이 이상적이지 않아서 옛집을 철거하고 새로 지었다. 해당 신도는 문공척을 극도로 중시하기 때문에 사소한 것 하나라도 모두 문공척에 부합하도록 하였다. 건설한 후에는 파리와 모기가 집에 들어오지 않았는데, 선인들의 불가사의한 지혜에 놀라지 않을 수 없었다.

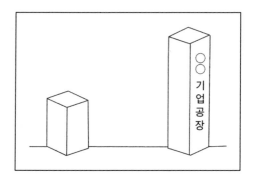

그러므로 노반선사(魯班仙師9)의 진경(眞經)이야말로 건축업의 경전(經傳)
이다. 건축업자는 이 경전을 통하여 중생을 이롭게 할 수 있으니 또한
공덕이 무량하다.

혼원법어(混元法語)에 이르기를,
"용변(龍邊)**이 높으면 손님이 주인을 공경하고, 호변**(虎邊)**이 높으면 손
님이 주인을 속인다."**
[龍高賓敬主, 虎高賓欺主.]

---

9) 노반선사(魯班仙師) : 중국 고대의 걸출한 목수. 춘추시대 말기 노(魯)나라 사람
    으로 공수반(公輸般)이라고도 불린다. 초(楚)나라에 가서 주전(舟戰)의 무기를
    만들 때 대와 나무로 까치를 만들었는데 하늘로 날아올라가서 3일 동안 내려오
    지 않았다고 한다. 사람들이 그를 목수의 조사(祖師)로 추앙하였다.

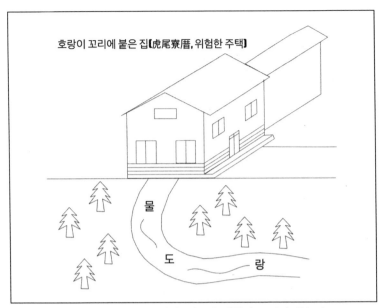

호랑이 꼬리에 붙은 집【虎尾寮厝, 위험한 주택】

물

도

랑

주택이 하수구 위에 있기 때문에 재물이 모이지 않는다.

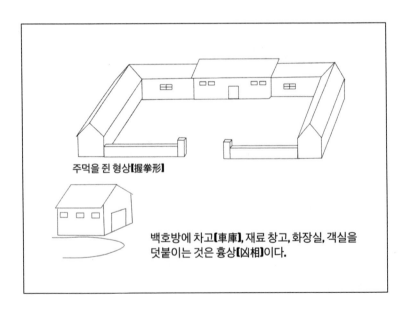

주먹을 쥔 형상【握拳形】

백호방에 차고【車庫】, 재료 창고, 화장실, 객실을
덧붙이는 것은 흉상【凶相】이다.

① 이런 집의 모양이 '호랑이 꼬리에 붙은 집【虎尾寮】'이니 대흉【大凶】의 형상이다.
② 집이 주작【朱雀】처럼 뽀족하게 생기면 맞은편 집을 해친다.
③ 외대문의 용변【龍邊】 기둥이 높으면 길상이다.

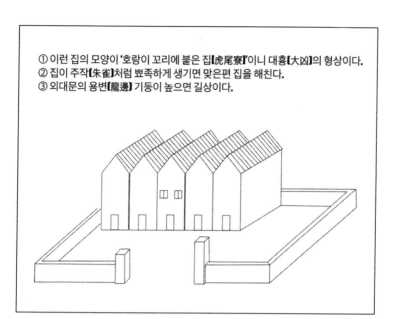

① 이런 작업장이 '삼진옥【三進屋】'이니 길택【吉宅】의 형상이다.
② 외대문 오른쪽 호방【虎方】의 기둥이 높으면 개선해야 한다.
청룡방이 높고 백호방이 낮아야 길상이다.
③ 고대에 '구진【九進】'의 길택【吉宅】이 있었다.
만약 건설할 수 있으면 큰 부자가 되고 크게 귀해질 형국이다.

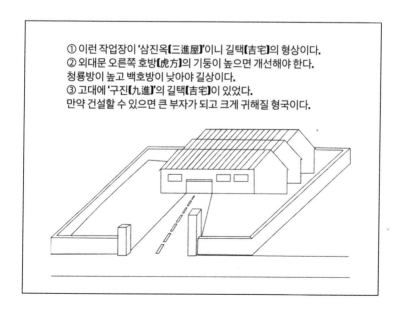

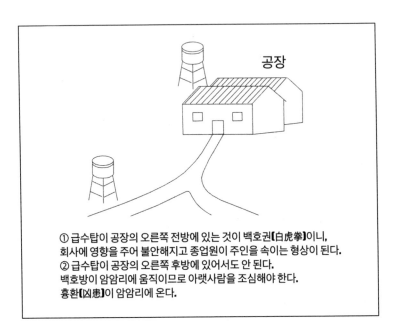

① 급수탑이 공장의 오른쪽 전방에 있는 것이 백호권【白虎拳】이니,
회사에 영향을 주어 불안해지고 종업원이 주인을 속이는 형상이 된다.
② 급수탑이 공장의 오른쪽 후방에 있어서도 안 된다.
백호방이 암암리에 움직이므로 아랫사람을 조심해야 한다.
흉환【凶患】이 암암리에 온다.

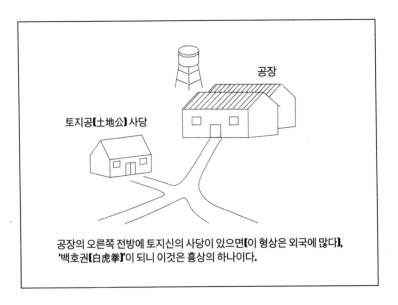

공장의 오른쪽 전방에 토지신의 사당이 있으면【이 형상은 외국에 많다】,
'백호권【白虎拳】'이 되니 이것은 흉상의 하나이다.

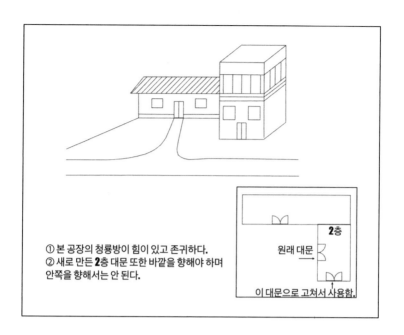

① 본 공장의 청룡방이 힘이 있고 존귀하다.
② 새로 만든 **2**층 대문 또한 바깥을 향해야 하며
안쪽을 향해서는 안 된다.

원래 대문 →

2층

이 대문으로 고쳐서 사용함.

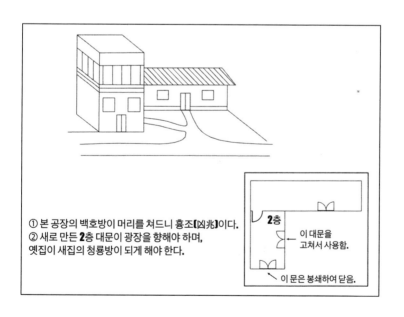

① 본 공장의 백호방이 머리를 쳐드니 흉조[凶兆]이다.
② 새로 만든 **2**층 대문이 광장을 향해야 하며,
옛집이 새집의 청룡방이 되게 해야 한다.

2층

← 이 대문을
고쳐서 사용함.

↖ 이 문은 봉쇄하여 닫음.

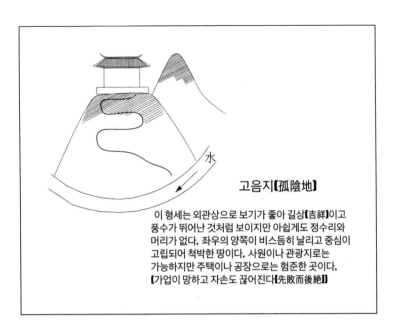

고음지【孤陰地】

이 형세는 외관상으로 보기가 좋아 길상【吉祥】이고 풍수가 뛰어난 것처럼 보이지만 아쉽게도 정수리와 머리가 없다. 좌우의 양쪽이 비스듬히 날리고 중심이 고립되어 척박한 땅이다. 사원이나 관광지로는 가능하지만 주택이나 공장으로는 험준한 곳이다.【가업이 망하고 자손도 끊어진다【先敗而後絶】

과양지【寡陽地】

좌우가 고산과 협곡으로 햇볕이 들지 않으며 습기가 많은 저지【低地】이다.【자손이 끊어지고 가업도 망한다.【先絶而後敗】

5. 이사장理事長 사무실

사무실이 협소하고 책상이 형편없어도 돈을 벌 수 있다. 호화로운 사무실과 근사한 책상이 반드시 큰돈을 벌어주지는 않는다. 그러므로, 사람들이 사무실 책상의 위치가 불길해서 이처럼 처참한 상황이 되었다고 말하며 책임을 지지 않으려는 심리 상태를, 나는 인정하고 동의하지 않는다.

이처럼 관념이 정확하지 않은 사람이, 사실의 본말을 잘못 전도轉倒하여 마침내 이런 논조가 생겨난 것이다. 왜냐하면 넓은 사무실과 호화로운 책상은 말을 할 줄도 모르고 사업을 도와줄 수도 없기 때문이다. 그리고 오직 기풍을 중시하는 우월감과 찬사를 바라는 마음을 가지고는, 당신이 안심하고 사업을 하게 할 방법이 없다. 이런 생각에 사로잡혀 있을 때 기회의 절반은 이미 사라지게 되는 것이다.

사무실에는 길흉의 방위가 있다. 사무실 책상을 적당한 지점에 어떻게 배치하는지는 사실 하나의 큰 학문이다. 그림의 예를 보자.

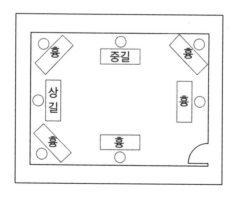

(1) 흉위凶位 : 사람과의 관계에서 진심으로 상대할 수 없음을 나타낸다.

(2) 흉위凶位 : 인사人事가 불안하고 인심이 불복不服함을 나타낸다.

(3) 상길上吉 : 청룡방이 마루를 건너 옥대玉帶처럼 둘러싸고 있다.
모든 일이 순조롭게 풀린다.

(4) 중길中吉 : 비록 상길上吉은 아니지만 그럭저럭 사용할 만하기 때
문에 큰 과실은 없다.

(5) 흉위사좌凶位斜坐 : 배경이 바르지 않아 자질구레한 일들이 많다.
책상을 비스듬하게 놓는 것을 가장 꺼린다. 일반인들은 팔자명
八字命과 책상의 위치가 서로 부딪친다고 생각하기 때문에 비스
듬하게 책상의 방향을 잡는데 이는 결코 정확하지 않다. 예를
들면 자년생子年生은 좌북향남坐北向南을 해서는 안 되는데 정면
으로 부딪치기 때문이다. 묘년생卯年生은 좌동향남坐東向南을 해
서는 안 되는데 정면으로 부딪치기 때문이다. 이기理氣상으로 비
록 이런 주장이 있다고 해도 마땅히 선천팔괘先天八卦의 '체體'를
중점으로 삼아야 한다.

(6) 사무실 책상의 좌우의 방향도 매우 중요하다. 앉은 후에 좌우의
방향을 말한다. 만약 책상의 오른쪽이 벽에 기대거나 벽에 가까
우면 모든 일이 순조롭지 않다. 부하 직원들의 마음이 항상 들뜨
고 조급하며 업무를 처리하는 것이 순조롭지 못하다. 그러므로
좌변左邊, 청룡방을 벽에 기대게 하는 것이 가장 좋은데, 그러면
비교적 권세와 지위가 있게 된다. 주인과 손님이 구분되고 사장
과 종업원이 각각 본래의 자리를 찾게 된다.

(7) 이사장이나 관리자의 책상은 좌우가 출입문과 부딪치면 안 되며
특히 화장실의 문과 부딪치는 것을 금한다. 또한 들보 아래에서
눌리거나 냉장고 문과 부딪쳐서는 안 된다. 책상 오른쪽에 복사
기나 냉장고 모터를 두어서는 안 된다. 만약 위에서 서술한 여러

항목의 결점을 피할 수 있다면 여러분의 책상 위치는 80%가 합격한 셈이다. 나머지는, 자신이 착한 일을 많이 하고, 어려운 사람을 구제하며, 교육비에 기부하는 건설적인 일을 하는 데에 달려 있다. 이것을 믿는다면 여러분의 사업은 단번에 높은 지위에 오를 수 있을 것이다.

(8) 책상의 위치를 다시 배치하거나 혹은 새로운 자리를 마련할 때에는, 10원元짜리 크기의 붉은 종이 두 장을 사용하여, 한 장은 책상의 아래에 붙이고 한 장은 의자 뒤의 위쪽에 붙인 다음에, 청정한 마음으로 묵념하며 기도하기 바란다. "혼원混元의 대도大道에는 무명無明(어리석음)을 품고 있고, 세상의 선악에는 시비가 없습니다. 나는 지금 속세를 수호하며 한쪽으로 치우치거나 기울지 않고 천지를 꿰뚫고 있습니다." "이로합노나하로가파伊嚕哈哎哪呀嚕呵婆. 삼가 혼원선사에게 불력佛力을 내려 주시기를 청하나이다."라고 다시 세 번 주문을 외운다.

※ 본사本寺, 대만臺灣 선기산禪機山 선불사仙佛寺에 '금강대법인金剛大法印' 스티커를 준비해 두고 있으니 가져가서 사용하면 불가사의不可思議한 힘을 느낄 수 있을 것이다.

6. 사무실 배치

○ 이상적인 배치

이 배치의 선천先天 체體는 '백호白虎와 복호伏虎가 마루를 건너 군주를 보호한다[白虎伏虎過堂護君主].'이다. 그러나 손님을 초대하는 자리는 반드시 도면의 설명과 같아야 비로소 음양이 조화롭게 어울릴 수 있다. 그리하여 '살煞을 바꾸어 권력을 만들고[化煞爲權]', '백호가 고개를 쳐들어 주인을 상하게 하는[白虎昻頭傷主人]' 흉한 조짐을 조정하여, '복호'의 길상吉祥으로 배치할 수 있다. 그리고 청룡방에는 또한 '높은 캐비넷'을 두어 용방龍方의 길상을 강화하는 것이 가장 좋다.

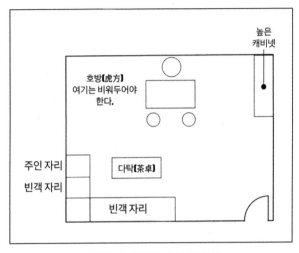

이상적인 사무실 책상 배치법

O 가장 이상적인 배치

이 배치의 선천先天 체體는 '청룡이 마루를 건너 원양元陽을 안는다[靑龍過堂抱元陽].'이다. 일반인들은 단지 팔자명八字命에 따른 길상의 방위에 앉는 것만 중시하고 사무실 자체의 구조에는 소홀히 한다.

사실 구조에는 주객의 위치가 가장 중요하다. 이런 구조는 최상의 배치이다. 만약 앉는 자리의 뒤쪽이 유리창이라면 이 배치를 사용하지 않는 것이 가장 좋다.

만약 다른 방위에서 빛이 골고루 비치면 본 배치의 책상 위치는 블라인드창이나 혹은 캐비넷으로 막으면 길하다. 그렇지 않으면 다른 방안을 강구해야 한다.

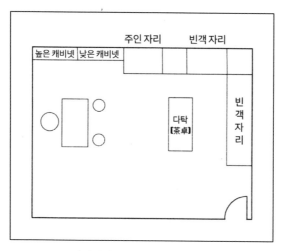
이상적인 사무실 책상 배치법

○ 가장 이상적이지 않은 배치

이 배치의 선천先天 체體는 '손님이 주인의 자리를 빼앗는[賓奪主]' 형세이다. 문의 왼쪽에서 진입하든지 오른쪽에서 진입하든지를 막론하고, 문의 기운이 들어오는 입구가 책상 주인에게 충동沖動했기 때문에 명령을 집행하기 어렵다. 고생만 죽도록 하고 마음과 몸이 극도로 피곤하지만 아무런 소득이 없으며 병풍을 사용하여도 효과가 없다. 이런 구조에서 고혈압이나 뇌졸중의 병에 걸리기 쉽다.

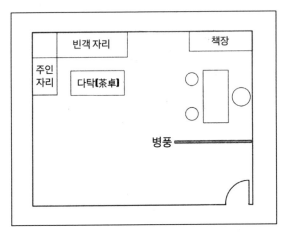

이상적이지 않은 사무실 책상 배치법

○ 이상적이지 않은 배치

이 배치의 선천先天 체體는 '겉으로는 순종하는 체하고 속으로는 딴마음을 먹는[陽奉陰違]' 형세이다. 문의 왼쪽 혹은 오른쪽에서 사무실로 들어오든지를 막론하고, 모두 앉아 있는 사람을 불안하게 할 수 있다. 이런 자리는 부하가 '겉으로는 순종하는 체하고 속으로는 딴마음을 먹는 어긋난 생각[陽奉陰違之偏差思想]'이 일어나기 쉬우며 상하가 한마음이 되기가 비교적 어렵다.

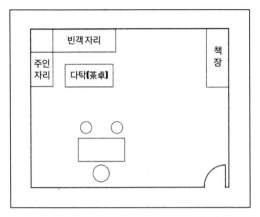
이상적이지 않은 사무실 책상 배치법

혼원법어混元法語에 이르기를,
"묘법妙法이 세상에 나타났으니, 응당 소중히 여기는 것이 바로 공
덕功德이다."
[妙法出世間, 應珍惜卽是功德]

7. 사무실 총론

사무실은 회사나 공장을 운영하는 데에 매우 큰 비중을 차지하고
있다. 사무실의 배치에서, 회사를 운영하는 상황이나 직원들 사이의
관계를 알 수 있다.

일부 비교적 민감한 사람들은, 분위기가 좋고 나쁨을 느낄 수는 있
어도 그러한 까닭을 말하지는 못한다. 이것이 바로 본인이 『풍수우주
관』이라는 책에서 언급한 선천기先天炁와 후천기後天氣의 미묘한 감응
이다.

사무실에 들어서자마자 정신이 상쾌하고 작업의 효율이 높아지는 사람이 있는가 하면, 출근하자마자 초조와 불안감으로 일이 손에 잡히지 않고 갈피를 잡지도 못하는 사람도 있다. 물론 이런 현상은 경영자의 경영 이념 및 직원 관리 방식 등 여러 가지 요인들과 관련이 있다.

그러나 부인할 수 없는 것은 사무실의 배치가 가장 큰 영향을 끼친다는 것이다. 왜냐하면 매일 눈에 비치는 것이 난잡하여 견딜 수 없고, 동선이 혼란하며, 직원들이 조화롭지 못한 작업 환경에서는, 어지간한 집중력이 아니고는 안심하고 일하기가 무척 어렵기 때문이다.

오늘 여러분을 위하여 사무실과 사무용 책상의 풍수희기風水喜忌를 소개하겠다.

① 사무실의 장소가 사무용 빌딩이 밀집해 있는 곳에 있어야 상담하기에 편리하다.
② 사무실의 장소는 가능하면 유흥가 부근을 피해야 한다.
③ 사무실의 인테리어를 너무 호화롭게 해서는 안 된다.
④ 사무실의 실내 색깔은 유백색乳白色이나 상아색象牙色으로 하는 것이 좋다.
⑤ 사무실의 복사기를 백호방에 두면 안 된다. 특히 백호방의 앞이나 뒤에 두어서는 안 된다. 왜냐하면 호랑이가 움직이면 피를 흘리기 때문이다. 주인의 자리 옆에 두는 것은 더욱 안 된다.
⑥ 사무실 금고의 입구가 출입문을 향해서는 안 된다. 재물이 들어왔다가 나가 버린다.
⑦ 사무실 금고의 입구가 물이 흘러가는 방향을 향해서는 안 된다. 끊임없이 재물이 낭비된다.
⑧ 사무실의 금고를 밝은 곳에 두어서는 안 된다. 왜냐하면 '재財'는

어두워야 하기 때문이다.

⑨ 사무실의 거울이 문과 정문으로 부딪치게 해서는 안 된다. 구설口
舌과 시비是非가 많다.

⑩ 사무실의 거울은 빛이 어두운 곳에 놓아야 한다. 이곳이 바로
'재방財方'이다.

⑪ 사무실의 동선은 편안하게 트여야 한다.

⑫ 사무실의 사무용 책상의 색깔은 가능한 한 밝고 옅은 색으로 한
다. 너무 어두워서는 안 되며, 약간 붉은색은 띠어도 된다.

⑬ 사무실 안팎의 문은 가능한 한 용방龍方에 두어야 하며 백호방에
두어서는 안 된다. 작은 사무실은 괜찮다.

⑭ 사무실의 어항은 백호방에 두는 것을 피해야 하며, 용방에 있는
것이 가장 좋다.

⑮ 사무실의 수족관은 사무용 책상의 백호방에 두어서는 안 된다.

⑯ 주인의 사무용 책상은 백호방 가까이에 두어서는 안 된다. 손님
과 직원이 주인을 속일 수 있다.

⑰ 주인의 사무용 책상의 좌우가 투방套房(스위트룸)의 화장실 문과
부딪치게 해서는 안 된다.

⑱ 주인의 사무용 책상이 투방이나 공공화장실의 벽과 마주보아서
는 안 된다.

⑲ 주인의 사무용 책상이 화장실을 등지고 있어서는 안 된다.

⑳ 주인의 사무용 책상이 좌우전후로 문과 부딪쳐서는 안 된다. 주
인이 좌불안석이 된다.

㉑ 주인의 사무용 책상 또는 앉는 자리가 들보에 눌려서는 안 된다.

㉒ 주인의 사무용 책상 또는 앉는 자리가 전후좌우에서 진열장 모서
리와 부딪쳐서는 안 된다.

㉓ 주인의 사무용 책상 전후가 집 밖의 다른 사람의 집 모서리와 부딪쳐서는 안 된다. 뾰족한 지붕은 적성賊星(악운惡運)이다.

㉔ 주인의 사무용 책상 앞면에는 가능한 한 공간을 두어야 한다. 명당明堂이 넓어야 한다.

㉕ 주인의 사무용 책상 자리가 너무 어수선해서는 안 된다. 전화는 용변龍邊에 두어야 한다.

㉖ 주인의 사무용 책상의 천장은 상쾌하고 시원해야 한다.

㉗ 주인의 사무용 책상 앞에 병풍을 두어서는 안 된다. 책상 앞은 '내명당內明堂'으로 중신衆神을 모시기 때문에 가까이 닿아서는 안 된다.

㉘ 주인의 사무용 책상 앞에 술 장식장을 놓아두어서는 안 되고, 은으로 만든 방패나 상패 등을 진열장 안에 두어서는 안 된다. 빛이 반사되어 '원신元辰'[10]을 덮을까 두렵다.

㉙ 주인의 사무용 책상 앞에 거울을 걸어 자신을 반사하게 해서는 안 된다. 심신이 안정될 수 없다.

㉚ 주인의 사무용 책상 안으로 들어가는 곳에 거울이 문을 비추게 거는 것은 안 된다. 시비가 많다.

㉛ 주인의 사무용 책상 오른쪽에는 가능한 한 깃발을 꽂아 두지 않아야 한다. 만약 깃발 두 개가 좌우 양쪽에 각각 한 개씩 있다면 단지 한 개만 왼쪽에 가깝게 해야 한다.

㉜ 주인의 사무실의 깃발은 등 뒤의 왼쪽이나 혹은 좌우의 양쪽에

---

10) 원신(元辰) : 원신등(元辰燈) 또는 원신등(元神燈)이라고 한다. 자신의 사주팔자를 적어 달아두는 등. 등의 밝기에 따라 개인의 길흉을 엿볼 수 있다. 중국의 복건성(福建省), 대만(臺灣) 등에서 아이가 태어나면 등을 만들어 집에 두거나 사원에 둔다.

꽂아 두는 것이 좋다.

㉝ 주인의 사무실 또는 사무용 책상이 화장실이나 부엌의 아래쪽에 있어서는 안 된다.

㉞ 주인의 사무실 또는 사무용 책상이 화장실이나 부엌의 위쪽에 있어서는 안 된다.

㉟ 주인의 사무실 또는 사무용 책상이 기계실의 위쪽이나 아래쪽에 있어서는 안 된다.

㊱ 주인의 사무실 또는 사무용 책상의 전후좌우에 골목길이 있어서 몸과 부딪치게 해서는 안 된다.

㊲ 주인의 사무용 책상이 쓰레기 소각장 주변에 있어서는 안 된다.

㊳ 주인의 사무실 또는 사무용 책상이 공공화장실 옆에 있어서는 안 된다.

㊴ 주인의 사무실이 부하 직원의 앞에 있어서는 안 된다. 주객(主客)이 구분되지 않는다.

㊵ 주인 사무실의 백호방에 진동기기 또는 모터가 있어서는 안 된다.

㊶ 주인 사무실의 꼭대기에 물탱크가 있어서는 안 된다.

㊷ 주인 사무실의 오른쪽에 수족관을 두어서는 안 된다.

㊸ 주인 사무실의 오른쪽에 복사기를 두어서는 안 된다.

㊹ 주인 사무실의 안에 등나무 종류의 분재를 두어서는 안 된다. 분쟁이 많아진다. 잎이 둥글고 큰 것이 좋다.

㊺ 주인 사무실의 오른쪽에 에어컨 또는 환풍기를 두어서는 안 된다.

㊻ 주인의 사무실에 그림이 너무 많이 걸려 너저분하게 보여서는 안 된다.

㊼ 주인의 사무실 바로 앞에 소파 탁자가 곧바로 자리와 부딪쳐서는 안 된다. 소파 탁자는 관목棺木과 같고, 양쪽의 좌석은 효자孝子,

효녀孝女와 같다.

㊽ 주인의 사무실 바로 앞 창밖이, 정면으로 깃대 또는 전신주를 마주보고 있어서는 안 된다.

㊾ 주인의 사무용 책상 뒤쪽으로 사람들이 다니게 해서는 안 된다. 부하 직원의 자리라면 무방하다.

㊿ 사무용 책상의 품질은 비싸고 근사하고 호화로운 것을 중시할 필요는 없다. 욕심이 일어나 실제를 중시하지 않을 수 있다.

(51) 사무용 탁자의 높이는 2.1척尺 대만자[台尺] 또는 2.8척 대만자[台尺]로 하는 것이 좋다. 키가 작은 사람에게 적합하지는 않지만, 만약 키와 맞출 방법이 없으면 인체역학人體力學으로 높이를 재는 것이 가장 좋다.

(52) 사무용 책상의 색깔은 실내의 빛과 적당하게 어울려야 하는데, 짙고 옅음이 조화를 이루어야 한다.

(53) 사무용 책상을 대들보 아래에 두고 앉아서는 안 된다. 편두통을 앓기가 쉽다. 책상 또한 들보 아래에 두어서는 안 된다.

(54) 사무용 책상이 바깥에 배수구가 흘러나가는 방향을 마주 향하게 해서는 안 된다. 재산을 잃는다.

(55) 사무용 책상은 물길을 거슬러서 두는 것이 가장 좋다.

(56) 사무용 책상의 측면이 화장실 문과 마주보게 해서는 안 된다. 고혈압이나 신장병腎臟病을 앓고 사업이 점점 나빠진다.

(57) 사무용 책상이 화장실 문을 등져서는 안 된다. 소인배에게 낭패를 본다.

(58) 사무용 책상이 화장실을 등지고 있어서는 안 된다. 등허리가 쑤시고 아프게 된다.

(59) 사무용 책상이 들어가는 문을 향해 곧바로 부딪쳐서는 안 된다.

심장병이 생긴다.

⑥⓪ 사무용 책상의 오른쪽이 벽에 붙어서는 안 된다. 주객의 구분이 없어진다.

⑥① 사무용 책상의 왼쪽이 벽에 붙는 것은 이롭다. 주객이 분명해진다.

⑥② 사무용 책상의 의자가 너무 압박해서는 안 되고 적당해야만 쾌적하고 편안한 느낌을 준다.

⑥③ 사무용 책상 위에 흰 종이를 깔아서는 안 된다. 마음이 들뜨고 조급해진다. 옅은 녹색이 좋다.

⑥④ 주인의 사무용 책상의 뒤쪽으로 다른 사람이 왔다 갔다 하게 해서는 안 된다. 안정되지 못하다.

⑥⑤ 사무용 책상의 바로 앞에 진열장의 모서리나 담장의 모서리가 가슴을 향해 부딪치게 해서는 안 된다. 폐에 좋지 않고 코피를 흘리게 된다. 만약 등 뒤로 와서 부딪치면 허리와 신장을 상하게 한다.

⑥⑥ 사무용 책상이 신위神位의 아래에 자리를 잡아서는 안 된다.

⑥⑦ 사무원이나 외무원外務員의 사무용 책상 뒤에는 사람이 유동하면서 오가야 한다.

⑥⑧ 회계나 재무원財務員의 사무용 책상 뒤에는 사람이 오가며 다니게 해서는 안 된다.

⑥⑨ 사무용 책상 위에 청방룡은 높아야 하고 백호방은 낮고 고요해야 한다.

⑦⓪ 사무용 책상 위에 전화나 전등 등은 용방龍方에 두어야 길하다.

혼원법어混元法語에 이르기를,
"이사장의 책상은 신위와 같으니, 풍수 법칙에 맞으면 재물을 일으키고, 풍수 법칙에 어긋나면 실패한다."

[董事長桌如神位, 如法者發財, 違法者失敗.]

8. 사무실 현장 조사 (1)

사무실을 소개하는 동시에 '금고金庫'의 희기喜忌11)도 함께 소개해야
하겠지만, 주택 총론 부분에 이미 금고편이 들어가 있으므로 지면의
제한으로 인하여 여기서는 생략한다. 그러나 현장을 조사하는 과정 중
에 풍수 법칙에 어긋나는 금고 배치가 있었으므로 여기에서 함께 검토
하기로 한다.

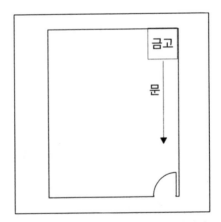

금고의 문이 문 입구를 향해서는 안 된다.
재물이 들어왔다가 나간다.

---

11) 희기(喜忌) : 음양오행(陰陽五行)의 상생상극(相生相克)에서 중요한 용어로, 사
   전적으로는 '기쁘다'와 '싫다'라는 의미이지만, 풍수학에서는 '희(喜)'는 ' 위치
   에 적합한 작용을 하고, '기(忌)'는 방법이 달라 피해야 할 오행을 의미한다.

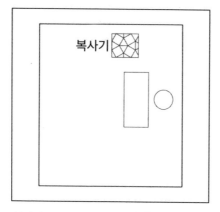

복사기가 사무용 책상의 오른쪽에 있으면
핏빛 재앙[血光]이 생긴다.

9. 사무실 현장 조사 (2)

아래의 그림은 진경금陳庚金 선생이 대중현台中縣 현장縣長으로 있을
때의 사무실 구조이다. 원래의 구조에는 두 가지 결점이 있다.

첫째, 장배奬杯(트로피)의 받침대가 빛을 반사하여 본인의 원신元辰
　　을 가리게 된다.

둘째, '백호가 몸을 핍박하는 것[白虎逼身]'은 직원이 사장을 속이는
　　조짐이 있다.

※ 개선하는 방법

첫째, 장배奬杯의 진열장을 용변龍邊으로 옮긴다.

둘째, 앞쪽에 높이가 낮은 진열장으로 가로막아 내외의 명당이 탁
　　트여서 막힘이 없게 한다.

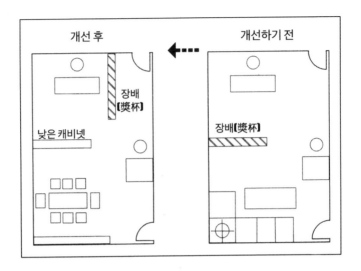

개선 후 　　　　　　개선하기 전

장배【獎杯】

낮은 캐비넷

장배【獎杯】

(1) 사무실의 책상이 화장실 문과 부딪치는 경우

사업을 하면 할수록 악화된다. 화장실을 폐쇄하고 창고로 사용하는 것이 가장 좋다. 그렇지 않으면 더러운 기운이 머리와 부딪쳐서 사고 능력이 떨어지고 어리석은 일을 저지르기 쉽다. 아래 그림과 같다.

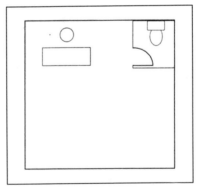

사무실의 책상이 화장실 문과
부딪치는 경우

(2) 사무실 책상의 좌우가 문과 부딪치는 경우

마음이 항시 전시戰時 상태이고 정서가 긴장되어 있으며 고혈압을 앓기 쉽다. 아래 그림과 같다.

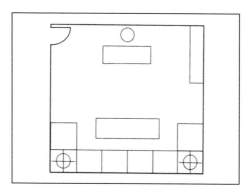

사무실 책상의 좌우가 문과 부딪치는 경우

(3) 사무용 책상이 들보에 눌려있는 경우

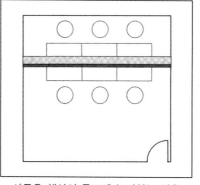

이 예는 모 공공기관의 사무실에 해당된다. 사무실의 책상이 들보에 눌려 있는 것에 주의하지 않았으며, 문의 넓이가 '재災' 자의 '뇌옥牢獄'에 해당하였기 때문에 소송이 끊이지 않았고 법원에 단골손님이 되었다. 오른쪽 그림과 같다.

사무용 책상이 들보에 눌려있는 경우

(4) 사무용 책상의 뒤쪽에 진열장의 모서리가 칼이 되는 경우

많은 사람들이 오랫동안 사무용 책상에 앉아 있다가 시큰거리는 통증을 항상 느끼게 되었다. 대다수의 사람들은 오랫동안 앉아 있으면서 운동을 하지 않았기 때문이라고만 생각하였고, 사무실 안의 진열장 모서리가 칼이 되어 다치게 하는 것을 전혀 모르고 있었다. 아래 그림과 같다.

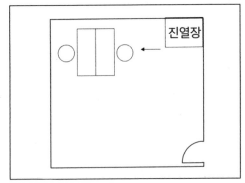

사무용 책상의 뒤쪽에 진열장의 모서리가 칼이
되는 경우

10. 사무실 현장 조사 (3)

이 예는 대중현 모 시장의 사무실 배치이다. 이 사무실의 원래 배치에는 두 가지 결점이 있다.

첫째, 책상 앞을 병풍이 가로막아 '내명당內明堂'이 없으니 좋지 않다.

둘째, 사무실의 소파가 책상의 위치와 직접 부딪친다. 앞에서 서술한 '효자 효녀가 관을 어루만지는 것'과 같으니 불길不吉한 형

상에 속한다.

다음과 같이 개선할 것을 제안하였다.

첫째, 다섯 손가락 모양[五指型]의 나무 병풍을 용변龍邊으로 옮기는
　　　것이 길하다.

둘째, 직접 부딪치는 소파를 가로 방향으로 바꾸어 안산案山으로 삼
　　　아, 책상 앞에 앉아 공무를 처리하게 하면 길상이 된다. 또 병
　　　풍을 옮긴 후에는 명당이 확 트였다.

셋째, 사무실은 우리의 심장과 같은 곳이다. 위치가 만약 바르지 않
　　　으면 마치 심장이 눌린 것 같고 또한 불안하게 되므로 책상의
　　　자리가 발라야 한다. 자리가 바르면 당당하고 기세가 웅장하
　　　고 또 위엄이 있다. 자리가 바르지 않으면 자신이 없고 남이
　　　얕보기 때문에 사무를 처리할 수가 없다.

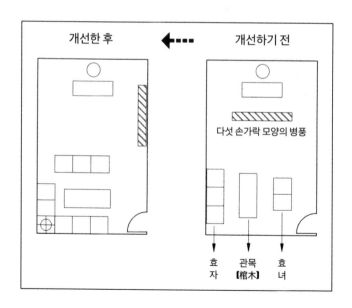

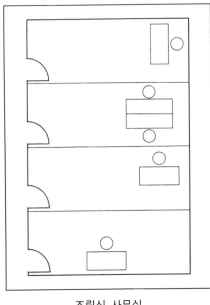

조립식 사무실

현대인은 독립적인 작업 공간을 중시하기 때문에, 편리하면서도 깨끗하고 독립성을 갖춘 수많은 작업 공간이 발전해 왔다. 비록 독립된 공간에 속하지만 전체와 조화를 이루기 때문에 매우 편리하다. 그러나 풍수학의 관점에서 말하면, 조립식 사무실 공간의 비교적 분명한 결점은, 명당이 없다는 것이다. 왼쪽 그림과 같다.

그렇다면 명당明堂은 도대체 어떤 역할을 하는가?

첫째, 내명당內明堂은 '중신衆神에게 참배하는 곳'이니, 간단히 말하면 명당은 한 개인의 마음의 국량局量이다. 명당이 크면 사람의 마음이 넓어지고 지혜가 샘솟는다.

둘째, 외명당外明堂은 '병사를 훈련하고 장수를 파견하는 곳'이니, 간단히 말하면 위엄을 나타내는 것이다. 명당이 크면 표정과 기세가 모두 충족되어 사무를 처리하는 데에 효율적이다.

명당은, 안으로는 우리의 지혜를 계발하여 깊이 간직할 수 있으며, 밖으로는 우리의 기질을 드러내어 외재外在할 수 있기 때문에 명당을 중시하지 않을 수 없다.

깃발은 가능한 한 용변龍邊에 두는 것이 길하다. 만약 국기國旗 및 부서의 깃발이라면 좌우로 나누어 두어야 한다. 아래 그림과 같다.

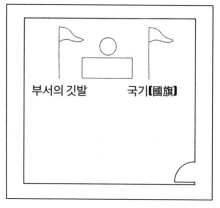

깃발의 배치법

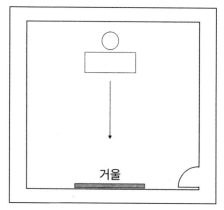

사무용 책상 앞에 거울을 두어서는 안
된다.

첫째, 왼쪽이 국기이다. 국기는 법法이므로 움직이지 않는 것이며
정적인 것이다.

둘째, 오른쪽은 부서의 깃발이다. 부서의 깃발은 집행하는 것이므로
오른쪽에 두면 불이 된다. 불이 타오르면 움직이는데, 움직이
게 되면 위엄이 있다.

사무용 책상 앞에 거울을 두어서는 안 된다. 사무실 책상 앞에 거울을 걸어두고 자신을 비춰보는 것을 좋아하는 사람은 아래와 같은 결점이 있다.

첫째, 심리 상태가 거만하고 유아독존唯我獨尊이다.

둘째, 책상 앞쪽에 빛이 있으면 손님이 주인을 속이는 형상이다.

셋째, 거울 속에서 꽃을 본다는 것은, 모든 일에 생각은 많고 일은 적게 하니 실천력이 부족하다.

혼원법어混元法語**에 이르기를,**

"직원이나 부하의 책상 위치가 매우 중요하므로 소홀히 해서는 안 된다."

[員工部下之桌位很重要, 不可忽視.]

11. 사무실 현장 조사 (4)

1994년 겨울에 본인은 대북台北의 고급 여성복을 만드는 어떤 공장의 요청으로 해당 공장의 양택의 길흉을 조사하였다. 본래 그 회사는 사업이 번창하여 사시사철 아주 순조로웠다. 그러다가 어떤 사정으로 인하여 1층으로 옮겨 경영한 후로는 어찌 된 영문인지 판매 실적이 급속히 줄어들었다. 이런 이유로 양택에 문제가 생긴 것은 아닌지의 여부를 알고자 하였다. 아래 그림과 같다.

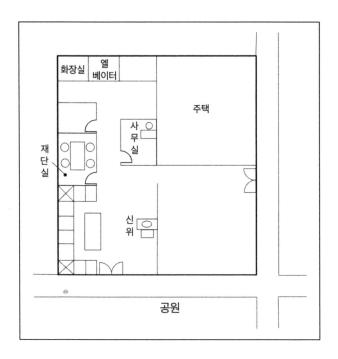

본인이 현장을 조사해 보니, 해당 회사에는 풍수 법칙에 맞지 않은 곳이 많다는 것을 알게 되었다.

(1) 해당 건물은 네거리 모퉁이에 위치하여 두 개의 대문을 동시에 사용하고 있었다. 풍수학의 관점에서 말하면 두 개의 대문은 구설의 재앙이며 또 손님이 주인을 속이는 형상이다. 기술자 또한 붙잡아 둘 수 없다.

(2) 신위를 문에 들어가는 곳에 안치하였는데, 마치 경비가 문을 지키는 것 같았다. 신위를 안치하는 의의와 서로 어긋난다.

(3) 주인의 사무실이 매우 이상적이지 않다. 이른바 '며느리의 자리 [媳婦位]'이다.

(4) 엘리베이터가 해당 공장의 뒤쪽에 있어서 머리를 상하게 한다.

(5) 재단실의 문은 용변龍邊에 있어야 하며 호변虎邊에 있어서는 안된다.

(6) 대문의 넓이가 문공척文公尺의 '재財', '본本'에 부합하지 않고 '겁劫' 자에 있기 때문에 재물을 잃게 된다.

(7) 주인의 사무실에 명당이 없다. 왜냐하면 명당은 재물 창고이므로 만약 명당이 없다면 재물 창고가 없다는 것이다. 재물 창고가 없으면 손님이 모이지 않고 사업상에 거래를 이루기 어렵다.

이상의 결점에 기초하여 본인은 그 회사의 사장에게, 풍수의 법칙에 맞게 개선을 한다면 분명 저조한 영업 실적을 회복할 수 있다고 조언했다. 아래 그림과 같다.

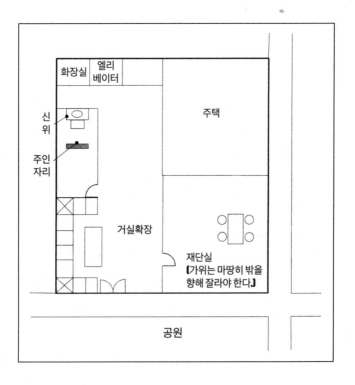

본인은 항상 회사나 공장의 업무를 나무를 심는 것에 비유한다. 경험에 비춰보면, 사업이 날로 번창하는 수많은 회사나 공장은 공장부지로 사용할 땅이 항상 부족한 상황에 직면하기 때문에, 날로 늘어나는 업무량을 처리하기 위해 공장 또는 회사를 이전하는 방법을 고려한다. 가끔 이전한 후에는 거래량이 뚝 떨어지지만 그런 사정을 모른다. 그래서 나는 이것을 나무의 성장에 비유한다. 나무 한 그루(회사)가 계절의 변화와 환경의 전환을 간신히 받아들여 아래로 뿌리를 내리는 데에는 시간이 필요하다. 그러나 뿌리가 흙 속에 깊이 들어가기도 전에 급하게 자리를 옮기면서, 이 나무를 심을 수 있는 더 좋은 장소가 있을 것으로 생각하지만 사실은 그렇지 않다. 이런 상황은 마치 '발묘조장拔苗助長'12)과 같이 어리석은 짓이다.

그렇다면 회사는 어떻게 해야 업무량의 성장과 동시에 성장할 수 있는가? 한 가지 원칙을 여러분에게 알려준다면 바로 뿌리를 남겨두라는 것이다. 이 뿌리는 바로 모회사母會社이다. 자회사子會社를 어느 곳에 짓는 지는 본 회사의 운영에 대한 영향이 크지 않다. 이 방법을 이치에 맞게 추진한다면 공장 또는 회사의 영업량과 생산량을 높이려는 많은 사장들에게 좋은 제언提言이 되리라 믿는다. 여러분을 축복한다.

---

12) 발묘조장(拔苗助長) : 《맹자(孟子)》의 〈공손추(公孫丑)〉 (上)에 나오는 이야기이다. 중국 송(宋)나라에 어리석은 농부가 모내기를 한 이후 벼가 빨리 자라기를 바라는 마음으로 벼의 순을 뽑으면 더 빨리 자랄 것이라고 여겨 벼를 잡아낭겼다. 그러나 결국 벼는 하얗게 말라 죽어버리게 되었다. 급하게 서두르다 오히려 일을 망친다는 뜻으로 쓰이는 성어이다.

12. 사무실 현장 조사 (5)

양택 풍수학과 역경학易經學은, 내가 중생들과 인연을 맺은 두 개의 큰 교량이다. 인연을 맺은 많은 신도들 중에는, 명문가나 큰 상인도 있고 또 가난과 질병으로 고생하며 정말 어렵게 살아가는 극빈층 사람들도 있다. 수많은 사람들의 다양한 인생살이가 나의 눈 속으로 파도처럼 밀려왔다가 조수처럼 빠져나간다.

1994년 어느 날에 우연한 인연으로 아무개 부참모총장副參謀總長의 주택과 사무실의 풍수를 본 적이 있었는데, 상당히 인상 깊었던 것은, 부참모총장의 간단하고 소박한 주거 환경과 사무실이었다. 간소한 배치는, 타향살이하는 신고辛苦와 환경이, 비할 데 없이 강인한 의지력을 발휘하게 하였다는 생각이 들게 하였다. 나는 그를 무척 존경하였다.

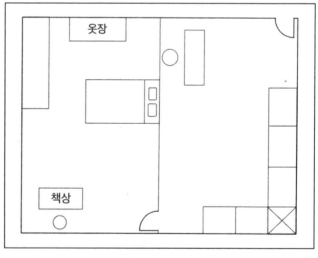

모 장관의 사무실

그의 사무실에는 세 가지 단점이 있었다.

첫째, 사무용 책상이 비록 용변에 가까웠지만, 입구에 바짝 다가붙어 있어서 압박감이 느껴져 결코 적합하지 않았다.

둘째, 방안의 책상이 문과 부딪쳤는데, 편안하게 앉아 있을 수 없을 뿐만 아니라 오른쪽 어깨나 허리에 질환이 있을 수 있다.

셋째, 침대의 위치와 건물의 좌향坐向이 고음孤陰의 배치를 형성하였다.

개선한 후의 구조에는 세 가지 중점이 있다.

첫째, 사무용 책상을 중간으로 옮기고 책상 앞에 두 개의 의자를 놓았다. - 금동옥녀金童玉女[13]였다. 만약 부하가 들어오면 상관上官은 원래 자리에 앉아서 움직이지 않는다. 만약 상관이 방문하면 접대용 테이블에 바꿔 앉는다. 이렇게 하면 주객이 구분되고 상하가 각각 자리를 찾게 된다. 접대용 테이블을 사무용 책상 앞에 가로로 놓아 책상으로 삼으면 공무원에게 유리하다.

둘째, 침대를 배치하는 원칙은, 주택의 방향과 교차하여 십자十字가 되어야 하는데, 이를 일러 '십도천심十道天心'[14]이라 한다.

셋째, 침대를 배치하는 방법은 X축과 Y축의 관계와 같다. 만약 주택의 방향이 동서향이면 침대의 위치는 남북향으로 배치해야 한다. 주택의 방향이 남북향이면 침대의 위치는 동서향이라야 한다. 아파트라면

---

13) 금동옥녀(金童玉女) : 도가(道家)에서 선인을 시중드는 동남동녀(童男童女), 천진무구한 사내아이와 계집아이.

14) 십도천심(十道天心) : 천심십도(天心十道). 전후좌우 사방의 산들이 혈을 중심으로 십(十)자 모양으로 된 것을 말한다. 이 때 혈 뒤의 산을 개산(蓋山), 앞을 조산(照山), 좌우를 협산(夾山)이라 하여 이 4개의 산이 정확하게 十자 모양을 하고 그 중앙에 혈이 맺히는 것이다.

침대의 배치법은 건물의 중심점을 위주로 삼는다. 각 항의 양택 법칙에 맞추는 것 외에도, 기상起床한 후에 발이 중심점을 향하는 것이 가장 좋다. 이렇게 하면 일가족이 반드시 화목하게 잘 어울릴 것이다.

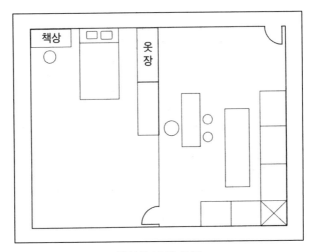

개선한 후의 구조

침대의 입향立向과 아파트의 입향은 계속해서 논란이 되는 문제이다. 침대의 위치와 건물의 좌향坐向을 사람의 띠와 맞출 필요가 있겠는가? 본인의 경험에 따르면 만약 다방면으로 맞추어서 결점을 줄인다면 당연히 가장 좋다. 그러나 만약 주·객관적인 조건의 제약이 있어 '선천체先天體'의 법칙을 표준으로 삼는다면, 단지 띠와 좌향이 맞는 지의 여부를 보는 것보다 정확하고 실용적이다. 여러 선진先進 대덕大德께서는 어떻게 생각하시는지? 여러분을 축복한다.

혼원법어混元法語에 이르기를,

"거주하는 집이 평안하고 풍수가 좋은 것이 기본 지식이다."

[居家平安好風水是基本知識]

13. 사무실 현장 조사 (6)

사무용 책상은 공무원만의 전유물은 아니다. 무릇 상점, 공장, 회사에서부터 일반 가정에 이르기까지, 대부분이 사무용 책상을 하나 정도 가지고 있다. 책상의 배치 방위가 풍수의 방위에 맞지 않는 것을 많이 볼 수 있다.

① 그림의 경우에는 사무용 책상이 진입하는 문을 향해 직접 부딪치기 때문에 심장병을 조심해야 한다. 만약 공간상으로 이동시켜 개선할 방법이 확실히 없다면 카운터의 형태로 만들면 문충살門沖煞의 상해를 피할 수 있다.

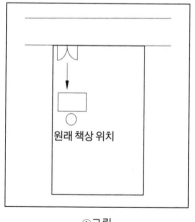

①그림

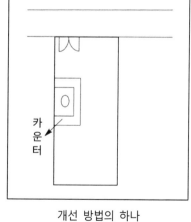

개선 방법의 하나

② 그림의 경우처럼 사무용 책상을 물길이 흘러가는 방향에 두면 흉상凶相이 된다. 물길을 거스르게 바꾼다면 주인이 길하다.

③ 그림의 경우는 모 두부가게 사장의 사무용 책상이 문과 부딪치고, 또 기계가 호방虎方에서 움직이고 있으므로 모두 불길한 형상이다. 만약 책상의 방향을 바꾸고 기계를 주인 책상의 용방龍方에 두면, 주인의 얼굴이 진입하는 문을 향하는 흉상凶相 또한 동시에 해결할 수 있다.

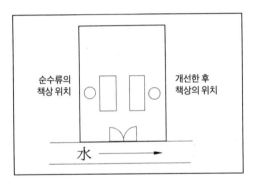

②그림

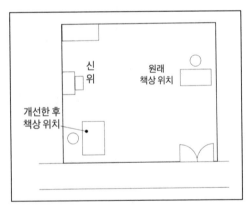

③그림

④ 그림은 모 펀치 프레스 공장의 기계가 모두 호방에서 움직이고 있는 경우이다. 백호가 움직이고 핏빛 재앙을 주관하게 되어 엔지니어(기술자)를 붙들어 둘 수 없다. 개선하는 방법은 ⑤그림과 같이 문을 중문으로 고치고, 기계를 용변으로 옮겨 사무용 책상의 위치를 바꾸고, 기계를 주인의 왼쪽 방위에 두고 움직이면 길하다.

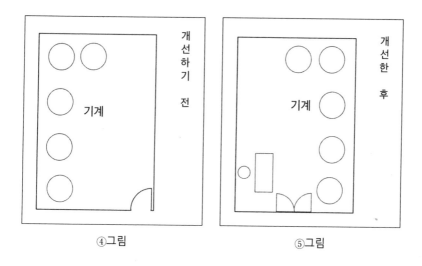

④그림   ⑤그림

아래 그림은 대만台灣 성부省府에 근무하는 모 직원의 자리가 주무관과 서로 마주보고 있는 것이다. 그 결점은 본인이 앉는 자리의 오른손이 벽에 가까워지게 되어 백호가 몸을 핍박하는 형상이다. 마땅히 자리를 전후로 바꾸어 배치하여 용변에 힘이 생기게 하면 귀인이 돕게 된다.

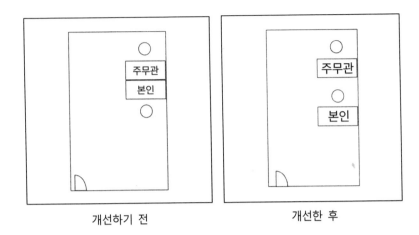

| 개선하기 전 | 개선한 후 |

사무실 책상의 길흉에 대한 예는 여기에서 한 단락을 짓는다. 만약 법칙에 정통하여 융통성을 가지고 운용한다면 길을 따르고 흉을 피하여 평안하고 조화롭게 살아갈 수 있을 것이다.

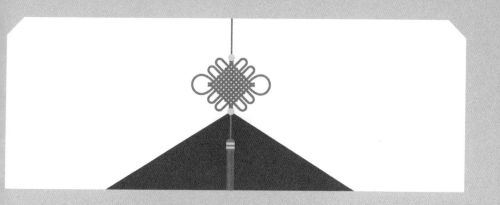

VIII

풍수학의 기타 사항

1. 아파트 건물의 풍수 길흉

1) 엘리베이터 건물의 길흉을 논함

빌딩은 최근의 건축 추세인데 엘리베이터는 바로 이런 추세의 대변인이다. 만약 엘리베이터가 없다면 고층 건물의 모든 활동은 반드시 정지될 것이다. 엘리베이터는 용龍이고 동적動的이기 때문에, 설치하는 위치에 따라 전체 건물 및 각 세대의 길흉에 영향을 끼치게 되므로 개별 세대에게 엘리베이터의 영향력은 무척 크다고 할 수 있다.

만약 귀댁이나 사무실에 엘리베이터가 풍수의 법칙에 맞지 않을 경우에는 문을 고쳐서 문제를 해결해야 한다. 다음은 아파트 세대의 여러 가지 문의 방향이다.

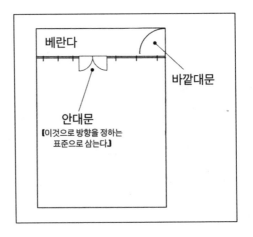

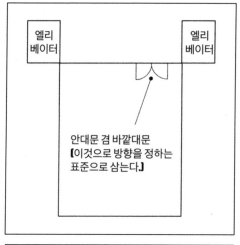

안대문 겸 바깥대문
【이것으로 방향을 정하는
표준으로 삼는다.】

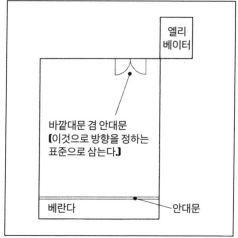

바깥대문 겸 안대문
【이것으로 방향을 정하는
표준으로 삼는다.】

베란다　　　　　　　안대문

2) 아파트 건물의 풍수 길흉 - 1

독자들로부터 오는 편지 가운데 가장 많은 문제는, 아파트 건물의
풍수 길흉을 어떻게 판단할 것인가이다. 주지하다시피 인문사상은 진
보하고 있고 시대적인 추세도 바뀌고 있다. 오술五術[1]) 서적은 모두 옛

성현들이 심혈을 쏟은 작품으로서 이미 현대건축에서 응용할 수 없는 것이 많다. 그러나 가옥의 겉모습이 비록 같지는 않더라도 그 이치는 변하지 않는다.

첫째, 우주의 이기理氣는 만고불변이다.

둘째, 사람의 본래 모습은 변하지 않는다. 왜냐하면 사람과 천리天理는 영원히 조화를 유지하고 있기 때문이다. 바꾸어 말하면 "착한 일을 하면 좋은 결과가 있고, 나쁜 일을 하면 나쁜 결과가 있다."라는 법칙은 변하지 않는다. 그러므로 한 개인이 거주하는 가정의 길흉 또한 천리의 인과응보因果應報가 계시啓示하고 발현發現하는 것이다. 덕이 있는 사람은 좋은 주택을 선택하게 되고, 이에 반하는 사람은 집안이 망하고 사람이 죽게 되는 흉택凶宅을 반드시 매입하게 되는데 이런 예는 매우 많다.

그러므로 좋은 주택을 사고 싶다면 반드시 먼저 음덕을 쌓고 선행을 많이 베풀어야 한다. 그렇지 않으면 설령 길상吉祥이 있는 좋은 주택을 소유하고 있더라도, 주위의 이웃들이 갑자기 흉악한 귀신과 같은 주택을 증축하여 상해를 입혀 길택吉宅을 흉택으로 바뀌게 한다. 주택의 대문은 바깥대문과 안대문의 구분이 있다. 아파트 주택의 좌향坐向은 '실내로 들어오는 여닫이문'을 입향立向(방향을 정함)의 표준으로 삼는다.

아파트 건물의 길흉 판단을 간략하게 소개하면 다음과 같다.

(1) 아파트 전체의 출입문

① 아파트 전체의 출입문에 호변虎邊이 너무 높아서는 안 된다.

---

1) 오술(五術): 동양(東洋)의 전통문화에서 명(命), 복(卜), 의(醫), 상(相), 산(山)을 오술(五術)이라 한다.

② 아파트 전체의 출입문이 길과 부딪치는 것을 피해야 한다.

③ 아파트 전체의 출입문이 대문과 마주 보거나 혹은 지하실 출구와 마주보는 것을 피해야 한다.

④ 아파트 전체의 출입문이 다른 사람 주택의 뾰족한 모서리와 마주보는 것을 피해야 한다.

⑤ 아파트 전체의 출입문이 소방도로나 벽도(壁刀)와 마주보는 것을 피해야 한다.

(2) 본댁 안의 바깥대문

① 엘리베이터가 문 앞에 있거나 혹은 백호방에 있는 것을 피해야 한다.

② 엘리베이터가 벽도壁刀가 되어 집으로 들어오는 것을 피해야 한다. 질병으로 입는 재앙이 문으로 들어온다.

③ 문을 열면 바로 내려가는 계단이 보이는 견비수牽鼻水를 피해야 한다. 재물을 지키기가 쉽지 않을 뿐만 아니라 아이가 집안에 머물러 있지 않는다.

④ 백호가 머리를 드는 것, 골목과 부딪치는 것, 벽도壁刀, 가옥의 뾰족한 부분과 부딪치는 것을 피해야 한다.

(3) 거실에서부터 베란다를 향해 외부를 보면 안대문이 또한 명당明堂이므로 위에서 설명한 여러 가지의 형살形煞과 충사冲射를 없게 하는 것이 길하다.

(4) 선택한 건물의 층수層數는 주변 지역을 멀리 볼 수 있는 곳에 있어야 한다.

① 만약 아파트 건물이 새로 조성된 단지라면 높은 층을 고려할 수 있다.

② 만약 아파트 건물이 이미 형성된 단지에 자리하고 있고, 기존에 있는 건물들이 높지 않다면 비교적 낮은 층을 고려할 수도 있다. 그러나 본 건물의 층수가 충사沖射를 입지 않는 것이 가장 길하다.

혼원법어混元法語에 이르기를,
"아파트의 공공 대문은 전체 동棟의 길흉을 관장한다. 길한 것은 거주가 안정되고 흉한 것은 유동 비율이 높다,"
[公寓公共大門掌管全棟吉凶, 吉者居住安定, 凶者流動率高.]

3) 아파트 건물의 풍수 길흉 - 2

현대의 건축은 좁은 땅과 비싼 땅값으로 인하여 아파트가 미래의 시대적인 추세가 되었다. 옛날 사람들은 "집안을 가지런하게 하고 나라를 다스리며 천하를 평정한다."라고 하였다. 가정이 평안한 지의 여부는 한 개인의 사업 성패에 미치는 영향이 매우 크다. 그러므로 위대한 인물들의 배후에는 비범한 어머니가 있었고 마땅히 평안한 집이 있었다.

지금 계속하여 아파트를 선택하는 방법에 대해서 살펴보고자 한다.

(1) 가능한 한 풍살風煞이 강한 방위를 피한다. 만약 귀댁이 정말 이와 같다면 풍살이 강한 곳에 한 층의 알루미늄 문을 덧입혀 유리를 두껍게 하면, 한편으로는 방음防音도 되고 한편으로는 풍살을 막을 수 있어서 집안이 비교적 평안해진다.

(2) 가능한 한 태양이 서쪽에서 열기를 쏘는 뜨거운 방위를 피한다. 만약 이미 거주하고 있다면 서쪽으로 빛이 들어오는 창문에 열

기를 막을 수 있는 종이를 덧붙이는 것이 가장 좋다. 만약 베란다에 공간이 있다면 약간의 분재를 키우면 뜨거운 열기를 없앨 수 있다.

(3) 거실에는 충분한 광선이 반드시 들어와야 한다. 거실은 절대로 음침하고 어두워서는 안 된다. 만약 광선이 부족하다면 낮에도 등을 켜두는 것이 가장 좋으며 흉택을 길택으로 바꿀 수도 있다.

(4) 거실에서 바깥쪽으로 향하는 방위는 반드시 광선이 있거나 탁 트인 환경이어야 한다. 그렇지 않으면 거주하면 할수록 집안이 쇠미衰微하게 된다. 평일에도 거실의 현관문에 밝은 형광등을 켜서 어둠을 해소해야 한다. 어떤 이들은 전기세를 아끼려다가 도리어 더욱 큰 대가를 치르게 되는데 실제로 검토할 필요가 있다. 게다가 현재는 절전하는 전구도 있으므로 에너지 낭비가 그렇게 크지는 않다.

(5) 거실 전면前面이나 혹은 베란다에 언제나 푸른 꽃이나 나무를 심어 두는 것이 가장 좋다. 집안에 생기가 넘쳐흐르게 할 뿐만 아니라 사업도 비교적 순조롭고 가정 또한 평안할 수 있다. 특히 아이의 지혜에 매우 좋을 것이다. 그러나 너무 무분별하게 심으면 도리어 좋지 않다.

(6) 아파트 건물의 외벽에 마치 타오르는 불길처럼 붉은 벽돌을 붙이는 것을 금한다. 붉은색은 사람의 마음을 초조하고 불안하게 만든다. 특히 실내에 분홍색이나 불꽃색으로 칠하는 것을 금기禁忌하는 것은, 흉상凶相 위에 흉상을 더하기 때문이다. 만약 귀댁의 아파트 외벽이 붉은색의 벽돌이면, 거실의 어두운 곳이나 거실의 용방龍方에 수족관을 안치하여 물로써 균형을 맞추는 것도 흉상을 없애는 데 효과가 있을 것이다. 아니면 집안에 약간의

초목 분재를 두는 것도 괜찮다.

(7) 기령형畸零型2)의 아파트 건물은 비교적 살기가 좋지 않다. 왜냐하면 이런 형상은 집안의 기류氣流를 안정시킬 방법이 없기 때문에 일마다 갑작스러운 풍파가 끊이지 않는다. 만약 귀댁에 이런 형상이 있다면 해법에는 두 가지가 있다.

첫째, 객실을 기령형이 있는 곳에 안배하고, 가족들은 가능한 한 구조가 방정方正하고 일체적인 방에 거처하게 한다.

둘째, 실내의 색깔은 짙은 회색을 사용한다. 이렇게 하면 주택의 좋은 기운을 견고하게 할 수 있으며 살煞을 바꾸어 길상吉祥을 만들 수 있다.

(8) 중정中庭3) 아파트는 이동률도 비교적 높고 또 평안하지도 않다. 다만 소수의 몇 가구는 비교적 안정되기도 한다. 건축설계사 여러분에게 당부하고 싶은 말은, 만일 아파트 건물에서 중정中庭을 설계할 때 건물을 높이 세우는 것으로 바꾸고 각각 다시 세대를 나누면 비교적 이상적이고 평안해진다는 것이다.

(9) 아파트 계단은 직선으로 올라가는 것을 피한다. 이런 계단을 설계하면 위험하기도 하고 재물이 모이지 않으며 사업도 순조롭지 않다. 아파트 건물의 길흉을 조사할 때, 내외의 대문, 침대의 위치, 부엌의 방향, 정화조, 급수탑 등을 벗어나지 않아야 한다. 만약 하나하나가 풍수의 법칙에 부합할 수 있으면 평안할 수 있다. 여러분을 축복한다.

---

2) 기령형(畸零型) : 건축부지의 면적이 협소하거나 또는 부지가 반듯하지 않고 굴곡이 진 곳을 말한다.

3) 중정(中庭) : 건물과 건물 사이에 있는 마당. 아트리움(atrium).

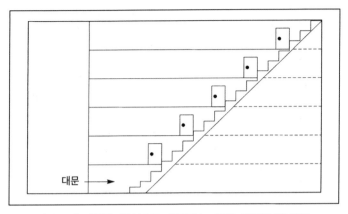

아파트의 계단은 직선으로 올라가는 것을 피한다.(측면도)

2. 신축 가옥의 상식

『노반진경魯班眞經』은 고대의 건축계에서는 경전이었다. 노반척魯班尺은 노반선사魯班仙師가 도를 깨친 이후에 완성한 지혜의 결정체이다. 본인은 항상 옥상屋相과 인상人相을 통계적으로 비교하면서, 인상이 옥상이라는 것을 발견하였다. 그러므로 우리는 옥상屋相을 통해 본댁 구성원의 생김새, 지혜, 인격, 건강 등을 알 수 있다.

새로운 주택을 건축할 때에는 옛날 사람들이 물려준 경험을 참고하여 신중하게 계획해야 한다.

(1) 고대의 건축은 대부분 토목土木이 다수를 차지한다. 현대건축에서 나무로 건축한다면, 사람에 따라 보는 각도가 다르지만, 대부분 예술 조경이나 레저 활동에 많이 치우친다. 목재를 고를 때에는 『통서通書』 가운데 '개開' 날에 새로운 목재를 쪼개면 비교적 재질도 좋고 수명도 오래간다. 조각하는 예술가나 목재 공장에

서, 비교적 큰 목재를 쪼갤 때도 이 방법을 사용할 수 있다.

(2) 집의 들보 숫자는 홀수로 해야 하며 짝수가 되어서는 안 된다. 아래 그림과 같다.

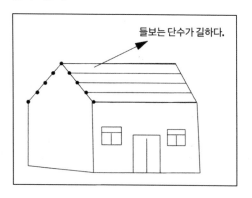

들보는 단수가 길하다.

(3) 병담조(枅擔厝[4])는 사람들이 항상 언급하는 옥상屋相이다. 그 길흉 과 조형이 어떠한지는 아래 그림과 같다.

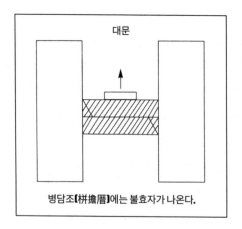

대문

병담조(枅擔厝)에는 불효자가 나온다.

---

4) 병담조(枅擔厝) : 편담조(扁擔厝). 멜대 집. 멜대는 양 끝에 짐을 매달아 한쪽 어깨로 메게 되어 있는 막대기다.

(4) 새로 지은 집이 옛집과 부딪쳐서는 안 된다. 아래 그림과 같다.

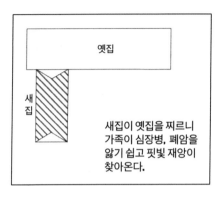

(5) 옛집을 허물고 새집을 지을 때에는 반드시 옛집을 깨끗하게 해체해야 한다. 그렇지 않으면 가정이 분명 평안하지 못하다. 일찍이 교통사고와 핏빛 재앙을 겪은 사례가 있다.

(6) 증축한 가옥이 만약 원래의 가옥 후방에 있으면 옛 가옥보다 높아야 한다. 아래 그림과 같다.

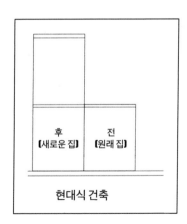

삼합원三合院은 원래의 가옥보다 낮아야 한다. 아래 그림과 같다.

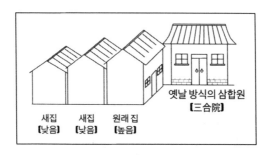

옛날 방식의 삼합원
【三合院】

새집   새집   원래집
【낮음】   【낮음】   【높음】

3. 실내 공간의 청룡과 백호를 논함

'풍수학의 오비'를 연재하고 나서 수많은 독자로부터 편지를 받았는
데, 그중에는 관련 서적에 대해 문의하는 사람도 있었고, 의문에 대한
가르침을 청하는 경우도 있었으며, 또 산에 올라와 인연을 맺은 사람
들도 있었다. 이는 본인이 1995년 4월 23일에 임구국립종합체육대학에
서 개최한 홍법전법대회弘法傳法大會가 성황을 이룬 것과 같다. 많은
사람이 풍수학에 대한 지식을 원하고 있었다.

풍수 법칙을 요청하는 수많은 신도 가운데에서 가장 많은 질문은,
당연히 실내에서 용변龍邊과 호변虎邊을 어떻게 구분하는 지였다. 가옥
방향의 용호변龍虎邊, 침대 위치의 용호변, 부엌(주방)의 용호변, 후문
의 용호변, 책상 위치의 용호변 등이었다.

주지하다시피 집안에 서서 대문에서 밖으로 보았을 때, 오른손 쪽이
호변이고 왼손 쪽이 용변이다. 가옥의 뒤를 보는 법은 앞의 대문을 따
른다. 부엌 또는 가스레인지와 침대의 위치를 보는 법은 어떠한가? 간
단하게 말하면 부엌(주방)을 보는 법은 바로 부엌을 등지고 왼손이 용

방龍方이고 오른손이 호방虎方이다.

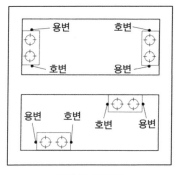

부엌의 용호변

침대의 위치는 누워서 왼손 편이 용변이고 오른손 편이 호변이다. 또한 많은 사람들이 용변이면 무엇이든 모두 좋은 것이라고 생각한다. 용변은 양전극이므로 확실히 좋은 방위이다. 하지만 각각의 공간에서 용호변의 길흉을 보는 법을 단지 주택 방향의 용호변만으로 논단해서 는 결코 안 된다.

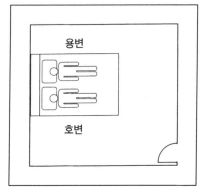

침대의 용호변1

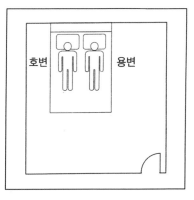

침대의 용호변2

4. 문공척門公尺5)

1) 문공척門公尺 - 1

1987년에 신죽현新竹縣 신포향新浦鄉에 팽씨彭氏 성을 가진 한 신도가 오랫동안 아이가 생기지 않았기 때문에 특별히 본인에게 그의 집에 가서 조사해 주기를 부탁하였다. 당시에 그의 주택은 낡았고, 온 집의 크고 작은 문의 치수錙銖, 尺寸가 모두 문공척의 '해害' 자 '사절死絶'에 있었다. 또한 집안에는 음기와 습기가 무척 심했는데, 귀신이 있는 음기는 아니었으므로 본인은 속히 중건하라고 건의했다. 마침 담장 건너에 지혈地穴이 좋은 곳이 있어서 활기가 넘칠 수 있었다.

의【義】	리【離】	병【病】	재【財】
添益貴大 丁利子吉	長劫官失 庫財貴脫	退牢公孤 財獄事寡	財金六迎 德庫合福

본【本】	해【害】	겁【劫】	관【官】
財登進生 至科寶財	災死病口 至絕臨舌	死退離失 別口鄉財	順宏進富 科財益貴

문공척門公尺, 魯班尺 각 글자의
길흉 간략도

의義 - 첨정添丁 / 익리益利 / 귀자貴子 / 대길大吉
리離 - 장고長庫 / 겁재劫財 / 관귀官貴 / 실탈失脫
병病 - 퇴재退財 / 뇌옥牢獄 / 공사公事 / 고과孤寡

---

5) 문공척(門公尺) : 문공척(文公尺)은 문공척(門公尺)과 같다.

재財 - 재덕財德 / 금고金庫 / 육합六合 / 영복迎福

본本 - 재지財至 / 등과登科 / 진보進寶 / 생재生財

해害 - 재지災至 / 사절死絶 / 병림病臨 / 구설口舌

겁劫 - 사별死別 / 퇴구退口 / 이향離鄕 / 실재失財

관官 - 순과順科 / 굉재宏財 / 진익進益 / 부귀富貴

팽거사彭居士는 본인의 지시에 따라 전부를 중건하였는데, 모든 문과 창문의 치수, 실내의 크고 작은 신위 등도 모두 문공척의 '본本' 자에 두었다. 본 '본本' 자 안에는 '등과登科'가 있고, '등과登科'는 바로 남성[丁]이다. 그리고 '본本' 자는 뿌리인데, 대우주의 원본元本이고 핵심核心이다.

팽거사 집이 중건重建된 후에는 당연히 집안이 평안하고 번성해야 한다. 그런데 4개월 후에 팽거사가 갑자기 전화를 걸어와 말하기를, "집안에 자칭 도인 또는 강호술사라고 하는 사람들이 여러 번 찾아와 얼토당토않은 말을 하니 고뇌를 견딜 수가 없는데 도대체 무슨 까닭입니까?"라고 물었다.

본인은 당장 팽거사에게 외대문의 치수를 재도록 지시하고, 실제로 안의 치수가 문공척의 '의義' 자 위에 있는지를 물었다. 왜냐하면 '의義' 자에 '승려나 도인들이 집으로 찾아와 시비를 거는' 일이 발생할 수 있기 때문이었다. 팽거사가 재어본 결과 정말 '의義' 자 위에 있었다. 나중에 길일을 선택하여 대문을 수리하자 앞서 말한 시비와 번뇌가 사라지고 이듬해에는 건강한 사내아이가 태어났다.

문공척의 잘못된 사용과 관련되어 일어나는 흉사凶事의 사례는 너무 많아 몇 마디 말로는 모두 설명할 수 없다. 그러나 '길상吉祥 치수鑑鉄'의 영향을 소홀하게 여기지 않기를 여러분에게 바란다. 그래서 문틀을 포함하지 않는 대문의 너비와 높이가 '문공척門公尺'에 부합할 수 있다면 주택 안으로 길상의 기운이 들어와 집안의 평안을 기대할 수 있다. 이와 반대가 되면 화를 입히는 일이 저절로 찾아온다.

'문공척'은 이른바 '노반척魯班尺'이다. 고대 건축의 거장인 '노반공'이 『역경』의 철리哲理에 근거하여 깨달은 묘법이다. 영험靈驗한 곳은, 항상 사람으로 하여금 성현의 지혜와 우주 운행의 오묘한 이치에 탄복하지 않을 수 없게 한다. 팽거사의 집이 바로 단적인 예이다.

만약 '문공척'이 없다면 '대만자[台尺] 1척尺 4촌寸의 배수에 1촌을 더하거나 뺀' 것을 사용하면 바로 상서로운 치수가 된다. '문공척'은 지혜의 걸작이므로 이용을 잘하면 한 집안이 편안하게 잘 살 수 있으니, 여러분을 축복한다.

혼원법어混元法語에 이르기를,
"노반선사魯班仙師의 진경眞經을 공손히 외우면 온 가족이 평안하다."
[恭誦魯班仙師眞經合家平安]

2) 문공척門公尺 - 2

'문공척'은 양택 건축 설계의 치수 표준으로는 의심할 여지가 없다. 문공척 아래에 '정란척丁蘭尺'이 있는데, 이 '정란척'은 조상의 음택을 안치하는 데 사용되며 문공척과 약간 다르지만 또한 길흉의 징조를 알 수 있다.

문공척의 용법은 다음과 같다. [『영녕통서永寧通書』에서 발췌함]

① 대문은 '재財' 성星을 만드는 것이 가장 좋다. 대문은 외부의 재물과 양식을 불러오고, 소[田牛, 밭가는 소]와 누에[蠶馬, 중국 신화에서 누에의 조상]가 때때로 나아가니 부귀영화를 누리며 행복과 장수가 길어진다.

② 대문을 '병病' 자에 안치하면 크게 상서롭지 못하다. 액난厄難이 끊이지 않고 병상에 눕게 된다. 태세형太歲刑이 부딪쳐 파손되니 열 사람 가운데 여덟아홉 사람이 역병疫病에 걸린다.

③ 만약 '리離' 성星으로 대문을 만들면 고향을 등지고 인륜을 어지럽힌다. 가업과 재산이 많이 손실되며, 슬기와 지혜가 바닥이 나고 양식이 떨어진다.

④ 대문을 '의義' 자에 만들면 의리로 맺은 형[義兄]을 보호한다. 공문公門(궁궐문)을 지키는 위사衛舍에는 바로 들어맞지만 서민들의 주택에 이를 사용하면 반드시 음부淫婦와 비구니를 부르게 된다.

⑤ '관官' 자를 문으로 만들 때는 반드시 주의해야 한다. 만약 관공서의 문으로 하면 크게 길하고 번창하지만, 일반인이 이를 사용하면 소송이 끊이지 않아 눈물이 마르지 않는다.

⑥ '겁劫' 자는 평안한 곳에 재앙이 있다. 강도에게 약탈당해 감당하기 어렵다. 만약 한 해의 운세가 상극相剋이면 옥사獄事 때문에 관청에 있게 된다.

⑦ '해害' 자에 문을 안치하는 것은 근거가 없다. 전원田園으로 물러나 의지할 곳 없이 외롭다. 재난과 병고가 해마다 생기고 도둑이 밤낮으로 침입한다.

⑧ '본本' 성星에 문을 만들면 관계官界로 진출한다. 큰돈을 벌고 곡식이 영원히 떨어지지 않는다. 자손이 넘쳐나고 경사가 증가하며 걸출한 인재가 태어난다.

'문공척'상의 글자에는 네 개의 검은색과 네 개의 붉은색이 있다. 일반인들은 붉은 글자가 길상吉祥이라고 생각하지만 사실은 그렇지 않다. 문공척은 일반주택에서는 '재財'와 '본本'이 가장 적합하다. '의義'와 '관官' 자도 붉은 글자이지만 각각 그 쓰임새가 다르다.

  '의義' 자는 사원寺院, 주방문廚房門, 며느리의 방문, 신위의 탁자, 부엌의 높이에 사용될 수 있다.

  '관官' 자는 관공서에서 사용할 수 있다. 만약 관공서에서 대문을 '재財' 자로 하면 도리어 위엄이 없어진다.

  만약 여러분이 집에서 문공척을 들고 집의 크고 작은 문을 재어 본후에, 이 문은 너무 크고 저 문은 너무 작다고 해서 고민하거나 걱정할 필요가 없다. 내가 여러분에게 묘법을 가르쳐 주겠다.

  만약 한쪽 문이고 치수가 맞지 않을 때는, 문의 문설주(자물쇠에 영향이 가지 않는 곳)에 문과 같은 높이로 똑같은 재질의 건축 재료를 덧대어 박는다.

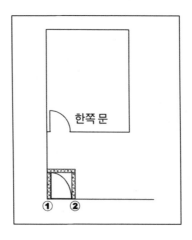

만약 보통 문짝이 네 개인 알루미늄 문의 너비가 맞지 않을 때는, 양쪽의 도어트랙에 가로막는 물건을 더하여, 두 개의 문이 열릴 때 길상吉祥의 숫자에 맞게 한다. 창문의 치수가 맞지 않을 때도 이 방법을 사용할 수 있다.

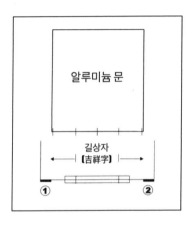

만약 귀댁의 문이 너무 작을 경우에는 이 방법을 사용해서는 안 되고, 반드시 '재財', '본本'의 길상의 글자에 부합되게 여는 것이 가장 길하다.

혼원법어混元法語에 이르기를,
"문공척門公尺은 천기天機이니, 믿고 받아들이는 자에게는 복이 있지만, 믿지 않는 자는 재앙을 막고 경계해야 한다."
[門公尺是天機, 信受者有福, 不信者防有禍, 戒之.]

5. 천심살穿心煞

글자만 보고도 뜻을 짐작할 수 있듯이, 천심살穿心煞은 사람에게 공포와 두려운 감각을 준다. 확실히 '천심살'은 양택풍수의 이론에서는 이상적이지 않은 구조이다. 가정에는 가정의 천심살이 있고, 학교와 공장에도 이러한 건축 설계가 많이 있는데, 원인은 다른 것이 아니라, 걸어 다니거나 운송하기에 편리함 때문에 생겨난 것이다. 도대체 무엇을 천심살이라고 하는가?

풍수구결風水口訣에 이르기를,　　　　　　　　風水口訣云
화살 하나가 집의 앞과 뒤를 뚫으니,　　　　　一箭穿透屋前後
온 가족에게 크고 작은 재앙이 항상 있네.　　全家大小常有禍
핏빛 재앙이 아니면 병고病苦가 찾아드니,　　不是血光卽是痛
빨리 병풍을 세우면 집에 근심이 사라지네.　速立屏風家無愁

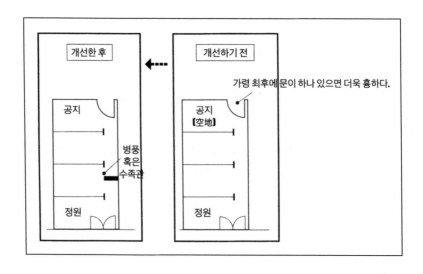

천심살이 가정에 초래하는 영향은, 재난이 많고 병이 많으며, 지출이 많아 재물이 모이지 않는 것이다. 들어오는 문이 있는 곳에, 병풍이나 어항 또는 캐비넷을 배치하여, 기류氣流가 직접 뒤쪽에 부딪치지 않도록 하면 집안에 평안을 보장할 수 있다. 그밖에도 여러 가지 천심살이 있는데 가령 공장의 천심살, 사무실의 천심살을 여러분에게 소개하고자 한다.

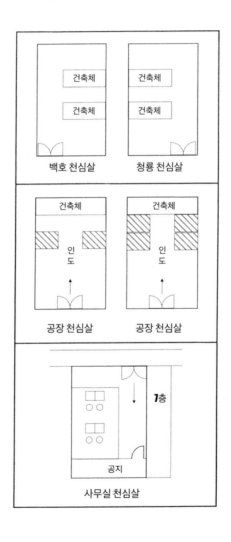

VIII. 풍수학의 기타 사항 **331**

6. 현관玄關을 고침

만약 당신이 어떤 사람에게 '당신 집 문의 방향에 문제가 있다'고 말하면, 당신은 그 사람에게 걱정과 불안을 가져다줄 뿐만 아니라 그에게 해결할 수 없는 난제를 던져준 것이나 다름없다. 문의 방향이 잘못되었다고 해서 집을 들어서 돌릴 수도 없는 노릇이 아닌가!

본인은 수십 년 동안 풍수지리를 연구하면서, 대자연의 신령스러운 기운이 우리와 밀접한 관련이 있다는 것을 마음속 깊이 깨달았고, 또 선현의 지혜를 무척 자랑스럽게 생각하게 되었다. 그 이유는, 풍수지리학이 만약 확실히 존재하지 않았다면 이처럼 수천 년 동안 전해지지 않았을 것이기 때문이다. 상대적이긴 하지만, 지식은 선하게 사용하면 선해지고 악하게 사용하면 악해진다. 일부 당대의 지사地師, 知官 중에는, 어떤 목적-명예와 이익-을 달성하기 위해, 각종의 수단 방법을 가리지 않고, 풍수지리에 대한 지식이 없는 사람들을 현혹하여 믿게 만든다. 또 어떤 지사는, 확실히 사람의 마음을 헤아릴 줄은 알지만, 학문이 정밀하지 못하거나 전승에 오류가 있어서 풍수학에 대한 비방과 칭찬이 엇갈린다.

1992년 11월 5일부터 본인은 선불사에서 양택풍수학과 역경 강좌를 개설하여 계속 가르치고 있는데, 주된 취지는 '어진 인재를 양성'하는 것이다. 또 역경과 풍수를 통해 자신의 인생 궤도와 대자연의 운행 법칙을 이해하고, 나아가서는 우주의 만법이 일심一心에서 일어난다는 것을 깨닫고, 이 일심으로 수많은 중생에게 이익을 주는 데 있다.

현賢이라는 것은 법法이니, 생생세세生生世世에 불멸하고 원융圓融한 것이지만, 술術이라는 것은 짧고 편파적인 것이다. 본인은 여기에서 느낀 바가 있어서 세상에 양택 풍수학의 정법正法을 널리 알리고 전하고자 심원心願을 세웠다. 후진을 양성하는 것은 마음을 닦는 데서부터 시작하고 나아가서는 심법心法을 학습하는 것이다. 이렇게 하면 서 있는 자리에서 초연하여, 반드시 중생의 고난을 뿌리째 뽑아 없앨 수 있다.

문을 고치는 방법은 많다. 만약 전문가[名師]의 가르침이 없다면 현관을 90도로 바꾸는 것이 가장 실용적이고 안전하다. 과거에 전문가가 사람들에게 문을 고치는 방법을 가르쳤는데, 대다수가 시간과 힘을 쏟아도 정확하다고 생각되지 않았다. 지금 건곤乾坤을 전환하여 '넉 량으로 천근을 돌리는[四兩撥千斤]' 아주 쉬운 묘법을 여러분에게 공포하여 현관玄關을 고치고자 한다.

속담에 "운명이 삼분의 일이고, 풍수가 삼분의 일이며, 노력이 삼분의 일이다."라는 말이 있다. 만약 여러분과 인연이 되어, 이 묘법을 배우고 응용하여 심령의 불안을 조정할 수 있다면 반드시 인생의 또 다른 대문을 열게 되리라 믿는다. 여러분을 축복한다.

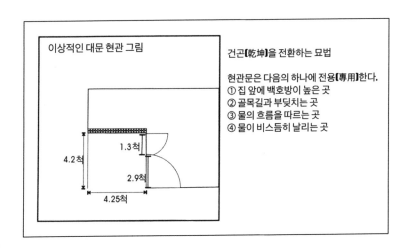

이상적인 대문 현관 그림

1.3척
4.2척
2.9척
4.25척

건곤【乾坤】을 전환하는 묘법

현관문은 다음의 하나에 전용【專用】한다.
① 집 앞에 백호방이 높은 곳
② 골목길과 부딪치는 곳
③ 물의 흐름을 따르는 곳
④ 물이 비스듬히 날리는 곳

現관문의 입면도

혼원법어混元法語에 이르기를,

"묘법이 세상에 나왔으니 복이 있는 자는 믿고 받아들여 원만할 수 있다."

[妙法出世間, 有福者信受得圓滿.]

7. 잘못된 귀신의 배치를 논함

풍수구결風水口訣에 이르기를,	風水口訣云
음양과 풍수는 조화에 달려 있는데,	陰陽風水在調和
조화의 비결은 마음이 편안함에 있네.	調和之訣在心安
만약 마음속에 거리낌이 있다면,	若是心中有罣礙

묘법도 편안하지 못해 마음이 열리지 않네.　　妙法難安心不開

본인과 인연을 맺은 신도 중에 많은 이들이, 법도에 맞지 않은 종교와 신앙으로 본심이 속박을 입는다. 그리하여 우주 만법의 신묘한 작용이 일심一心에서 일어나는 것을 모르고 있으니 참으로 감개무량感慨無量하게 한다.

아무개 거사居士는, 평소에 일도 열심히 하고, 사람됨이 속임이 없고, 성실할 뿐만 아니라 부지런히 불법을 닦아 사람들로부터 칭찬이 자자하였다. 그러나 어떤 인연인지는 알 수 없으나, 어느 대사의 가르침에 따라 집안 후원의 정중앙에 '태산석두공泰山石頭公'6)을 하나 세우고, 매일 향을 사르고 공양을 하면서 지극정성으로 모셨다. 공교롭게도 어느 날 그의 부인이 몸이 좋지 않아, 왕선노조王禪老祖의 불력佛力의 도움을 받아 몸과 정신이 점점 평안해졌다. 그래서 그 거사와 부인이 성심으로 본인을 자신의 집으로 초청하여 원인이 무엇인지를 살펴보게 하였다.

본인이 집의 문 입구에 도착했을 때, 집안 후원에 이상이 있는 것을 발견하고 곧장 후원으로 갔다. 그러자 그 거사는 매우 난처하고 불안한 표정을 지으며 후원의 문을 열어 주었다. 원래 후원의 중앙에 '태산석감당泰山石敢當'이라는 돌 하나를 세워두고 재물과 평안을 기원하고 있었다.

---

6) 태산석두공(泰山石頭公) : 고대에는 금기(今期)와 숭배(崇拜)가 매우 많았는데, '돌 숭배[石崇拜]'도 그 중에 특별한 하나였다. 작은 돌비석이나 돌사람을 도로의 요충지나 집의 담장 벽에 세우고 그 위에 '石敢當'이나 '泰山石敢當' 등을 써서 상서롭지 못한 것을 금기하려고 하였다.

태산석두공【泰山石頭公】

　그런데 그 석두石頭는 결코 올바른 신이 아니라 사해를 떠돌아다니는 형제의 혼령이었다. 그래서 본인은 거사에게 빨리 철거할 것을 지시하고 아울러 가르치기를, "수금壽金 일천一仟, 노란 콩 한 접시, 팥한 접시, 쌀 한 접시를 준비하여 초하루 오후 3시 이후에 석두 앞에서 공양을 올리고, 그들을 원래 자리로 돌려보내라."라고 하였다. 거사는 지시한 방법대로 간신히 석두를 제거하였고, 아울러 석두에 붙어서 떠돌아다니는 형제의 혼령을 본래의 자리로 돌아가게 하였다. 그리고 거사가 경건한 마음으로 부처님께 도움을 청하고 나서야 겨우 고민스러운 일을 해결할 수 있었다. 이후로는 거사의 부인은 몸과 정신이 정상으로 회복되었다. 속담에 이르기를, "신을 모시기는 쉬워도 보내기는 어렵다."라는 이치가 여기에서 증명되었다.

　여러분 선지식善知識[7]들이 이러한 방법을 양택에 적용하는 것은 적합하지 않다. 신불神佛과 산천의 영기학靈氣學은 서로 관련성이 없으므로 절대 동일시해서는 안 된다. 그렇지 않으면 무지하다는 소리를 들

---

7) 선지식(善知識) : 선종(禪宗)에서 수행자들의 스승을 이르는 말. 본래 박학다식하면서 덕이 높은 현자(賢者)를 이르는 말로써 좋은 친구를 뜻하는 산스크리트 칼리아니미트라에서 유래하여 '선친우(善親友)', '승우(勝友)'라고도 한다.

게 될 뿐만 아니라 말할 수 없는 곤란한 일까지 초래하게 된다. 정작 일이 닥치게 되었을 때는 '하늘에 호소해도 하늘이 응하지 않고 땅에 부르짖어도 땅이 영험하지 않는' 고립무원孤立無援의 상황에 놓이게 될 것이다.

우리 사회에 많은 사람들이 주체할 수 없는 탐욕으로 큰 부자가 되려고 하면서도, 자신이 선한 덕을 쌓았는지, 또는 보시布施를 많이 베풀어 다른 사람을 구제하였는지, 자기의 사업에 전심으로 노력하였는지에 대해서는 반성하지 않고, 오로지 사방으로 전문가를 찾아다니며 온갖 방법을 동원하여 큰돈을 벌려고 한다. 이런 사람은 큰돈을 벌어도 그의 영혼은 여전히 매우 가난하다.

사실 '풍수'라는 이 두 글자는 대우주 만법의 근원이다. 만약 정확하게 '조화'의 오묘한 작용을 체험하게 된다면 전적으로 귀신에게 희망을 기댈 수는 없다. 왜냐하면 우주에는 만생만상萬生萬相이 본래부터 갖추어져 있기 때문이다. 성현의 사적을 숭배하여 받들고 기념하면 신이 되는데, 신에게는 또한 그의 인연과 응보應報가 있어서 율律에 따라 행하는 것이므로, 이 또한 우주의 만법에서 벗어날 수 없다. 그러므로 두 손을 사용하여 만들 생각은 하지 않고 오로지 신불이 도와주기를 바라는 사람은 영원히 성공할 수 없다.

바라건대 여러분이 지혜로 '팔정도八正道'[8]의 법륜法輪을 돌리고 아울러 세상에 전한다면 누구든지 신神이 될 수 있다. 여러분을 축복한다.

---

8) 팔정도(八正道) : 깨달음과 열반으로 이끄는 올바른 여덟 가지 길. 정견(正見), 정사유(正思惟), 정어(正語), 정업(正業), 정명(正命), 정정진(正精進), 정념(正念), 정정(正定)이다.

8. 축사畜舍를 경영하는 방법

농촌의 가장 큰 특색은, 자급자족하는 것과 많은 가금家禽과 가축을 키우고 있다는 것이다. 도시에서 성장한 아이들은 '농가에서 오리를 키우고 개울에서 가재를 잡는' 즐거움을 체험할 수 없다.

축사의 건축도 반드시 풍수의 법칙에 따라 지어야 한다. 이른바 '풍수의 법칙을 따르면 흥하고 풍수의 법칙을 거스르면 망하는' 것이지, 누가 고의로 우리를 해코지하려는 사람은 없다. 왜냐하면 풍수의 법칙은 우주의 진리이므로 사람에 따라서 바뀔 수는 없기 때문이다.

풍수구결風水口訣에 이르기를,　　　　　　　　風水口訣云
육축六畜9)의 왕성에는 반드시 원인이 있으니,　　六畜興旺必有因
주인의 공덕이 하늘처럼 크기 때문이네.　　　　主人功德大如天
천관天官이 해마다 복을 내려 주시고,　　　　　天官賜福年年有
선을 쌓은 집안에는 경사가 남아도네.　　　　　積善之家慶有餘

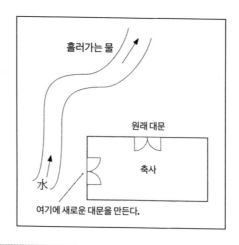

---

9) 육축(六畜): 집에서 기르는 대표적인 여섯 가지 가축. 소, 말, 양, 돼지, 개, 닭을 이른다.

위 그림의 축사는 대문이 물길을 따라 열리기 때문에 번창하기가 어렵다. 육축六畜이 왕성하기 어려우므로, 반드시 새로운 대문으로 바꾸어서 물을 거둬 들이면, 이때부터는 비황飛黃[10]하고 빠르게 번창하리라 믿는다. 아래 그림과 같다.

풍수구결風水口訣에 이르기를,   風水口訣云
축생畜生 육도六道[11]가 멈추지 않고 돌아가지만,   畜牲六道轉不停
가련하게도 불법을 닦을 인연이 없구나.   可憐無緣修佛法
이생에서 가축이 되어 여전히 불안한데,   此生爲畜仍不安
단지 내생에는 사람이 되기를 기대하네.   只待來生來做人

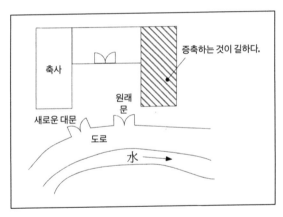

백호가 머리를 쳐들어 닭과 개가 불안하다.

---

10) 비황(飛黃) : 신이 키운다는 말[馬]의 이름. 서쪽에서 나고, 여우의 꼴을 하고 있으며 등에 뿔이 나 있다. 동양 문학에서 학문을 이룬 사람을 비유하는 표현으로 사용된다.

11) 육도(六道) : 높은 곳에서부터 시작하여 천(天)·인간(人間)·아수라(阿修羅)·축생(畜生)·아귀(餓鬼)·지옥(地獄)의 여섯 가지의 세계로 분류된다. 이러한 세계는 중생이 몸과 말과 뜻으로 어떠한 업(業)을 지었는가에 따라서 태어난다.

축사畜舍도 백호방이 머리를 쳐들거나 힘이 있는 것을 꺼린다. 육축六畜의 생존율이 낮고 성장률도 떨어지게 되므로 금전적인 손실을 면하기 어렵다. 위 그림처럼 백호가 머리를 쳐들고 청룡이 힘이 없으며 게다가 대문 바깥이 바로 반궁수反弓水 등의 흉상凶相일 경우에는 두 가지의 해법이 있다.

첫째, 외대문을 물의 기세가 센 곳으로 바꾸고, 아울러 노면路面에서 안으로 조금 물러나게 하여 왕성한 기운을 받아들인다. 그리고 원래의 대문은 폐쇄한다.

둘째, 다시 축사의 청룡방에 건물을 증축하는데, 호변虎邊보다 한 척尺이 높게 하면 수기水氣를 거두어들여 재물이 왕성해질 수 있다.

본인이 양택을 살펴본 수많은 경험에서, 가금·가축의 축사와 사람이 거주하는 양택은 같다는 것을 알 수 있었다. 바람과 기운을 모으고 거두어들이거나, 또는 지혈地穴이 있는 축사는, 가금과 가축의 성장률과 생존율이 모두 무척 높았다. 그렇지 않은 때에는 금전적인 손해를 보거나 고생을 피하기 어려웠다.

세상에 있는 모든 중생은 모두 조화의 직분을 다하여야 한다. 축도畜道 중생으로 윤회하는 것들은 반드시 그 인연과 업보가 있어서 세상의 대중으로 드러나는 것이다. 중생들이 오랫동안 잊고 있던 "악한 일을 하지 말고 선한 일을 받들어 행하라[諸惡莫作 衆善奉行]."라는 염원을 불러일으켜야 한다. 좋고도 좋구나. 여러분을 축복한다.

| 지은이 |

혼원선사混元禪師

본명 : 장익서張益瑞
대만 유심성교唯心聖教 창시자
대만 유심성교학원唯心聖教學院 설립자
대만 역경대학易經大學 설립자 겸 강좌교수
(재) 유심성교공덕기금회唯心聖教功德基金會 이사장
2012년 노벨평화상 후보

| 옮긴이 |

공병석孔炳奭

경남 창원에서 태어나 자랐다.
대구한의대학교 한문학과를 졸업하고 성균관대학교 교육대학원과 한국고전번역원을
거쳐 대만臺灣 사립 동오대학東吳大學 중문연구소에서 중문학석사 학위를 취득하였으며
국립 대만사범대학臺灣師範大學 국문(중문)연구소에서 달생達生 공덕성孔德成선생의 지
도하에 중문학박사 학위를 취득하였다. 현재 계명대학교 타블라 라사 칼리지 교수로
재직 중이다.
연구 분야는 경학經學과 삼례학三禮學이며 저서로는『예기와 묵자 상장사상비교연구』,
『예기 상례의 인문관』,『예학강의―공자편』등이며, 「『예기』상장관의 인문의식」, 「『묵
자』의 상장관」, 「상례의 이론적 의의와 그 기능 ―『예기』를 중심으로」, 「『예기』를 통해
본 중국고대 교육제도와 교학이론」등 예학관련 논문 다수를 발표하였다.

| 감수 |

박영호朴英鎬

경북대학교 한문학과 교수

| 기획 |

이혁李赫 · 곽명재郭溟財

경북대학교 한문학과 박사수료

| 교정 |

박응호朴應鎬

전 경명여자고등학교 교감

21세기 주거공간의 철학

- 풍수학風水學의 오묘한 비밀 -

초판 인쇄   2021년 6월 20일
초판 발행   2021년 6월 30일

지 은 이 | 혼원선사混元禪師
옮 긴 이 | 공병석孔炳奭
감   수 | 박영호朴英鎬
기   획 | 이혁李赫·곽명재郭溟財
교   정 | 박응호朴應鎬
윤   문 | 언어문화연구회
총   괄 | 언어문화연구회
펴 낸 이 | 하운근
펴 낸 곳 | 學古房

주   소 | 경기도 고양시 덕양구 통일로 140 삼송테크노밸리 A동 B224
전   화 | (02)353-9908 편집부(02)356-9903
팩   스 | (02)6959-8234
홈페이지 | http://hakgobang.co.kr/
전자우편 | hakgobang@naver.com, hakgobang@chol.com
등록번호 | 제311-1994-000001호

ISBN 979-11-6586-393-7   03180

값 : 20,000원